汉语教学名家课堂

汉语教师
应有的素质与基本功

陆俭明　　马　真　著

外语教学与研究出版社
北京

图书在版编目（CIP）数据

汉语教师应有的素质与基本功 ／ 陆俭明，马真著. —— 北京：外语教学与研究出版社，2016.7（2022.11重印）
（汉语教学名家课堂）
ISBN 978-7-5135-7853-0

I. ①汉… II. ①陆… ②马… III. ①汉语－对外汉语教学－教学参考资料
IV. ①H195.4

中国版本图书馆 CIP 数据核字（2016）第 174643 号

出 版 人　王　芳
项目策划　满兴远　李彩霞
责任编辑　向凤菲
封面设计　高　蕾
出版发行　外语教学与研究出版社
社　　址　北京市西三环北路 19 号（100089）
网　　址　http://www.fltrp.com
印　　刷　三河市北燕印装有限公司
开　　本　650×980　1/16
印　　张　23.5
版　　次　2016 年 7 月第 1 版 2022 年 11 月第 4 次印刷
书　　号　ISBN 978-7-5135-7853-0
定　　价　49.00 元

购书咨询：（010）88819926　电子邮箱：club@fltrp.com
外研书店：https://waiyants.tmall.com
凡印刷、装订质量问题，请联系我社印制部
联系电话：（010）61207896　电子邮箱：zhijian@fltrp.com
凡侵权、盗版书籍线索，请联系我社法律事务部
举报电话：（010）88817519　电子邮箱：banquan@fltrp.com
物料号：278530001

记载人类文明
沟通世界文化
www.fltrp.com

目 录

上 编

引言 3

第一章　汉语教师应有的认识与理念 9

第一节　对汉语要有这样的认识 9

第二节　对汉语教学要有这样的认识 30

第三节　对汉语要素教学要有这样的认识 38

第四节　对汉语虚词教学要有这样的认识 58

第五节　对汉语规范问题要有这样的认识 70

第二章　汉语教师应有的知识结构、能力结构和思想心理素质 77

第一节　汉语教师需具有的知识结构 77

第二节　汉语教师需具备的能力结构 81

第三节　汉语教师应有的思想心理素质 85

第四节　汉语教师应有的基本功 88

第三章　汉语教师应有的研究素质与研究能力 93

第一节　为什么要对汉语教师提出这样的要求？ 93

第二节　汉语教学中有哪些方面值得研究？ 95

第三节　需要什么样的研究素质与研究能力？ 107

第四节　怎么培养自己发现问题和分析问题、解决问题的能力？ ...124

第四章　汉语教师需要学习一点语言学理论................................149
　第一节　认真学习并掌握好三门基础课的内容................................149
　第二节　有必要学好结构主义语言学理论................................150
　第三节　也需要学一些当代语言学前沿理论................................161
　第四节　关于专业论著的阅读................................194

下　编

第五章　关于汉语教学法——以汉语语法教学法为例................................197
　第一节　怎么看待教学法？................................197
　第二节　怎么进行语法教学？................................201
　第三节　语法教学示例：汉语存在句的教学法................................212

第六章　汉语语法教学中常常会面临的问题................................219
　第一节　具体词语的归属和辨析问题................................219
　　1. "自动"和"高速"属于哪个词类？................................219
　　2. "突然"和"忽然"属于同一类词还是属于不同的词类？..........220
　　3. "很阳光"中的"阳光"是名词还是已经变成形容词了？理由呢？................................221
　　4. "衣服干 / 湿了"里的"干 / 湿"是形容词还是动词？......222
　　5. "看三次"、"看三天"里的"三次"、"三天"是补语还是宾语？................................223
　　6. "学习认真"、"清除干净"在构造上都是"动词+形容词"，它们是主谓结构还是述补结构？理由呢？................................225
　　7. "解释清楚"是跟"学习认真"一样，还是跟"清除干净"一样呢？................................225

8. 那么"解释很清楚"呢？是不是也跟"解释清楚"一样？
　　.. 226

9. "觉得很好"是述宾结构还是述补结构？理由呢？ 227

10. "继续学习汉语"里的"继续+学习汉语"是"状-中"偏正
　　结构还是述宾结构？ 227

11. 口语中存在这样的对话："谁？""我。"这里的"谁"和
　　"我"分析为语素还是词还是句子？ 228

12. "大"属于什么词性？"大大"（如"大大提高人民群众的生
　　活水平"）属于什么词性？"大大de"（如"大大de眼睛"、"他
　　把字写得大大de"、"她眼睛大大de"、"把她大大de表扬了一
　　番"）属于什么词性？ 228

13. 作状语时的"突然"和"忽然"在意义表达上有区别吗？区别在
　　哪里？ 229

14. 《现代汉语词典》说，介词"对"和"对于"的用法差不多，
　　但是"对"所保留的动词性较强，因此有些用"对"的句子
　　不能改用"对于"。请问：介词"对"和"对于"在用法上
　　到底有哪些不同？ 230

15. 时间副词"就"和"才"的区别到底在哪里？ 231

16. 时间副词"往往"和"常常"的区别到底在哪里？ 232

17. 程度副词"很"、"更"、"最"的区别到底在哪里？ 232

18. 程度副词"很"、"挺"、"怪"、"老"、"蛮"有区别吗？区别
　　在哪里？ 234

19. 范围副词"净"到底相当于"都"还是相当于"只"？理由
　　呢？ 237

20. 我在作文里写了这么一个句子："玛沙干得比谁都卖力，这
　　一次我想老师准会表扬他，谁知老师反而没有表扬他。"老
　　师说，这里不能用"反而"，得用"却"。可是《现代汉语
　　词典》上说"反而""表示跟上文意思相反或出乎预料和常
　　情"，我这里用"反而"有什么不对呀？ 237

21. 汉语教材上说得很清楚，"否则"就是"如果不这样"的意
　　思，可是学生还常常用不好"否则"，这是怎么回事？ 239

22. 怎么区分"的"、"地"、"得"？ 242

23. 一部分单音节形容词可以作状语，但是它们作状语时绝对不能带"地"，这是为什么？ 243

24. "吗"和"呢"在用法上有哪些不同？ 244

第二节 有关"能说/不能说"的问题 248

1. 可以说"我在北京生活6年了"，但我们不能说"*我在北京生活6月了"？为什么？ 248

2. 为什么能说"很有能力"，可是不能说"*很有经历"？ 249

3. "*他个子高高"不说，我们得说成"他个子高高de"；而"*他高de举着双手"不说，得说成"他高举着双手"，这是为什么？ 250

4. "元旦前后"也可以说成"元旦左右"，但是"春节前后"却不能说成"*春节左右"，这是为什么？ 250

5. 可以说"最好再稍微甜一点儿"、"你稍微买一点儿"，但不能说"*最好再稍微甜"、"*你稍微买"，这是为什么？可以说"你稍微买几斤"，但不能说"*你稍微买一斤"，这又是为什么？ 251

6. "他在河里站着"、"他在河里游着"，就词类系列和内部结构关系来看都是一样的，可是我们可以说"他站在河里"，但不能说"*他游在河里"，为什么？该怎么解释？"他在河里跳着"属于"他在河里站着"一类，还是属于"他在河里游着"一类？根据是什么？ 252

7. "打乒乓球的学生"和"打乒乓球的姿势"就词类系列和内部结构关系来看都是一样的，可是"打乒乓球的学生"里的"学生"有时可以省去不说，但是，"打乒乓球的姿势"里的"姿势"在任何情况下都不能省去，这是为什么？ 254

8. "他是汉语老师"也可以说成"他是汉语教师"，可是"他是汪萍的老师"却不能说成"*他是汪萍的教师"，这是为什么？但又可以说"他是汪萍的家庭教师"，这又是为什么？该怎么解释？ 254

9. "究竟他去了哪里？"和"究竟谁去了广州？"都是同一类疑问

句，内部词类系列和结构关系也基本一样，但是"究竟他去了哪里？"可以说成"他究竟去了哪里？"，但是"究竟谁去了广州？"却不能说成"*谁究竟去了广州？"，这是为什么？该怎么解释？ ……………………………………………… 256

10. "他会帮你"和"他能帮你"意思一样吗？如果不一样，不一样在哪里？ ……………………………………… 258

11. "他愿意给你吗？"跟"他肯给你吗？"两个问句意思一样吗？如果不一样，不一样在哪里？ ………………… 258

12. "我会游泳了"跟"我能游泳了"意思一样吗？如果不一样，不一样在哪里？ ……………………………… 259

13. "你怎么来的？"和"你怎么来了？"意思一样吗？如果不一样，那是为什么？ ………………………………… 260

14. "他下了课就来了"，也可以说成"他下课就来了"，意思基本一样。可是"他吃了饭就来了"，表面看似也能说成"他吃饭就来了"，但意思变了。这怎么解释？ ……………… 260

15. "我教书教了一年"和"我教他教了一年"，结构是一样的，但是，前者可以有"我教了一年书"的说法，后者则没有"*我教了一年他"的说法；反之，后者有"教了他一年"的说法，但没有"*教了书一年"的说法。这怎么解释？ …… 261

16. "我女朋友"等于"我的女朋友"吗？为什么？ ………… 262

17. "他的胳臂比我还粗"这句话里的"还"可以换成"更"；可是"他的胳臂比火柴棍儿还细"这句话里的"还"却不能换成"更"。这是为什么？ ……………………………… 264

18. "书包里是三本书"和"书包里有三本书"，一般认为都是存在句，差别只在一句用"是"，一句用"有"。那么二者在表达上有什么差异？ ………………………………………… 265

19. "我送一本书给小李"跟"我送给小李一本书"在表达上有差别吗？差别在哪里？怎么解释这种差别？ ………… 265

20. "木头桌子质量"和"羊皮领子大衣"，就词类系列和内部结构关系来看都是一样的，可是我们可以说"桌子质量"，但不能说"*领子大衣"，这是为什么？ ………………… 267

21."把"字句的反复疑问句，是否可以用"把没把/把不把～"
　这样的问法？例如："你把没把伞带来?"、"你把不把书还
　给她?" 267

第三节　对下列句法结构进行层次切分并说明理由 271
　1.猴子吃花生。...271
　2.很漂亮的 272
　3.不适当地教育孩子对孩子成长不利。.............................273
　4.你姐姐有缝衣服的针没有? 273
　5.四加七乘五等于五十五。..274
　6.四加七乘五等于三十九。..275
　7.我最幸福的时刻 276
　8.我最幸福的朋友 276
　9.他从来不愿意先发表意见。...277
　10.多听听有好处。..277
　11.他一手拿一个苹果。...278
　12.恢复停刊的报纸 278
　13.恢复广播的戏曲节目 279
　14.对美国的政策 279
　15.小张被交警叫去罚了30元钱。......................................280
　16.小张被交警叫去写了一份检查。....................................280
　17.小王和小李认识那个人。..281
　18.小王和小李认识的那个人 281
　19.消灭了敌人的主力部队迅速转移了。.............................282
　20.张帆所写的文章 283
　21.我赞美白杨树，因为它不但象征了北方的农民，尤其象征了今
　　天我们民族解放斗争中所不可缺少的朴质、坚强、力求上进
　　的精神，所以我总想用我的笔颂扬那高高的白杨树............284
　22.掌柜是一副凶脸孔，主顾也没有好声气，教人活泼不得；只
　　有孔乙己到店，才可以笑几声，所以至今还记得................285

第四节　分析歧义结构..287

　　1.“我就管他。”这个句子可以表示哪些意思？歧义是怎么造成
　　　 的？...287

　　2.“约翰已经顺利通过了普通话测试，玛丽还不知道呢！”这个句
　　　 子可以表示哪些意思？歧义是怎么造成的？.................287

　　3.“他们两个人分一个西瓜。”这个句子可以表示哪些意思？歧
　　　 义是怎么造成的？.....................................288

　　4.“哥哥骑的那辆摩托车。”这个句子可以表示哪些意思？歧义
　　　 是怎么造成的？.......................................289

　　5.“他谁也不认识。”这个句子可以表示哪些意思？歧义是怎么造
　　　 成的？..289

　　6.“他在火车上画漫画。”这个句子可以表示哪些意思？歧义是
　　　 怎么造成的？...290

　　7.“他的笑话说不完。”这个句子可以表示哪些意思？歧义是怎
　　　 么造成的？...290

　　8.“县里来了位胸外科大夫。”这个句子可以表示哪些意思？歧
　　　 义是怎么造成的？.....................................291

第五节　附：知识性问题..294

　　1.语法是什么？...294

　　2.“语法单位”是指什么？................................295

　　3.语素、词、词组、句子之间是什么关系？.................295

　　4.字和词是一回事吗？...................................299

　　5.字和语素是一回事吗？.................................300

　　6.单音节语素和单音节词如何区分？.......................302

　　7.什么叫“成词语素”？什么叫“不成词语素”？.............302

　　8.什么叫“单纯词”？什么叫“合成词”？...................303

　　9.汉语合成词有哪些类型？...............................303

　　10.现代汉语词类是怎么划分出来的？......................305

11. 什么叫"实词"？什么叫"虚词"？ 306

12. 副词是虚词还是实词，学界有不同看法。我们到底该怎么看？ 306

13. 什么叫"体词"？什么叫"谓词"？ 309

14. 什么叫"真宾语"？什么叫"准宾语"？什么叫"虚指宾语"？ 310

15. 什么叫"体词性宾语"？什么叫"谓词性宾语"？ 311

16. 怎么认识汉语的"及物动词"与"不及物动词"？汉语学界还有"他动词"和"自动词"以及"外动词"和"内动词"的说法，是否就是"及物动词"和"不及物动词"的另一种说法？ 312

17. 什么叫"体宾动词"？什么叫"谓宾动词"？什么叫"准谓宾动词"？ 313

18. 词和词组怎么区分？ 315

19. 动词和形容词怎么区分？ 317

20. 形容词和副词怎么区分？ 317

21. 介词和动词怎么区分？ 318

22. "状态词"是指什么样的词？ 319

23. "区别词"是指什么样的词？ 320

24. 什么叫"疑问代词的非疑问用法"？ 321

25. "词组"、"短语"和"句法结构"这三种说法所指一样吗？ 321

26. 什么叫"同位词组"？ 323

27. 连动结构、递系结构、复谓结构到底指什么样的结构？ 324

28. 什么叫"受事主语"和"受事主语句"？ 325

29. 什么叫"施事宾语"和"施事宾语句"？ 325

30. 什么叫"非受事宾语"？ 326

31. 定语和状语怎么区分？ 327

32. 补语到底有哪些类型？各类补语具体怎么称呼？ 329

33. 什么叫"歧义句"？歧义句主要有哪些类型？ 332

34. 什么叫"易位句"？易位句有什么特点？ 335

35．什么叫周遍性主语句？周遍性主语句有哪些类型？ 336

36．什么叫"句类"？什么叫"句式"？什么叫"句型"？什么叫
　　"句模"？ 338

37．现代汉语疑问句有哪些类型？ 340

38．"我的帽子呢？"、"明天下雨呢？"句中没有实指的疑问形式，
　　可句末带上了疑问语气词"呢"，这该归入"是非问句"还
　　是该归入"非是非问句"？ 342

39．"他准备去哪儿旅行吗？"、"你想吃点儿什么吗？"这两个问
　　句在句中都有疑问代词（前者是"哪儿"，后者是"什么"），
　　可句末带上了疑问语气词"吗"，它们该归入"非是非问句"
　　还是该归入"是非问句"？ 343

40．什么叫"回声问句"？"回声问句"属于哪一类疑问句？ ... 344

41．设问句和反问句是不是疑问句的一种类型？为什么？ 345

42．什么叫"语法范畴"？到底该怎样理解"语法范畴"？ 346

43．什么叫"主观性"与"主观化"？ 347

44．语法学里的"自由"与"黏着"是什么意思？ 348

45．语素是否有自由与黏着之分？ 349

46．句子是否有自由与黏着之分？ 349

47．语法学里的"简单"与"复杂"是什么意思？ 350

第六节　不限于语法方面的问题 356

　　一、语音方面的问题 356

　　二、词汇方面的问题 357

　　三、文字方面的问题 358

后记 361

1 上 编

第一章　汉语教师应有的认识与理念

第二章　汉语教师应有的知识结构、能力结构和思想心理素质

第三章　汉语教师应有的研究素质与研究能力

第四章　汉语教师需要学习一点语言学理论

引 言

对外国学生进行的汉语教学实际是汉语作为外语/第二语言的教学。先前主要在我们国内进行，一般称之为"对外汉语教学"。进入21世纪，特别是2005年在我国举行首届世界汉语大会之后，汉语教学在国际上蓬勃展开，遂将海外所开展的汉语教学称为"汉语国际教育"。在北美地区、欧洲地区也有称为"中文教学"的，在日本则称为"中国语教学"。而历来针对海外华侨、华裔的子弟所进行的汉语教学一直都称为"华文教学"。为行文方便，以下我们将"对外汉语教学"、"汉语国际教育"、"中文教学"、"中国语教学"和"华文教学"等统称为"汉语教学"[1]。

汉语教学应该说已迎来了很好的发展机遇，呈现出很好的发展势头。汉语教学正在世界许多国家展开。作为一名汉语教师，不管是在中国任教的汉语教师还是在海外任教的汉语教师，不管是中国的汉语教师还是海外各国本土的汉语教师，必须对汉语教学本身要有一个正确的、清醒的认识，特别要明白为什么要教汉语，同时也要让学生明白为什么要学汉语。而在思考这两个问题时，一定要有世界的眼光和国际的视野。

要知道，当今我们正处在一个大数据、云计算、网络化、全球化、万物互联（Internet of Everything，简称IoE）、人类逐步走向太空的信息时代。这要求我们用世界的眼光、从国际视野来思考问题。对于汉语教学，我们也需要从这个角度来思考。这主要是要认识到，在当今社会，语言能力已成为国家和个人发展的重要因素。高科技的迅速发展、经济的全球化、信息高速公路的大普及，带来了全球性的商品流、信息流、技术流、人才流、文化流，国家与国家之间、地区与地区之间的交流日益频繁，而且日趋多样化。要让这一条条细流汇合成畅通无阻的洪流，语言能力是一个不可缺少的条件；从另一个角度说，影响世界各国广泛交流的一个重要因素就是语言。显然，这种时代变化要求个人与国家具备更高、更多元的语言能力和高水平的语言教育能力。联合国前任秘书长安南先生就曾经这样说过："21世纪的年轻人起码要掌握三种语言，这样才能适应社会发展的需要。"这是很有前瞻性的看法。如今的现实告诉人们，个人的语言能力已关涉到一个人的生存与发展，已成为与他人竞争的一个先决性条件。社会上各招聘单位对应聘人员首先进行考核的不是专业知识，而是语言能力。这种语言能力，不仅包括母语的语文素养及其口语、书面语的表达能力，也包括外语的能力与水平。国家的语言能力已关涉到国家软硬实力的提升，关涉到国家的安全。那是因为在当今世界，国家的语言能力跟获取信息的能力，跟信息资源的储备、利用、保护的能力，跟国际空间的开拓能力和国际竞争能力成正比；在信息化时代，任何国际交往和国际利益的争取与维护，都需要有很强的语言能力的支撑。因此国际间的激烈竞争业已包含语言人才的竞争、语言技术的竞争，乃至语言意识、语言规划的竞争。维护好海量语言文字信息资源的安全，已成为国家的一大艰巨任务。我们看到，如今一些发达国家都已经从战略高度来对待语言问题。以美国为例，本世纪以来就先后出台了《国家外语能力行动倡议书》（2005）、《国防语言转型路线图》（2005）、《语言与区域知识发展计划》（2006）、《国家安全语言计划》（2006）、《国防部语言技能、区域知识和文化能力的战略规划：2011—2016》（2011）等一系列重大语言政策和举措，足见他们对语言之重视。总之，国家语言能力的强弱已经而且将进一步成为国家强弱盛衰的一种表征。[2]在这样一个时代大背景下，各个国家越来越重视语言教学，并要求自己的国民在学好母语的同时，还得学习、掌握好外语——对中国青少年来说，在学好母语书面语的同时，要学好一门或两门外语，特别是要学好实际已成为当今国际通用交际语言的英语；对其他各国青少年来说，在学好母语书面语的同时，也得学好一门或两门外语。汉语将逐渐成为外国学生选修的外语，而外国学生选学汉语将是一种明智的选择。我们知道，中国历来是一个和平的国家。早在两千多年前的西汉时代，张骞就作为友好使者出使西域，也就是现在的中亚、西亚；唐代，高僧玄奘去西天也就是现在的印度取经，唐朝佛学大师鉴真和尚东渡日本传经；明代，郑和七次下西洋，远及西亚、非洲一些国家。张骞、玄奘、鉴真、郑和都是友好使者。当时的中国是世界上很发达、很强大的一个国家，中国的使者前往各国带去的是中国的商品、中国的文化和友好的种子，带回的是各国的商品、文化和友好的情谊。他们都是真正的友好使者。中国人民是热爱和平的人民，新中国历届领导人一再向世界宣布，"中国决不称霸，现在不会，将来不会，永远不会称霸"。中国有广阔的市场，而且社会稳定，从上个世纪70年代末实行改革开放政策以来，中国经济飞速发展，并影响着世界经济的发展。中国这一环境为国外企业家、投资家提供了理想的投资场所。现在的客观现实是，不管是发达国家还是发展中国家，要发展本国、本地区的经济，为了自身的利益，都需要跟中国打交道，都需要跟中国做生意。跟中国打交道、做生意，只要遵守国际经济游戏规则，都能达到"双赢"的目的，共同得利。而要跟中国打交道、做生意，世界各国都深感存在着一个困难，那就是语言上有障碍。所以，一方面现在中国的年轻人都很重视外语的学习，比如英语、日语、德语、法语、韩语等，另一方面各个国家也急需大批会说汉语、懂得中国文化的人才。因此各国有识青年纷纷学习汉语，学习汉语的年轻人越来越多。

语言能力和语言教育的重要性，在2014年6月于苏州太湖之滨举行的"世界语言大会"上得到了充分的体现。这次大会是由联合国教科文组织与中国教育部、中国国家语委联合举办的，其目的是要唤起各国各级政府重视语言能力和语言教育问题。来自100多个国家的400多位与会者中，大约90%都是各国各级政府的有关官员，而专家学者大约只占10%，他们的任务是对语言能力、语言教育及其与人类文明、社会进步、经济发展之间的关系等方面的种种问题加以阐释[3]。大会全体与会者围绕"语言能力与人类文明和社会进步"这一主题，就"语言能力与社会可持续发展"、"语言能力与教育创新"、"语言能力与国际交流合作"等三个议题进行了认真的讨论，最后形成了《苏州共识》，对语言的社会功用作了新的阐释——语言不只是交际工具，"语言是人类文明世代相传的载体，是相互沟通理解的钥匙，是文明交流互鉴的纽带"。[4]可见语言能力对个人、对国家多么重要。显然，从各国各级政府的层面来说，必须重视对国民的语言教育，包括母语教育、国家通用语言文字教育和外语教育；从个人来说，一定要认真接受母语教育，接受国家通用语言文字教育，同时要学好外语。现在多数国家的青少年还是以英语为首选外语，这可以理解；但是我们也看到，随着中国综合国力的提升和经济的飞速发展，随着中国国际地位的不断提高，世界上越来越多的国家、越来越多的青少年，出于各种目的，也开始要求学习汉语。从发展的眼光看，各国青少年选学汉语无疑是明智之举。

我们强调要用世界的眼光、要从国际视野来看待教汉语、学汉语，就是基于上面所说的这些背景。2013年我们国家提出"一带一路"的构想，秉持和平合作、开放包容、互学互鉴、互利共赢的理念，全方位推进务实合作，打造政治互信、经济融合、文化包容的利益共同体、命运共同体和责任共同体。为达到此目的，2015年又提出要以政策沟通、设施联通、贸易畅通、资金融通、民心相通为主要内容。这无疑是一个高瞻远瞩的构想，对我们国家、对世界的发展都具有深远的意义，立刻引起世界瞩目，得到许多国家的积极支持。然而正如李宇明教授所指出的，"'一带一路'需要语言铺路"[5]。确实，要实现"五通"少不了"语言互通"的帮助。语言互通可以说是"五通"的基础，没有语言互通，政策难以沟通，更谈不上民心相通，也会影响贸易畅通、资金融通。因此，语言互通是"一带一路"实施的重要基础。而这"一带一路"构想的提出又给汉语教学带来了发展的机遇与挑战。

我们要珍惜这大好的机遇。为使汉语教学在世界各国稳步、健康地展开与发展，我们得向世界展现能为世人所欢迎、所仰慕的汉语国际形象。这就要求我们汉语教师一方面对汉语教学要有正确的认识与理念，另一方面要努力提高自身的业务素质与水平，提高自己的思想、心理素质。本书的目的，就是要帮助广大汉语教师对汉语和汉语教学等树立正确的意识与理念，就是要帮助汉语教师了解自己应具备什么样的素质，应有什么样的知识结构、能力结构和思想心理素质；同时列出以往汉语教学中学生提出的、教师碰到的、教师需要了解的100多个语法方面的问题，并给以一定的阐释与解说，供大家参考。

注释

1　这里所说的"汉语教学"不包括传统的汉语母语语文教学（简称"语文教学"）。

2　参看赵世举主编：《语言与国家》，商务印书馆/党建读物出版社，2015年。

3　陆俭明有幸作为专家学者应邀出席了这次大会。

4　参看2014年6月6日新华网：世界语言大会发布《苏州共识》（http://news.xinhuanet.com/2014-06/06/c_1111026025.htm）。

5　参看李宇明："一带一路"需要语言铺路，载《人民日报》2015年9月22日第7版。

第一章
汉语教师应有的认识与理念

汉语教师，不论是中国的汉语教师还是海外本土的汉语教师，不论在中国国内任教还是在海外任教，都担负着向愿意学习汉语的外国学习者进行汉语教学的任务。作为一名汉语教师，如果对所教的汉语，对所进行的汉语教学，对汉语教学中语音、汉字、词汇、语法等各个要素的教学，能有一个宏观的、清醒的认识，那么对完成好教汉语这个任务是大有好处的。

第一节　对汉语要有这样的认识

首先，对我们所教的汉语要有一个宏观的、清晰的认识。我们不是要在这里跟大家谈论汉语的特点。要知道，谈论汉语的特点谈何容易！目前世界上已知的语言，据不完全统计大约有6,000种左右。人类语言具有一定的共性，而各个语言必有各自的特点，这已成为语言学界的共识。可是，如何能认清、把握各个语言的特点？就拿汉语来说，如何能认清、把握汉语的特点？从理论上来说，起码先要做以下两件事中的一件：一件事，将汉语跟世界上这6,000来种语言一一进行对比研究，由此总结、概括出汉语的特点；另一件事，在认识语言共性的基础上，深刻认识汉语的特点。可是，从《马氏文通》至今，前人和时贤虽不乏对汉语特点的探究[1]，但这两件事中的任何一件，至今都未做到，事实上也难以做到。有鉴于此，这里我们不想引导大家去认识所谓"汉语的特点"，只想从"如若要了解汉语，如若要认识汉语，如若要学习汉语，如若要教汉语，如若要研究汉语，最好对汉语要有这样的认识"这样一个角度，来说说汉语教师对汉语应有的认识。当然，我们的意见也只能供大家参考。

我们觉得，汉语教师对汉语起码要有以下几方面的认识：

一、汉语是目前世界上历史悠久而基本上未被分化的语言

汉语是汉民族族群（境外有人称"华人"）所使用的语言，有悠久的历史。汉语在古代就存在多种方言，西汉扬雄的《辅轩使者绝代语释别国方言》（简称《方言》）就记录了当时各地的方言，同时常常提到"通语"；《论语·述而》、诸葛亮《出师表》也提到"雅言"，到明清又有"官话"之说。古人所说的"雅言"、"通语"、"官话"可能就是当时人们心目中的汉民族共同语。1153年金朝迁都北京以来，元、明、清三代也均定都北京，北京基本上一直是全国的政治、经济、文化中心，这就使北方话逐渐在汉语中具有优势地位，使北京话也逐渐成为最有影响和最具权威的一种北方话口语，从而进一步促进了汉民族共同语的形成与发展。但是，现代汉民族共同语真正逐步迈向标准语，那是从民国初年开始的。随着"五四"时期的"白话文运动"和后来的"国语运动"的"双潮合璧"，现代汉民族共同语逐步成熟、完善；上个世纪50年代开展的汉语规范化运动，进一步确立了"以北京语音为标准音，以北方方言为基础方言，以典范的现代白话文著作为语法规范"的现代汉民族共同语。这个现代汉民族共同语也简称"汉语"。这样，"汉语"有广义和狭义两种含义——广义是指汉民族族群所使用的语言，包括古今汉语，包括汉语各个方言；狭义是指现代汉民族共同语，这在中国内地叫"普通话"，在台湾地区叫"国语"，在香港、澳门地区叫"中文"，在新加坡、马来西亚等东南亚国家称为"华语"[2]，在欧美各国称为"中文"，在日本称为"中国语"。

目前在世界上，以汉语为母语的人口是最多的，大约有14亿。汉语主要分布在中国（包括港澳台）和东南亚一些国家，但由于华人遍布世界各地，所以汉语也可以说遍及全世界。汉语，为联合国法定的工作语言之一。

汉语是目前世界上历史最悠久而可以说基本上没有发生分化的语言。学界发现，境外有一个东干语，主要分布在中亚的吉尔吉斯斯坦、哈萨克斯坦、乌兹别克斯坦等国，它源于陕西、甘肃、宁夏一带西北方言中的中原官话（属于关中片和陇中片）。东干语在境外已有100多年的历史，与当今的汉语和普遍认同的华文从语音到词汇到语法，有同有异，而所用文字则不一样了。东干语到底应该视为由汉语分化出去的一个有亲属关系的语言，还是仍该看作汉语方言呢？对此学界有不同的看法。[3]如果肯定东干语可以视为一个独立的语言，那么汉语也仅仅分化出这一个语言；如果认为东干语还应该看作汉语的一种方言，那么汉语就是从未被分化的语言。

如果我们能让所教的外国学生对汉语有上面所说的认识，那么，他们就能慢慢明白，学好汉语，就意味着掌握了与世界五分之一人口交流的机会，就意味着能进入中国文化的宝库，也就意味着拿到了进入拥有14亿人口的庞大市场的钥匙。

二、汉语有复杂的方言但始终保持统一

汉语在长期的历史发展过程中，产生并形成了许多方言。汉语各方言语音分歧最大，其次是词汇，语法上也有一定的差异。目前一般将现代汉语分为以下七大方言区[4]：（一）北方方言，又叫"官话方言"，以北京话为代表；（二）吴方言，也叫"吴语"，以苏州话或上海话为代表；（三）湘方言，也叫"湘语"，又可以分为新湘语和老湘语，新湘语以湖南省长沙话为代表，老湘语以湖南省双峰话为代表[5]；（四）赣方言，也叫"赣语"，以江西省南昌话为代表；（五）客家方言，也叫"客家话"，以广东省梅县话为代表；（六）闽方言，也叫"闽语"，以厦门话和福州话为代表；（七）粤方言，也叫"粤语"，以广东省广州话为代表。

以上所说七大方言是大家公认的。也有学者认为，宜将山西省及其毗连地区有入声的方言从官话中分出，视为一个独立的方言，可命名为"晋语"或"晋方言"。[6]如果认可此意见，汉语得分为八大方言区。也

有学者将徽州方言、广西平话分别看作独立的方言，由中国社会科学院和澳大利亚人文科学院合作编纂的《中国语言地图集》把汉语方言分为十个区，其中就包含了晋语、徽语和平话。[7]到底汉语该划分为七大方言区，还是八大方言区，还是十大方言区，不妨存疑，大家可进一步去探讨。[8]重要的是需了解，各方言之下的次方言不计其数，而且就口语来说，不要说各方言区之间人们在口头上难以通话交际，甚至一个方言区之内的不同次方言之间，都有可能互相很难通话，比如闽方言的闽南话、闽北话和闽东话彼此就不能通话。这是因为各方言之间甚至各次方言之间语音上的差别比较大，因此早有"十里不同音"之说。

方言，对一个民族、对一个国家的共同交际会产生十分不利的影响，因此在中国必须大力推广作为汉民族共同语的普通话。但是，方言又有它重要的存在价值。

价值之一，汉语方言对中华文化的传承与发展有很大的贡献。汉语方言传承千年，有着丰厚的文化底蕴。在整个中华文化中，有相当一部分文化，就是由方言创造、保留和传承的，而且具有汉语各个方言区浓郁的乡土色彩和丰富独特的文化魅力。且不说国粹京剧用的实际是方言，我国的一些主要剧种，如昆曲、越剧、黄梅戏、豫剧、川剧、粤剧、淮剧等，以及各种地方曲艺，如苏州评弹、山东快书、东北二人转、上海滑稽戏、贵州文琴戏、云南的圣谕、西南地区的金钱板等也都用的是方言。而从文学史上的经典作品看，书中也不乏方言成分，表现了不同作品的个性差异。显然，"方言是传统文化、地域文化的基本载体"，同时也是"唤起人们归属感、认同感的情感纽带"[9]。

价值之二，"方言是语言的活化石"，汉语纷繁的方言对研究、了解汉语发展的历史极有用处。根据目前已有的研究与认识，汉语从南到北的方言差异，大致反映了汉语从古至今语音、词汇、语法的发展变化。换句话说，汉语发展的历史轨迹大致可以从方言里窥测到一二。譬如拿声调来说[10]，中古时期，汉语有平、上、去、入四个调类。唐宋以来，汉语在四声的基础上又区分出与声母清浊相对应的阴调和阳调，也就是每个调类又各分阴阳，成为八个声调。到现代汉语，以北京话为代表的大部分北方方言只剩下平、上、去三个调类四个声调，即阴平、阳平、上声、去声；江淮官话以及一部分西南官话都还保留入声调，个别冀鲁官话（例如山东省章丘市明水镇八里辛庄村）也还部分保留入声；还有一些北方方言则只剩下三个甚至两个声调[11]。而大部分南方方言基本上还是保留了中古时期平、上、去、入的四声格局，只是声调的数目存在差异。像浙江省的绍兴话（吴方言）、广东省的潮州话（闽方言）维持的是四声八调，即平、上、去、入各分阴阳；而江苏省的苏州话（吴方言）、江西省的南昌话（赣方言）、福建省的厦门话（闽方言）则保留了平、上、去、入四个调类七个声调（没有阳上调）；广东省的梅县话（客家方言）只有六个调（除了没有阳上，去声也不分阴阳）；广东省的广州话（粤方言）则发展成了"九调系统"，即在四声八调的基础上，阴入再分化为"上阴入"、"下阴入"两个调。再以词汇为例，日常生活中煮饭、烧菜的工具，闽方言叫"鼎"，吴方言叫"镬（子）"，北方方言叫"锅"，这也反映了从古至今的变化；再拿"走"和"行"来说，在先秦古汉语里，"走"是"奔跑"的意思。大家都知道"守株待兔"，这个成语源自《韩非子·五蠹》："田中有株，兔走触株，折颈而死。"此处的"兔走"是"兔子奔跑"的意思，而绝不是"兔子行走"的意思。一则兔子只会跑，或蹦跳，不会行走；二则，如果"兔走"是"兔子行走"的意思，那兔子也绝不会"触株折颈而死"的。"行"，在先秦古汉语里是"步行"的意思。唐宋时期出现了"跑"这个词，于是古代表示"奔跑"意义的"走"逐渐让位给了"跑"，而表示"步行"的"行"，则逐步让位给了"走"。到现代北京话里，原先表示"奔跑"的"走"和表示"步行"的"行"，都只作为构词成分在某些合成词或成语中出现，前者如"奔走"、"走马观花"、"飞沙走石"，后者如"行人"、"人行道"、"行远自迩"等，而不再单独作为词来运用。可是在粤方言里还继续使用作为"奔跑"义的"走"这个词，例如"你唔好周围走"（意思是"你别到处跑"）。再拿语法来说，粤方言有"你行先"的说法，作为状语的"先"可用在动词"行"之后，这保留了先秦语法的用法。这一切说明，"现代汉语南方方言正是古代汉语的历史投影；随着地理推移，现代汉语北方方言显示古代汉语历史演变的结果"[12]。也可以这样说，古汉语向现代汉语"纵"的演变和类型上南方话向北方话"横"的推移，"正好相对，互为验证"[13]。

中国是一个多民族、多语种的国家。长期以来，汉语逐渐成为中国各民族之间交流的语言。2000年10月31日由中华人民共和国第九届全国人民代表大会常务委员会第十八次会议修订通过，并自2001年1月1日起施行的《中华人民共和国国家通用语言文字法》明确规定，"国家通用语言文字是普通话和规范汉字"。我国宪法赋予各兄弟民族使用和发展本民族语言的权利，如今规定普通话和规范汉字为国家通用语言文字，这是符合我国国情、符合我国各民族利益的。《国家通用语言文字法》的颁布与实施标志着我国的语言文字工作走上了法制化的轨道。

如果我们的汉语教师和所教的外国学生对汉语及其方言能有上面的认识，那么汉语教学中所教的、所学的当然应该是标准的普通话，但在教学中允许有一定的弹性。事实上，中国人几乎99.99%说的都是夹杂有一定方音的普通话（即旧时所谓的"蓝青官话"）。关于这一点请参看本章第五节"对汉语规范问题要有这样的认识"。

三、记录汉语的书面符号是形音义融为一体的方块汉字

记录汉语的文字是汉字。汉语方言复杂，但在书面上基本是统一的，这当然跟各方言之间词汇、语法的差异相对来说比较小有关，但更重要的一个原因是，我们所使用的记录汉语的文字不是音素文字，而是一种能直接表意的方块汉字，说得更确切些，是一种"语素–音节文字"[14]。这种方块汉字，一个汉字一个字形，一个汉字一个音节，又几乎每个汉字都有意义，因此汉字可以说是形、音、义融为一体的记录汉语的书面符号。它可以超越方言，超越古今，不受空间、时间的限制，因而汉字跟属于"非形态语言"的汉语之间的关系极为和谐，从而确保

了汉语在书面上一直保持统一。汉语历经这么长久的发展变化却始终保持同一，汉字功不可没。而这也是汉字能成为世界上古老文字中唯一能流传至今而且一直充满青春活力的根本原因。显然，汉字对维护汉语的一致性，使汉语不被分化为不同的语言，对增强中华民族的凝聚力，甚至对维护中国的统一，都立下了丰功伟绩。如今，汉字又已成为维系全球华人的主要纽带了。

汉字的作用还不限于此——

第一，汉字有"别词作用"。汉语的词汇绝大部分是单音节或双音节的，这无疑使汉语存在大量的同音词，汉字则起了很有效的"别词作用"。譬如同为biān[piεn⁵⁵]的单音节词"边"、"编"、"鞭"、"煸"等，同为bàn[pan⁵¹]的单音节词"办"、"半"、"拌"、"扮"、"绊"、"瓣"等，通过汉字区别开来了；再如同为rénshì[zən³⁵ ʂ̩⁵¹]的双音节词"人士"、"人事"、"人世"、"人氏"等，同为yóupiào[iou³⁵ pʰiau⁵¹]的双音节词"邮票"、"油票"等，也都通过汉字区别开来了。[15]

第二，汉字产生后就"直接参与了汉语造词的历史过程"[16]。如"授"（交付）和"受"（接受）的施、受分化；"鱼"和"渔"以及"爪"和"抓"的名、动分化；"疏"和"梳"以及"弯"和"湾"的形、名分化；"见"和"现"的使动、主动分化；等等。

第三，汉字中蕴含着有关中华文化，有关汉语的语音、语义乃至语法等的丰富内容，所以汉字对研究中华文化，对研究汉语的历史发展，也都具有重要的价值。关于这一点，有很多学者论述过。[17]

教汉语、学汉语，必须过好"汉字关"，这样才能真正确保汉语走向世界。

四、汉语属于非形态语言

英语、法语、俄语等西方语言属于屈折语，东方的日语、韩语（朝鲜语）、蒙古语等属于黏着语，汉语则属于孤立语，属于"非形态语言"。汉语的这一性质，在语法上呈现出让人们不能不注意的一系列现象：

（一）词类，具体来说，名词、动词、形容词等均无形态标志。在汉语里，一般我们不能从词形上看出哪个一定是名词，哪个一定是动词，哪个一定是形容词，哪个一定是副词。

（二）名词、动词、形容词进入句子不发生词形上的变化。例如，汉语里的一个词往往可以出现在多种不同的句法位置上，而在词形上完全一样。试以"研究"为例：

（1）a. 这个问题，他研究，我不研究。　　　［作谓语］

　　　b. 她研究语法。　　　　　　　　　［作谓语中心，带宾语］

　　　c. 这个问题得研究清楚。　　　　　　［带补语］

　　　d. 这个问题我打算研究。　　　　　　［作"打算"的宾语］

　　　e. 这就是我的研究课题。　　　　　　［直接作名词"课题"的定语］

　　　f. 语法研究越来越受到重视。　　　　［直接受名词"语法"修饰］

（三）同一种语法关系可以隐含较大的语义容量和复杂的语义关系而没有任何形式标志。试以"动词+名词"的述宾关系（即动宾关系）为例：

（2）a. 吃苹果　　　　　　　　　　　　［动作-受事］

　　　b.（这锅饭可以）吃五个人　　　　　［动作-施事］

　　　c. 吃大碗　　　　　　　　　　　　［动作-工具］

　　　d. 吃食堂　　　　　　　［动作-方式，也有人分析为"动作-处所"］

　　　e. 吃父母　　　　　　　　　［动作-凭借（靠父母生活）］

　　　f. 排电影票　　　　　［动作-目的（为取得电影票而排队）］

　　　g. 养病　　　　　　　　　　［动作-原因（因病而养）］

　　　h. 扔筐里　　　　　　　　　　　　［动作-处所］

（四）汉语不仅句法构造规则与词法构造规则是基本一致的，而且句法中句子的构造规则跟词组的构造规则也是基本上一致的。关于"汉语的句法构造规则与词法构造规则是基本一致的"这一点，郭绍虞先生早就论述过[18]，朱德熙先生将这一点视为汉语语法的特点之一[19]。

大家知道，在词法层面上，汉语合成词的构造基本上有三大类：

一是重叠，即由语素（或者说由词根）重叠而成词[20]。例如：

（3）爸爸、奶奶、星星、慢慢、大大、看看、听听、刚刚、稍稍、白白

（4）干干净净、漂漂亮亮、实实在在、研究研究、商量商量、讨论讨论

二是附加，也叫"派生"，即由词根和词缀组合而成词。例如：

（5）桌子、剪子、尖子、石头、锄头　　　　［词根＋后缀］

（6）红通通、绿油油、黄灿灿、白花花　　　［词根＋后缀］

（7）老虎、老鼠、阿飞、初一、第一　　　　［前缀＋词根］

三是复合，即由词根与词根组合而成词。复合类型多样，主要有：

a. 修饰。例如：

（8）白菜、黑板、喜事、汉语、冰糖、煤球、蒸锅、跑鞋、归途

（9）小气、悲观、大声、徒劳、深入、好看、雪白、蜡黄、湛蓝

（10）广播、奋战、暗示、力争、血拼、胆敢、席卷、鲸吞、蚕食

b. 支配。例如：

（11）怀古、下海、动人、立春、超群、冒险、签名、理事、围脖

c. 补充，内有两小类，一类是前后为"手段-结果"关系，"结果"为补充部分。例如：

（12）打倒、扩大、输出、处决、镇静、镇定、充实

另一类是前后为"事物-计量单位"关系，"计量单位"为补充部分。[21]
例如：

（13）人口、枪支、信件、花朵、纸张、船只、书本、马匹、布匹

d. 联合。例如：

（14）朋友、开关、语言、干净、美丽、清楚

（15）研究、调查、争吵、自从、迟早、反正

e. 陈述。例如：

（16）花生、冬至、事变、沟通、神往、位移、面熟、心慌、锋利

f. 连动。例如：

（17）留用、聘用、指正、招考、汇报、剪接

我们看到，汉语在句法层面句法结构基本上也是这些类型，只是说法不一而已。试对照：

构词层面	句法层面
重叠	叠用[22]
附加	各类虚词（介词、助词、语气词）结构
修饰	偏正（"定-中/状-中"）
支配	述宾/动宾
补充	述补/动补
联合	联合
连动	连谓（连动/递系）

由于汉语属于非形态语言，所以在汉语句法层面上，与印欧语相对照，词组的构造规则与句子的构造规则也是基本一致的。

我们知道，英语属于形态语言，在英语里句子与词组是对立的——作为句子，一定有一个定式动词（finite verb）；而作为词组，一定没有定式动词。例如：

（18）I study Chinese grammar. ［我研究汉语语法。］

To study Chinese grammar is important. ［研究汉语语法很重要。］

Studying Chinese grammar is important. ［研究汉语语法很重要。］

It is important to study Chinese grammar. ［研究汉语语法是很重要的。］

*Study Chinese grammar is important.

*It is important study Chinese grammar.

再有，属于形态语言的英语，句子一定是主谓关系，词组一定不会是主谓关系。因此我们通常说的主谓结构，当处于被包含状态时，在英语里不列入词组的范围，而称为"从句"或"子句"（clause）。例如：

（19）The student who answered the question was John.

［回答问题的那个学生是约翰。］

（20）I worked till he came back.

　　［我一直工作到他回来。］

（21）Why she bought so many hats is a puzzle.

　　［她为什么买那么多帽子还是个谜。］

例（19）里的who answered the question，例（20）里的he came back，例（21）里的why she bought so many hats，虽然都处于被包含状态，但都依然视为句子，只是称为"从句"或"子句"，因为都是主谓关系。

　　属于非形态语言的汉语则不同，汉语里的动词就没有所谓定式动词（finite verb）与不定式动词（infinite verb）的不同表现形式，汉语的句子也不一定是"主语-谓语"的模式。这样，在汉语里，句子和词组在句法构造上彼此不是整体和部分的关系，主谓结构跟其他句法结构处于同等的地位。在汉语里，一个句法结构如果处于被包含状态，它就是词组；如果处于单说地位（附有一定的句调），它就实现为句子。[23]请对照"弟弟扫地"[主谓结构]和"参观科技博物馆"[述宾结构]：

（22）a. "弟弟干什么呢？""弟弟扫地。"　　　［句子］

　　　 b. 弟弟扫地的时候总戴着口罩。　　　　［词组］

（23）a. "明天干什么？""参观科技博物馆。"　　［句子］

　　　 b. 参观科技博物馆的人可多了。　　　　［词组］

再如"木头桌子"["定-中"偏正结构]：

（24）a. "你想买什么桌子？""木头桌子。"　　　［句子］

　　　 b. 木头桌子现在很贵呀！　　　　　　　［词组］

从这里也可以了解到，在英语里，词、词组、句子之间是层层组成关系（composition），即由词构成词组，由词和词组构成句子；而在汉语里，词和词组之间是组成关系，词组和句子之间则是实现关系（realization），即词组加上句调就成为句子。[24]

　　（五）与上述四点相关的，汉语比较注重词语之间的意合，遵循语言表达的经济原则，能省就省，因此常常会看到看似很不合逻辑但大家都能理解的句子。[25]例如：

（25）赵元任先生是菲律宾女佣。［赵元任先生是男士。这句话的
意思是：赵元任先生家的女佣是
菲律宾人。］

（26）那炸酱面没付钱就走了。 ［意即"那吃炸酱面的顾客没付
钱就走了"］

（27）卧铺不能延长。 ［意即"卧铺票适用期不能延长"］

（28）每周周末我们打扫卫生。 ［比照"打扫垃圾"］

（29）你要注意恢复疲劳。 ［比照"恢复健康"］

以上所述决定了，在汉语教学中，语法固然要重视，但更要注重语用，也就是一般所说的词语和句法格式的用法。

五、汉语是节律性很强的语言

汉语是节律性很强的语言。这反映在三个方面：

（一）在汉语里，音节是语音的感知单位。汉语音节，从构造上来看，都可以分为声母、韵母、声调三部分（简称"声、韵、调"）。音节中无复辅音。[26]音节中可以没有辅音，但一定有元音，至多可以有三个元音，如"怪"（guài [kuai⁵¹]）的韵母就包含u[u]、ɑ[a]、i[i]三个元音。元音是汉语音节的核心。在汉语里，音节又是汉语基本的表意单位；每个音节都一定能表示某种意义（一般都不止一种意义）。汉语语素以单音节为基本形式。

（二）汉语的词，在古代汉语里，以单音节词为主；在现代汉语里，以双音节词为主[27]；三音节以上的词很少，除了成语和部分音译外来词（如"奥林匹克"、"麦克风"）之外，主要是科技术语，如"反映论"、"反坦克炮"、"自动切割机"、"动脉粥样硬化"、"国际日期变更线"、"等电位联结端子箱"、"氰化钠堆浸提金术"、"获得性免疫缺陷综合征"（日常称"艾滋病"）等。因此，从总体上来看，汉语的词形较短。

（三）音节会影响语法，具体说，音节数对句法结构会有一定的制约作用。譬如，在日常生活中说到花卉，如果花的名字是双音节的，那

么可以带"花"字，也可以不带"花"字。例如：

　　（1）我摘了朵玫瑰花。 / 我摘了朵玫瑰。

　　　　她很喜欢牡丹花。 / 她很喜欢牡丹。

　　　　那丁香花真香啊！ / 那丁香真香啊！

但是，如果花的名字是单音节的，那么一定得带"花"字。下面左边的说法成立，右边的说法都不成立：

　　（2）我采了一大把菊花。 / *我采了一大把菊。

　　　　姐姐特别喜欢桂花。 / *姐姐特别喜欢桂。

　　　　她送了我一枝荷花。 / *她送了我一枝荷。

地名、人名也存在类似的单双音节对立的现象。如全国各地的县名，有双音节的，有单音节的。双音节的，"县"字可以不说出来。例如：

　　（3）她出生在北京昌平县。 / 她出生在北京昌平。[28]

　　　　我明天去山西万荣县。 / 我明天去山西万荣。

　　　　我老家在江苏海门县。 / 我老家在江苏海门。[28]

但如果是单音节的，那"县"字非说出来不可（右边的说法都不成立）。请看：

　　（4）她出生在北京通县。 / *她出生在北京通。[28]

　　　　我明天去山西宿县。 / *我明天去山西宿。

　　　　我老家在江苏吴县。 / *我老家在江苏吴。

人的姓，有单姓有复姓。单姓，可以有"老王"、"小王"这样的称呼；复姓，就没有这样的称呼，譬如一个人姓欧阳，一般我们不会叫他"老欧阳"或"小欧阳"。反之，复姓，我们可以直接以姓相称呼，例如：

　　（5）欧阳，你来一下。

　　（6）司马，王老师叫你去。

单姓就不能这样称呼，比如我们不说：

　　（7）*张，你来一下。

　　（8）*秦，王老师叫你去。

　　在现代汉语里，像"进行"、"加以"、"予以"一类动词不表示实际的意思，只起某种韵律或语用的作用，譬如"住房问题明天我们还要进行讨论"，从意义上说，这句话跟"住房问题明天我们还要讨论"没有多大差别，句中的"进行"不表示实际的意义，所以这种动词一般称之为"虚化动词"[29]。这种动词在使用上有两个特点，一是要求后面有一个动词来作它的宾语，二是这个作宾语的动词只能是双音节的，不能是单音节的。例如：

（9）金融问题你还需进行学习。

（10）这些情况需进一步加以调查。

例（9）、例（10）里的双音节动词"学习"、"调查"就不能用同义的单音节动词"学"、"查"来替换，我们不说：

（9′）＊金融问题你还需进行学。

（10′）＊这些情况需进一步加以查。

正是因为这种汉语的节律性，在现代汉语里句子合格不合格不能单看是否符合句法规则、是否符合语义规则，还得看是否符合汉语韵律规则。[30]明显的例子如：

（11）a.＊他们年年种植树，但成活率却只有百分之十。

　　　　b.＊他们年年种树木，但成活率却只有百分之十。

　　　　c.　他们年年种树，但成活率却只有百分之十。

　　　　d.　他们年年植树，但成活率却只有百分之十。

　　　　e.　他们年年种植树木，但成活率却只有百分之十。

（12）

A	B	C	D[31]
关严／严实	关严窗户	＊关严实窗户	关严实了窗户
写通／通顺	写通文章	＊写通顺文章	写通顺了文章
打牢／牢固	打牢基础	＊打牢固基础	打牢固了基础
问明／明白	问明情况	＊问明白情况	问明白了情况

例（11）a、b句里的"＊种植树"、"＊种树木"和例（12）C组各例"＊关严实窗户"、"＊写通顺文章"、"＊打牢固基础"、"＊问明白情况"不能说[32]，这都跟韵律有关。[33]

（四）正是这种汉语的节律性，加之上述的汉字的独特性，对汉语文学创作产生了极大的影响，突出体现在骈文、对联的产生和诗词格律的发展上，特别是五绝、五律、七绝、七律等绝句律诗以及词曲的产生与发展上。

显然，在汉语教学中要充分注意汉语的节律性，这将有助于学生的学习。

六、汉语是语用强势语言

汉语是语用强势语言。这主要表现为：

（一）词序灵活，多用虚词。同一个事件，由于说话人的角度不同、认识不同、情感态度不同、所需要表达的信息不同，可以采用不同的表达方式，而这就靠词序的改变和虚词的运用。例如：

（1）a. 弟弟打破了我的杯子。

　　b. 我的杯子弟弟打破了。　［词序改变］

　　c. 我的杯子被弟弟打破了。［词序改变，外加虚词"被"］

　　d. 弟弟把我的杯子打破了。［词序改变，外加虚词"把"］

　　e. 我的杯子是弟弟打破的。［词序改变，外加"是"和虚词"的"］

例（1）各句所说事件相同——"我的杯子破了，打破杯子的是我弟弟"。但通过改变词序、增删某些词语，各个句子意思就不尽相同。

汉语语法的这一情况，决定了汉语语法对语篇有很大的依赖性。即判断一个句子能说不能说，判断一个句子是好是坏，在很大程度上要取决于所在的语篇。这里不妨举一个使用"把"字句的例子[34]：

（2）*洪水是退了，但是眼前是一片不好的景象：洪水把村舍的房屋冲倒了一大半，把猪、鸡、羊都淹死了，空气里充满了难闻的臭味儿；洪水把成堆的木材也几乎都冲光了，……

例（2）就一个个小句孤立来看，都合语法，但是冒号以后的部分是要具体描绘洪水过后的不好景象，按说应顺着上文的意思，用表示遭受义的"被"字句，不宜用"把"字句。可是这里却用了好几个"把"字句，使前后文气很不协调、很不连贯。这个句子宜改为：

（2′）洪水是退了，但是眼前是一片不好的景象：村舍的房屋被洪水冲倒了一大半，猪、鸡、羊都被淹死了，空气里充满了难闻的臭味儿；成堆的木材也几乎都被洪水冲光了，……

（二）只要语境允许，句法成分、重要的虚词，常常都可以省略。前面"汉语属于非形态语言"那一小节里所举的例（25）—例（27）实际就是由于省略而成的。汉语里还常常能见到、听到这样的句子——句中只有一连串的名词。[35]例如：

（3）今天下午全校大会。

上面这句话，在不同的语境里，你可以分别理解为：

（3′）a. 今天下午有全校大会。

　　　b. 今天下午是全校大会。

　　　c. 今天下午开全校大会。

　　　d. 今天下午召开全校大会。

　　　e. 今天下午举行全校大会。

关于"只要语境允许，句法成分、重要的虚词，常常都可以省略"这一点，虽然大家已经意识到了，但至今缺乏系统深入的研究。应该说，在这方面还有很大的研究空间。

（三）在句子平面，句法规则与语用规则难以从形式上加以区分。[36]就英语来说，句法规则和语用规则的界限比较清楚。请看下面的英语句子：

（4）We are verifying these figures.　　　［我们正在审核这些数字。］

在实际的言语交际中，其宾语成分these figures可以根据交际的需要挪到句首，但这会有两种情况。请先看实例：

（5）These figures are being verified by us.［这些数字正被我们审核。］

（6）These figures we are verifying.　　　［这些数字我们正在审核。］

说英语的人也好，研究英语语法的人也好，都会把例（5）句首的 These figures看作全句的主语；但都不会认为例（6）句首的These figures是全句的主语，都还会将它看作是 verify 的宾语。也就是说，英语里某些宾语成分是有可能移位到句首的，但有的是属于句法移位，如例（5）；有的是属于语用移位，如例（6）。显然，英语的句法规则，在句子平面上就能看得比较清楚，因为有鲜明的形式标志。而汉语的句法规则，在句子平面上看不清楚。请看：

（7）弟弟打破了我的杯子。

例（7）在实际交际中，其宾语成分"我的杯子"也可以根据交际的需要挪到句首，说成：

（8）我的杯子被弟弟打破了。

（9）我的杯子弟弟打破了。

（10）我的杯子打破了。

例（8）我们大概可以说是属于句法的移位，因为有形式标志介词"被"；例（9）、例（10）我们就很难只根据句子形式来断定它们到底是属于句法移位还是语用移位。原因是：(a) 汉语是"非形态语言"，名词也好，动词也好，本身没有形态标志，入句也不发生形式上的变化；(b) 句法成分的大量省略——汉语句法成分（包括某些虚词）的省略比较自由，不像英语那样有严格的句法约束。因此，在句子平面上哪些属于句法规则，哪些属于语用规则，就汉语说，没法从形式上加以区分。

（四）汉语是重话题（topic）的语言。这一特点决定了，在汉语中句首成分可以不限于主论元（如施事、受事），也可以是时间、处所、工具、旁事等，这又是很常见的现象，而且它们在句法上被认定为主语。这样，现代汉语里的主语就被定义为"主语即话题"。[37]

注释

1 谈论汉语特点的文献资料主要如下：王力：中国文法学初探，载《清华大学学报》（自
然科学版）1936年第1期；又见《王力文集》第三卷，山东教育出版社，1985年。彭楚
南：《汉语》，上海教育出版社，1983年。陈望道：《文法简论》，上海教育出版社，1978
年。吕叔湘：《汉语语法分析问题》，商务印书馆，1979年。郭绍虞：《汉语语法修辞新
探》（上下册），商务印书馆，1979年。吕叔湘：《现代汉语八百词》，商务印书馆，1980年。
张世禄：关于汉语的语法体系问题，载《复旦学报》（社会科学版）1981年S1期。胡裕
树主编《现代汉语》（增订本），上海教育出版社，1981年。朱德熙：语法分析和语法体
系，载《中国语文》1982年第1期；《语法答问》，商务印书馆，1985年；汉语，见《中
国大百科全书·语言文字卷》，中国大百科全书出版社，1988年。张志公：《汉语语法
的特点和学习》，上海教育出版社，1985年。李临定：《现代汉语语法的特点》，人民教
育出版社，1987年。张黎：谈谈"意合法"——兼论汉语语法的特点，载《北方论丛》
1987年第2期。徐静茜：汉语的"意合"特点与汉人的思维特点，载《湖州师专学报》
1987年第1期。龚千炎：汉语特点与中国语法学的研究——中国语法学史札记之一，载
《汉语学习》1988年第6期。申小龙：《中国语言的结构与人文精神》，光明日报出版社，
1988年。沈锡伦：从形式和意义谈汉语的意会特点，载《汉语学习》1990年第3期。邢
福义：《现代汉语》，高等教育出版社，1991年。范晓：论汉语语法的特点，载《济宁
师专学报》1991年第4期。邢公畹：《现代汉语教程》，南开大学出版社，1992年。徐通
锵："字"和汉语研究的方法论——兼评汉语研究中的"印欧语的眼光"，载《世界汉
语教学》1994年第3期；汉语的特点和语言共性的研究，载《语文研究》1999年第
4期。王洪君：汉语的特点与语言的普遍性——从语言研究的立足点看中西音系理论
的发展，见北京大学中文系编《缀玉二集》，北京大学出版社，1994年。陈昌来：新
时期汉语语法特点研究：现状·角度·反思，载《烟台师范学院学报》（哲学社会科
学版）1996年第1期。黄伯荣、廖序东：《现代汉语》（增订二版），高等教育出版社，
1997年。张斌：《汉语语法学》，上海教育出版社，1998年。金立鑫、白水振：现代
汉语语法特点和汉语语法研究的本位观，载《汉语学习》2003年第5期。陆俭明、沈
阳：《汉语和汉语研究十五讲》，北京大学出版社，2003年。许宝华：《现代汉语导
论》，复旦大学出版社，2006年。王晖：关于汉语语法特点几种说法的检讨，载《青
岛大学师范学院学报》2006年第1期。安华林：论现代汉语语法的特点，载《信阳师
范学院学报》（哲学社会科学版）2008年第4期。胡敕瑞：从隐含到呈现（下）——
词汇变化影响语法变化，载《语言学论丛》（第三十八辑），商务印书馆，2008

年。沈家煊：汉语语法研究摆脱印欧语的眼光，见沈家煊《语法六讲》第一讲，商务印书馆，2011年；后该文又在日本《中国语文法研究》2012年卷（朋友书店）发表。陆俭明：《现代汉语语法研究教程》（第四版），北京大学出版社，2013年。李如龙：汉语特征研究论纲，载《语言科学》2013年第5期；汉语的特点与对外汉语教学，载《语言教学与研究》2014年第3期。戴庆厦：汉语的特点究竟是什么，载《云南师范大学学报》（哲学社会科学版）2014年第5期。

2　海外"华语/华文"这一说法，有时也包括粤语、闽语、客家话等方言。

3　分别参看海峰：东干语概况，载《民族语文》2002年第1期。林涛：《中亚东干语研究》，香港教育出版社，2003年；《东干语论稿》，宁夏人民出版社，2007年。星雨：东干语陕西方言语音研究，北京语言大学硕士论文，2008年。

4　这里所说的汉语方言分区，基本依据北京大学中文系现代汉语教研室编《现代汉语》（增订本）第一章第四节"现代汉语方言"，商务印书馆，2012年。

5　关于老湘语、新湘语的代表性方言，由北京大学项梦冰教授提供。

6　最早提出晋方言是一个独立方言的是中国社会科学院语言研究所李荣先生。参看李荣：官话方言的分区，载《方言》1985年第1期。丁邦新、王福堂等先生不同意此意见。

7　参看中国社会科学院、澳大利亚人文科学院：《中国语言地图集》，香港朗文（远东）有限公司，1987年、1990年。

8　参看李如龙：《汉语方言学》，高等教育出版社，2001年。

9　参看赵菲：论方言价值及其保护，载《山东省农业管理干部学院学报》2010年第2期。

10　以下有关汉语各方言声调情况的简要说明，北京大学项梦冰教授提供了宝贵的修改意见，谨在此深致谢意。

11　西北地区的北方方言多个点的方言只有三个声调，参看邓文靖：西北地区三声调方言分布特点透析，载《兰州大学学报》（社会科学版）2009年第3期；有的方言还有两个声调，参看雒鹏：一种只有两个声调的汉语方言——兰州红古话的声韵调，载《西北师范大学学报》（社会科学版）1999年第6期。另参看曹志耘：《汉语方言地图集》语音卷001图，商务印书馆，2008年。

12　参看余志鸿：《语言地理类型学》导读，见桥本万太郎《语言地理类型学》，余志鸿译，世界图书出版公司，2008年。

13　参看桥本万太郎：《语言地理类型学》，余志鸿译，世界图书出版公司，2008年。

14　参看裘锡圭：《文字学概要》，商务印书馆，1988年。

15　参看朱德熙：在"汉字问题学术讨论会"开幕式上的发言，见中国社会科学院语言文字应用研究所《汉字问题学术讨论会论文集》，语文出版社，1988年。王宁：论汉字与汉语的关系，载《民俗典籍文字研究》（第十五辑），商务印书馆，2015年。以字别词，有时也会遇到例外。汉语书面语也会存在字虽不同实为同一词的情况，如"啰唆"和"啰嗦"，"呱嗒"和"呱哒"，"粗鲁"和"粗卤"，"给予"和"给与"，"启程"和"起程"等（均见《现代汉语词典》），但毕竟是极少数。

16　关于"汉字参与汉语造词的过程"，具体参看王宁：论汉字与汉语的关系，载《民俗典籍文字研究》（第十五辑），商务印书馆，2015年。

17　主要参看周有光：《汉字和文化问题》，人民文学出版社，2009年。王宁：汉字与文化，载《北京师范大学学报》1991年第6期。贺友龄：《汉字与文化》，警官教育出版社，1999年。王宝珍：《汉字与中国文化》，首都经济贸易大学出版社，2011年。张清常：音义关系在汉语汉字中的特殊组合，载《语言教学与研究》1989年第4期。李如龙：论汉语和汉字的关系及相关的研究，载《语言教学与研究》2009年第4期。

18 参看郭绍虞：《汉语语法修辞新探》，商务印书馆，1979年。

19 参看朱德熙：《语法答问》壹"汉语语法的特点"，商务印书馆，1985年。

20 这里所列的"慢慢 | 大大"、"干干净净 | 漂漂亮亮 | 实实在在"和"看看 | 听听"、"研究研究 | 商量商量 | 讨论讨论"，一般分别说成形容词重叠式和动词重叠式。"动词 / 形容词重叠式"之说看来很清楚，但"重叠式"是词还是句法结构？我们采纳朱德熙先生的看法，处理为词，并将这类词的构词方式归入"重叠式合成词"一类。

21 由此形成的名词都是集合名词。

22 关于叠用，如："快来，快来，快来，看，这是什么?"、"去去去去，别来凑热闹!"、"好好好，就这么办!"。这种叠用现象是否属于语法现象？该怎么分析与处理？至今无人研究。其实这是一个值得开发的研究领域。

23 参看朱德熙：《语法答问》，商务印书馆，1985年。

24 参看朱德熙：语法分析和语法体系，载《中国语文》1982年第1期；《语法答问》，商务印书馆，1985年。

25 "意合"这个概念和术语最早是王力先生在1946年开明书店出版的《中国语法纲要》（1957年更名为《汉语语法纲要》，新知识出版社）一书里提出来的，后为汉语学界所接受，不少学者开展了汉语意合语法方面的研究。参看张黎：谈谈"意合法"——兼论汉语语法的特点，载《北方论丛》1987年第2期；《文化的深层选择——汉语意合语法论》，吉林教育出版社，1994年。

26 这是就现代汉语而言的。上古汉语有无复辅音，学界有不同看法。

27 在现代汉语书面语词中，双音节词占绝对多数；在口语中，还是以单音节词居多，特别是动词。

28 北京昌平县，1999年改制为"北京昌平区"。江苏海门县现为海门市（县级市）。北京通县，现改制为"北京通州区"。

29 "加以、进行"这类虚化动词，有人称为"傀儡动词"、"准谓宾动词"或"形式动词"等。

30 参看冯胜利：《汉语韵律句法学》，上海教育出版社，2000年；《汉语的韵律、词法和句法》，北京大学出版社，2009年。李小荣：对述结式带宾语功能考察，载《汉语学习》1994年第5期。董秀芳：述补带宾句式中的韵律制约，载《语言研究》1998年第1期。关于三个音节的述宾结构的韵律问题还有点儿复杂，语言事实告诉我们：（一）1+1结构，如"看书"、"喝水"、"写信"等；2+2结构，如"修理汽车"、"参加会议"、"研究语言"等，都能说，而且都比较自由。（二）1+2结构，在符合句法规则、语义规则的前提下，有的能说，如"种蔬菜"、"吃面条"、"说理由"；有的则不能说，如"*种树木"（对比"种植树木"）、"*查车辆"（对比"检查车辆"）。能说的多，不能说的少。（三）2+1结构，在符合句法规则、语义规则的前提下，有的能说，如"修理车"、"整理书"；有的却不能说，如"*种植树"（对比"种植树木"）、"*阅读报"（对比"阅读报纸"）。规律何在，尚需深入研究。

31 D组格式本身不能处于单说地位，前后必须还有别的成分，例如："她关严实了窗户就睡觉了。"、"眼看暴雨将至，想着家里窗户还开着，我赶忙往家里赶，谁知等我赶回家，小妹早已关严实了窗户。"以上例句，我们咨询了15个人，有13人认为这个句子可以接受，但也有3个人认为，最后那个小句说成"小妹早已把窗户关严实了"更合适。

32 一般确实不说"问明白情况"，可是它却可以出现在"先问明白情况再说"这句话里。

33 由韵律造成的语句"能说不能说"的问题，情况还相当复杂，一时还难以得出系统的规律，这就给了研究者很大的研究空间。

34 例（2）以及对例（2）的分析，均转引自马真：在词语教学中要重视词语使用的语义背景，见蔡建国主编《中华文化传播：任务与方法》，上海人民出版社，2008年，第196—208页。

35 在古代，时有名词缀合成句的佳作，著名的如唐代温庭筠《商山早行》中的"鸡声茅店月，人迹板桥霜"；元代马致远《越调·天净沙》题作"秋思"的前三句"枯藤老树昏鸦，小桥流水人家，古道西风瘦马"，堪称绝妙佳句。但"今天下午全校大会"的性质跟古代由名词缀合成句的佳作不同。"今天下午全校大会"是个省略了谓语动词的普通的完整句子，而古代佳作，拿马致远的那三句来说，说是三句，实际上每个名词都可视为一个小句，三句话九个名词，分别刻画了九个情景，组合在一起，烘托出了苍凉寂寞的秋原景色和作者孤独疲倦的旅情，显示了作者运用语言的高超艺术。

36 参看陆俭明：汉语句法研究的新思考，载《语言学论丛》（第二十六辑），商务印书馆，2002年。

37 参看赵元任（1968）：*A Grammar of Spoken Chinese*（《中国话的文法》），中译本《汉语口语语法》（吕叔湘译），商务印书馆，1979年，第45页。朱德熙：《语法讲义》，商务印书馆，1982年，第95—102页。关于主语与话题（一说"主题"），参看Charles N. Li & Sandra A. Thompson, Subject and Topic: A New Typology of Language. 中文译文《主语与主题：一种新的语言类型学》，李谷城摘译，《国外语言学》1984年第2期。

第二节　对汉语教学要有这样的认识

作为一名汉语教师，对汉语教学本身也必须有一个正确而清醒的认识。

一、认清汉语教学的学科性质和核心任务

对于汉语教学，我们首先必须认清它的学科性质和核心任务。上个世纪80年代初，汉语学界的前辈学者王力、吕叔湘、朱德熙先生就明确指出："对外汉语教学是一个专门的学科。"[1]随着汉语教学的不断发展，经过多次讨论，大家的认识逐渐趋向一致，认为汉语教学是语言教学，是汉语作为第二语言或者说作为外语的语言教学。它"有自己独特的研究对象、研究任务、研究内容和研究方法，有自己的学科基地和已取得的研究成果，是一门其他任何学科所不能替代的专门学科"[2]；它是以汉语言文字教学为基础的、关涉到汉语言文字学、应用语言学、教育学、心理学、文学以及跨文化交际等多学科的交叉性学科。汉语教学的基础性教学是汉语言文字教学。汉语教学最直接的目的，是要让国外汉语学习者学习、掌握好汉语。[3]总之，"汉语教学是一个独立的学科"已成为学界的共识。作为汉语教师，首先要有这学科意识。同时，要认识到，汉语教学所担当的核心任务是，要想方设法帮助外国的汉语学习者尽快、尽好地学习、掌握好汉语（包括口语和书面语）。这也就决定了，汉语教学的基础性教学是汉语言文字教学，从整体上来说，其他学科方面的教学都是为汉语言文字教学服务的。因此，汉语教学总的指导思想是，"怎么让一个从未学过汉语的外国留学生在最短的时间内能最快最好地学习、掌握好汉语"。[4]

二、树立正确的"汉语国际传播"观

汉语教学走出国门，开展汉语国际教育，目的是什么？有一段时间老听到这样的声音：开展汉语教学"是为了推广汉语，推广中华文化，

增强我国的软实力"。在这种看法里，"推广"一说极为不妥，正如吴应
辉教授在《汉语国际传播研究理论与方法》一书的"代序"里所指出
的——

> "汉语国际推广"这一术语曾一度被官方广泛使用，它能充分
> 反映有关机关要把汉语推向世界的主动性、积极性和美好愿望，但
> 会带来"文化侵略"之嫌的负面效应。[5]

实际上不是"会带来"，而是已经带来了一定的负面影响。[6]这里值得我
们思考的一个问题是：我们应该树立什么样的"汉语国际传播"观？

"引言"中已经说过，现在我们正处在一个大数据、云计算、网络
化、全球化、万物互联、人类逐步走向太空的信息时代。这要求我们逐
渐习惯于用世界的眼光、从国际视野来看中国、看世界，来思考汉语国
际传播的问题。只有这样，我们的作为、我们的工作，才会受到各国的
欢迎与尊重，才会真正符合我们的国家利益。我们应该树立正确的汉语
国际传播观，那就是：**我们开展汉语教学是为世界各国建造通向中国的
友谊之桥——汉语桥**。在这一汉语国际传播观的指导下，才能确保汉语
稳步而健康地走向世界。

三、正确认识和处理好汉语教学与文化教学的关系

正确认识与处理好汉语教学与文化教学的关系，跟汉语稳步而健康
地走向世界关系极大。

语言是载体，语言教学不可能不伴随文化教学。事实上，古今中外
从来就没有不伴随文化教学的语言教学。我国自古以来就强调"教书育
人"，而古希腊也倡导博雅教育（Liberal Education），其目的都是使所培
养出来的人，既要具有广博的知识，又要具有良好的品德、优雅的气
质。而要使培养出来的人才具有良好的品德、优雅的气质，必然要对
受教育者进行文化教育，包括人生观、价值观的教育。另外，任何国
家、任何民族都希望将自己所特有的文化以及所持的人生观、价值观融
入到世界多元文化之中，并都竭尽全力而为之。因此，历来所有的外语

教学，不管是英语教学、法语教学、德语教学、西班牙语教学、俄语教学、日语教学、韩语/朝鲜语教学、泰语教学、越南语教学、阿拉伯语教学还是其他语言教学，无不伴随着文化教学。学生在接受一种外语教学的同时，会不知不觉地接受浸润于语言教学中的该语言所反映的民族和国家的文化，特别是他们的民族理念、人生观、价值观。显然，语言教学中所伴随的文化教学，正如赵金铭教授所指出的，应该是"润物细无声"，应该是"耳濡目染"、"潜移默化"的[7]。这样的文化教育才能深入骨髓，这样的文化教学才真有成效。

中国是一个文明古国，又是一个在近代饱经蹂躏与欺压而现在正在迅速崛起、逐渐成为在国际上具有举足轻重作用的和平大国。她既拥有光辉灿烂、神奇深邃的古老文化，又有各民族交织、中外交融的现代文化。国家也需要将我们这种多姿多彩的中华文化融入到国际多元文化的大家庭中去。汉语国际教育，不言而喻，也必然要承担起"中华文化国际传播"的责任。这一点，从上个世纪80年代开始大家就意识到了。同时，由于不同民族、不同国家存在着文化上的差异，必须重视跨文化交际问题，所以汉语教师必须要有文化的头脑。但是，文化教学在汉语教学中到底应放在什么地位？大家并不是都很清楚，认识也并不一致。早先媒体就曾炒作并宣传说，"汉语教学是手段，传播中国文化才是目的"，"外国人要学的是中国文化，不是汉语"，等等。[8]如果以这种偏激的言辞为导向，其结果不仅会大大削弱汉语言文字教学，而且从文化传播的角度来看，这也绝非科学之举、策略之举，反倒有损中华文化的传播。再说，如果我们开展汉语教学的结果是外国学生虽然知道一些有关中国的文化知识，甚至能掌握某种文化技艺，但只能说一些简短的口语，不能浏览中文网页，不能阅读中文书刊与报纸，那么他们如何能真正了解中华文化、研究中华文化？如何能向自己国家的民众介绍中华文化？最近又有人说，汉语教学的重心应由语言教学转向文化教学；而现在对外汉语教师包括华文教师的培养与培训，都有一项这样的要求——起码要掌握一种文化技艺；当今孔子学院和孔子课堂更是普遍地大搞文化技艺活动，乃至我们有的高校在面试报考硕士研究生的考生时，竟出现了考生都带上一把剪刀或一长条红绸什么的这样的情况[9]；在国际汉语演讲比赛中文化技艺也占了越来越大的比重。这些看法、这些做法，都未必符合汉语教学的要求。汉语教学要伴随着文化教学，但文化教学不能喧宾夺主。中国人民大学李泉教授指出："过于强调汉语教学的文化传播功能，是对汉语作为外语教学是一门学科的误解，是对汉语教学文化传播功能的扩大化、理想化、超负荷化。"[10]杨国章教授也早在1991年就指出："语言教学的重心是解决语言学习问题，这一点什么时候也不能动摇。我们要重视文化因素，这是立足于语言的交际功能而言的。……但不能把语言课变成文化课，否则，就冲淡了语言教学，喧宾夺主，捡了芝麻丢了西瓜。"[11]曾在孔子学院任教的蒋向艳和陈捷二位老师在合作撰写的文章中指出："过多的中国文化介绍占据了大量的授课时间，致使汉语教学进度极其缓慢，在一定程度上打击了学生继续学习汉语的积极性。因为他们感到没学到什么东西，没什么进步，很容易放弃。可见汉语课上过多地介入中国文化的介绍会搅扰学生对汉语本身的学习、记忆和运用。"[12]

可见，汉语教学要担负起文化教学的任务，但我们必须明了汉语教学中的文化教学是伴随性的，绝不能喧宾夺主；更重要的是还必须深刻认识到，汉语教学所伴随的文化教学，其内容必须浸润在汉语教学之中，尤其是要浸润在汉语教材之中。

说到文化传播，还有一点必须明了，一个民族、一个国家的文化传播，一定的宣传当然需要，但最后能否达到如愿以偿的有效传播，取决于三个方面：

一是取决于国际上各个国家和各国人民是否需要。如果需要，就会想法学，就会想着吸取。

二是取决于文化自身对海外各国是否具有很强的吸引力、感染力、影响力。古希腊的荷马、意大利的但丁、英国的莎士比亚、西班牙的塞万提斯、德国的歌德、奥匈帝国的卡夫卡、俄国的果戈里、陀思妥耶夫斯基、屠格涅夫、托尔斯泰、美国的海明威等人的文学作品以及德国的格林童话、丹麦的安徒生童话，意大利的达·芬奇、荷兰的梵·高、西班牙的毕加索等人的绘画，德国的贝多芬、巴赫、波兰的肖邦、奥地利的施特劳斯、舒伯特、莫扎特、俄国的柴可夫斯基等人的音乐作品，之所以能脍炙人口传遍世界各国，能成为具有永恒性的作品，靠的就是超越民族、超越国界的艺术魅力。

三是自身的良好形象。这是达到有效文化传播的关键因素。常言道："自尊者人尊，自重者人重，自敬者人敬。"在生活中大家也都会有这样的体会，人见人爱的事物人们会不自觉地仰慕它、接受它；而人见人厌的东西人们会自然地鄙视它、排斥它。汉唐极盛时期中华文化向外传播，影响了不少国家，就充分说明了这一点。

我们现在要想让汉语走向世界，要想让中华文化融入国际多元文化的大家庭中去，不能不好好思考上述三方面因素，特别是汉语的国际形象。最近李宇明教授多次报告并著文谈论汉语传播的国际形象问题，他在最近发表的一篇题为"汉语传播的国际形象问题"[13]的文章中指出，法语在第二次世界大战之前是世界上最有影响力的语言，这跟自16世纪以来逐渐形成的"优美、文明"的法语国际形象有关；而从第二次世界大战后开始，英语的国际地位超越法语，这跟英语进入20世纪之后逐渐形成的"国际化、现代化"的英语国际形象有关。李宇明教授在文章中呼吁要重视汉语国际形象，并指出"理性认识语言国际形象的形成机理，对于汉语的国际传播、对于汉语国际教育具有非常重要的意义"，"一种语言要具有良好的国际形象，其基础是这一语言所属的国家的形象，特别是国家对世界所作出的贡献"，而"汉语国际教育工作者，对汉语国际形象的塑造更为直接与重要"。李宇明教授所言极是。这篇文章值得大家去阅读，所谈内容很值得大家关注。确实，汉语教师以及出访的中国公民包括旅游者，就是中华文化的形象大使，就是中华文化的窗口与镜子，他们的言谈举止直接关系到汉语国际形象的塑造。如果我们派出的汉语教师和出境访问或旅游的中国公民在海外不遵守当地的规约和习俗，大声喧哗，随地扔垃圾，该排队不排队，处处摆阔，有意无意地呈现某种傲气和霸气等，就不会给他人留下良好的印象。北京语言大学校长崔希亮教授于2009年4月8日在学校作了一个题为"汉语国际教育和教师的学术生涯规划"的辅导报告，他在报告中就指出，"我们很多人还没有做好准备成为在这个世界上负责任的大国的国民"，许多人"在急剧的变化过程中找不到自己的位置，不知道该以什么样的态度来作为一个国际公民。我想这是我们所面临的一个挑战。这个挑战不要小看它，因为我们每一个中国人在国外，你就代表国家形象，人家看到一两个人在国外，有这样那样的不合适的举动，人家会说，你看中国人就是这样。"[14]而这种不良印象就会直接影响海外人士学习汉语的热情和积极性。

此外，还需看到一点，汉语走向世界还得靠学好并掌握了汉语，特别是掌握了汉语书面语的外国学者，由他们来担任汉语教师，由他们来向自己国家的民众介绍中华文化，这是中华文化走向世界最有效的途径之一。因此，我们的老前辈吕叔湘、季羡林、朱德熙等先生都不约而同地强调首先要教给外国汉语学习者的是汉语本身。季羡林老先生就说过这么一段话："我们首先要送去的就是汉语。……中华民族的优秀文化大部分保留在汉语言文字中。中华民族古代和现代的智慧，也大部分保留在汉语言文字中。中国人要想弘扬中华民族的优秀文化，外国人要想学习中华民族的优秀文化，都必须首先抓汉语。为了增强中外文化交流，为了加强中外人民的理解和友谊，我们首先必抓汉语。因此，我们要奉行送去主义，首先送出去的也必须是汉语。"[15]季老先生的话明确告诉我们：汉语教学要汉语先行，而不是文化先行；文化先行，将适得其反。汉语先行，才能真正做到汉语传播、中华文化传播双赢。

注释

1 转引自刘珣：有关对外汉语教育学科理论建设的两点感想，载《海外华文教育》2003年第1期；又见刘珣：《对外汉语教育学科初探》，外语教学与研究出版社，2005年。

2 参看刘珣：有关对外汉语教育学科理论建设的两点感想，载《海外华文教育》2003年第1期。又见刘珣：《对外汉语教育学科初探》，外语教学与研究出版社，2005年。

3 分别参看刘珣：《对外汉语教育学科初探》，外语教学与研究出版社，2005年。陆俭明：汉语教学的新变化、新问题、新任务、新意识，载《暨南大学华文学院学报》2008年第3期。

4 陆俭明：关于开展对外汉语教学基础研究之管见，在"第六届国际汉语教学讨论会"全体大会上的报告，后载《语言文字应用》1999年第4期；又见《作为第二语言的汉语本体研究》，题目改为"汉语作为第二语言之本体研究"，外语教学与研究出版社，2005年。

5 吴应辉：《汉语国际传播研究理论与方法》，中央民族大学出版社，2013年。

6 参看Patricia A. Duff, Tim Anderson, Liam Doherty & Rachel Wang, Representations of Chinese Language Learning in Contemporary English-Language News Media: Hope, Hype, and Fear, 载Global Chinese（全球华语）2015年第一卷第1辑，Publish with DE GRUYTER。

7 参看赵金铭：国际汉语教育的本旨是汉语教学，见北京语言大学对外汉语研究中心编《汉语应用语言学研究》（第2辑），商务印书馆，2013年。

8 转引自李泉：《国际汉语教学：事业与学科》，2012年8月20日在北京语言大学举行的"汉语应用语言学学科建设与发展高峰论坛"上的报告。

9 这是北京某高校一位教授在北京语言大学对外汉语研究中心于2012年4月6—7日所举行的主题为"新形势下对外汉语教学学科建设与发展"座谈会上所谈的他们在对考生进行面试时出现的情景。

10 参看李泉：文化内容呈现方式与呈现心态，载《世界汉语教学》2011年第3期。

11 参看杨国章：文化教学的思考与文化教材的设计，载《世界汉语教学》1991年第4期。

12 参看蒋向艳、陈捷：法国巴黎中学汉语教学状况及分析，见《第九届国际汉语教学研讨会论文选》编辑委员会编《第九届国际汉语教学研讨会论文选》，高等教育出版社，2010年。

13 参看李宇明：汉语传播的国际形象问题，载Global Chinese（全球华语）2015年第一卷第1辑，Publish with DE GRUYTER。

14 根据2009年11月1日新浪网"对外汉语李鹤鸣"博客所转载的文字，http://blog.sina.

com.cn/s/blog_467c6d240102e5sl.html。

15　参看季羡林：我们要奉行"送去主义"，见张德鑫主编《对外汉语教学：回眸与思考》，
　　外语教学与研究出版社，2000年。

第三节　对汉语要素教学要有这样的认识

汉语教学，从教学内容上说，先前只包括以下四个方面：语音教学、汉字教学、词汇教学和语法教学。随着汉语教学的发展与深化，汉语教学界逐渐认识到还需注意和进行篇章教学。因为语法也好，词汇也好，都不能孤立地讲规则、讲意义、讲用法，必须逐步引导学生从语篇中来认识词语和句法格式的意义、用法和使用规则。譬如，介词"连"，一般汉语教材上都这么说——"表示强调，含有'甚而至于'的意思"，然后就举几个类似下面这样的例子让学生体会：

> 连爷爷都笑了。
>
> 他看得入了迷，连晚饭都忘了做。
>
> 你怎么连他也不认识？
>
> 连饺子汤也没有剩。

说实在的，这样很难让学生对介词"连"有切实的体会，更不容易让学生了解介词"连"的具体用法。周小兵教授指出，对于介词"连"，应结合篇章、语用来展示并引导学生了解它的意义与用法。他举了这样一个例子来加以说明：

> （1）连妻子都认不出他了。
>
> （2）同事、好朋友认不出他，连妻子都认不出他了。
>
> （3）同事认不出他，好朋友认不出他，连妻子都认不出他了。

他指出，只用例（1）这样的例子来展示"连"的用法，很难让学生对介词"连"有切实的体会，更不容易让学生了解介词"连"的具体用法。他认为，应该先通过例（2）、例（3）来完整地展示使用"连"字句的篇章环境，这样才能将教材所谓的"强调"的语法意义落到实处，使学生真正能体会到，真正能学到，而这样做"符合一般人（包括留学生）的认知顺序"。[1]不过，篇章教学才刚引起注意，目前还只是强调在教学过程中要注意引导学生多听、多说、多读、多写，从篇章中学习、体会词语的意义与用法，从篇章中学习、体会虚词的意义与用法，从篇章中学习、体会汉语语法规则，从篇章中学习、体会句法格式的意义与用法。因此，篇章教学目前还未形成独立的教学内容。"汉语要素教学"目前只包括语音教学、汉字教学、词汇教学、语法教学。作为一名汉语教师，对汉语各部分的要素教学，必须做到心中有数。

一、关于语音教学

语音教学是汉语教学的基础。语音教学是要解决学生能听、能说汉语的问题。就目前汉语教学的现状来看，大家对汉语语音教学一般都很重视，而在语音教学中，普遍将《汉语拼音方案》的教学放在重要位置。这是完全正确的，因为不管是哪一个层次的外国汉语学习者，汉语语音学习是整个汉语学习的基础，是他们学习汉语所要跨越的第一道门槛。对一个汉语学习者来说，如果不听汉语交谈（包括听汉语录音、汉语广播），不开口说汉语，必定难以学好汉语。由于记录汉语的方块汉字，从本质上说是一种视觉文字，不是听觉文字，它本身基本上不表音或不能准确表音，外国学生没法从一个个汉字字形上去获得准确的读音。因此，汉语教师在帮助外国学生跨越汉语语音这第一道门槛的教学过程中，汉语拼音就成了汉语语音教学的好帮手。《汉语拼音方案》既是汉语教师在汉语教学初级阶段对学生进行汉语声、韵、调训练，帮助学生学习和掌握汉语语音系统的重要依据；又是学生学习汉语普通话、识读汉字的重要工具。[2]汉语教学"历来强调的一个教学原则是针对性原则，要求针对不同母语背景的学生采用有针对性的教学策略，做到有的放矢。汉语语音教学在这方面有很高的要求……"[3]。关于语音教学，教师也好，学生也好，都必须牢记两点：一是一开始不能认为"能说就行了"，还得力求达到"字正腔圆"的程度；二是要记住赵元任先生的一句话："一失音成千古恨"，要让学生知道"一开始没学好，一辈子改不过来了"[4]。要知道，在学习汉语的初始阶段在语音上没打好基础，将会成为顽症，纠正起来很难很难。从汉语语音教学上，务必记住著名语音学家林焘教授的话："从根本上说，语音学习只不过是一种模仿活动，是一种口耳训练。多听多模仿是提高语音水平的唯一途径，不只是模仿'字'音，还要模仿整句话的轻重高低、语调模式。这种模仿训练应该贯穿整个学习过程，而不只是初级阶段的要求。"[5]关于语音教学，金晓达、刘广徽强调"语音教学必须贯穿始终"，并提出了如下一些教学基本原则：(a) 科学性原则，主要要求"讲授知识和概念要准确，遵循和掌握教学规律，研究和采用有效的教学方法"；(b) 实践性原则，主要要求"在理论指导下要大量练习、实践；要精讲多练，提高开口率"；(c) 对比性原则，主要要求注意进行"普通话和学生母语的比较，正确发音与错误发音的比较，普通话相近音的比较"；(d) 直观性原则，主要要求"对某些基本规则和理论的讲解，需采取必要的辅助手段，用图示方法形象化"；(e) 趣味性原则。[6]他们的意见很值得参考。

二、关于汉字教学

在汉语教学中，对汉字教学也普遍比较重视，但时有"语"和"文"教学孰先孰后的讨论。表面看似乎是口语教学与书面语教学孰先孰后之争，实质则是如何处理好语音教学与汉字教学的关系问题。其实，不管哪个在先哪个在后，语音教学、汉字教学都重要，都必须抓紧、抓好，在教学中做到互相照应。当然，对某些只求学一些口语的短期学习班或培训班的学员来说，可另当别论。

我们必须明白，要让汉语走向世界，要指望有越来越多的外国学生学习、掌握好汉语，特别是学习、掌握好汉语书面语，就必须重视汉字教学。赵金铭教授早就说过，在汉语教学中不能掌握汉字的学生，至多是个会说汉语的文盲。[7]李宇明教授进一步指出，在汉语教学中不能掌握汉字的学生，最终可能会放弃汉语。[8]这些看法一点儿也不过分。再说，汉语教学的主要目标不是要学生掌握多少有关汉语言文字学方面的理论规则，而是要学生逐渐培养起汉语的语感，包括汉语的口语语感和书面语语感。汉语口语语感，只有在大量听说汉语的过程中才能获得；汉语书面语语感，也只有在大量阅读、大声朗读甚至进行必要的背诵中逐步获得。要能让汉语学习者阅读或朗读，先决条件是要让他们学习掌握好汉字，能有"汉字能力"。所谓汉字能力，"指的是用汉字进行记录、表达和交际的能力，包括写、念、认、说、查等五个要素"[9]。

　　汉字学习，对非汉字圈的学生来说，是一个难点。在他们眼里一个个汉字就是一幅幅神奇的图画；他们更感到神奇的是中国人竟能记住几千幅"图画"，并用这些"图画"在书面上传递信息，表达情感。西方学生普遍对汉字怀有神奇感，对汉字学习产生畏难感，觉得汉字难学。对于汉字难学的问题，我们不必回避。大家都知道，无论国内国外，无论过去现在，时有"汉语难学"之说。有学者据理反驳，但并未获得良好效果。其实，对"汉语难学"要具体分析。国内外的汉语教学实践告诉我们，汉语本身并不难学，难学的是汉字。在欧美，不少汉语老师先教口语和拼音以及拼音方案，等学生熟练掌握了汉语拼音方案后，再教汉字。结果怎么样？90%的学生掌握了汉语拼音方案后就能跟老师、同学用汉语拼音写电子邮件（E-mail），同时也就能开口说一些汉语；可是一进入汉字教学阶段，逐渐出现了低谷，最后只剩下20%—30%能坚持学下来，百分之七八十都因为汉字难学而放弃了汉语学习。可见，所谓"汉语难学"主要是"汉字难学"。

　　总之，"'汉语难学'主要是'汉字难学'"，这个情况应该让大家都知道。而对于"汉字难学"的问题，我们应该正视它，绝不要回避它。这样才能激励大家用心地去探索汉字教学的好路子，探索出促进汉字学习的好办法。

　　要克服"汉字难学"的问题，首先要不断改进汉字教学法；但到底如何有效地进行汉字教学，还是一个很值得大家探索的问题。现在给外国学生讲解汉字一般都会讲到笔画、部件、部首偏旁、形旁声旁（意符声符）以及笔顺等，但具体采用什么讲法，各有各的看法——有人主张采用"'基本部件+基本字体系'教学法"；[10]有人主张"利用'字族理论'教汉字"；[11]有人主张采用综合联想识字法；[12]有人主张采用"笔画、笔顺、部件、结构有机结合教学法"，因为笔画是"汉字形体书写元素"，笔顺是"连笔成字的基本原则"，部件是"方块汉字的结构元素"，结构是"连笔成字的框架形式"；[13]有人主张采用"从汉字部件到汉字结构"教学法；[14]等等。具体到对每个汉字该怎么讲，又各有各的招儿，甚至可以说真是五花八门。归纳起来，基本分两派——一派是严格按六书或新六书来讲；一派是出于让学生产生兴趣、便于学生记忆的考虑而采用"自我理解析字法"[15]；也有采用猜谜的讲法以增强学生记忆，如"一家有两口，大口养小口"（谜底为"回"），"顶天立地"（谜底为"工"）；也有采用两字比照说趣闻的讲法，以引发学生兴趣，如"'口'对'回'说，亲爱的，都怀孕这么久了，也不说一声。""'巾'对'币'说，你戴上博士帽就身价百倍了。"虽讲法有别，但有一点是逐渐趋同，那就是"不能忽视汉语的字词联结"[16]，"把字和词的教学结合起来"[17]。认字的目的还是为了识词，字词联结有助于识字、记词。

要克服"汉字难学"的问题，还必须弄清楚目前汉字教学的症结在哪里。关于这一点，北京大学施正宇教授是这样看的："汉字以其形体记录汉语词的音和义，字音和字义源于汉语，只有字形才是属于汉字本体的。如果我们把源于汉语的字音和字义看作汉字教学的'皮'，把字形看作汉字教学的'毛'，那么，用一句众所周知的成语就可以很形象地概括目前对外汉语字词教学面临的现状，这就是'皮之不存，毛将焉附'。忽视汉语的字词联结，是对外汉字教学，同时也是对外汉语教学的症结所在。"[18]她的意见值得大家重视。

让人感到欣慰的是，无论国内国外都有学者在积极探索如何迈过汉字教学这个坎儿。

北京语言大学万业馨教授首先提醒大家："由于学生在校学习时间有限，有关汉字认读和书写的教学内容主要安排在第一学期（甚至只是第一学期的前半学期）。这就要求我们在对教学作总体设计时，把最能反映汉字特点的内容、便于较快了解和掌握汉字的认知方法教给学生。"并指出，在汉字教学中，既要介绍那些可以充当意符的独体表意字，也要注意介绍汉字中的声符，以有利于汉字读音的认知。[19]她还特别强调，要改变"汉字教学完全成为汉语教学附庸"的状况。[20]她提出了这样一种汉字教学策略："先认识整字"，了解字、词之间的约定关系；"然后分解字形"，进一步理解部件与整字之间音和义的联系；"再回到整字"，将已学得的一定数量的汉字，按意符与声符分别归类系联，从而"改变学生对汉字一盘散沙的印象"。这一汉字教学策略有利于学生"获得有关汉字符号体系全貌的客观认识"，使学生"既了解字又了解词"，并且"培养学习者主动学习汉字的能力"。[21]

法国白乐桑教授创立并提出了"字本位"教学法[22]，强调要从汉语整体性上来认识和把握汉语的字和词，采用"以字带词"的教学策略；其特点也是既重视字的教学，也重视词的教学。白乐桑的"字本位"教学法已为欧洲广泛采纳，并产生了良好的教学效果。

万业馨和白乐桑二位的观点值得重视，因为汉字教学从表面看只是为解决"读汉语、写汉语"的问题，实际起着加深对汉语、汉字的认识，加深对汉语里字词的认识的作用，从而有助于学生学习汉语。要知道，我们整个教学过程中用的工具语言是汉语，而汉语的载体是汉字，所以说汉语教学过程中使用的主要工具就是已经学过的汉语和汉字。如果汉字基础打得不好，对汉语教学过程无疑会有很大的影响。

如何进行有效的汉字教学，还是一个值得大家继续探索的问题。目前汉字的具体教法可说是五花八门，但有一句话值得牢记："字不离词，词不离句，句不离文。"

三、关于词汇教学

在汉语教学中，词汇教学应属于重点教学内容，而且应贯彻汉语教学的始终。一个外国学生要学好汉语，重要的是要掌握大量的词汇，要有足够的词汇量。凡是受过高等教育学过外语的人，都会有这样的体会与经验：学外语，掌握的词汇量越大，用外语进行听说读写的自由度也就越大。因此，在汉语教学中对于词汇教学怎么强调都不过分。这正如胡明扬先生所指出的："语汇教学的重要性是显而易见的，因为语言说到底是由词语组合而成的，语音是词语的具体读音的综合，语法是词语的具体用法的概括，离开了词语就没有语言可言。"[23]可惜现在一般都比较重视语法教学，对词汇教学相对来说不是很重视，研究得也不够。这反映在以下几方面：

（一）教外国学生学汉语，一年级应该教多少词汇，二年级该教多少词汇，三年级又该教多少词汇，心中无数。我们调查了中国国内的一些汉语教材，都是供一年级用的，收词量差别很大，最多的达到3,028个，而最少的只有827个。[24]

（二）确定词汇量以后，该具体选择哪些词语，目前还没有一个大家一致公认的、比较满意的词语表。就现在已有的词汇表以及各种汉语教材反映出来的词汇面貌来看，差别还比较大。譬如说，2010年中国海峡两岸同时各自推出了一个新一代汉语教学词表——大陆推出的是《汉语国际教育用音节汉字词汇等级划分》，台湾推出的是《华语教学基础词库》；其中初级词表收词数量很接近，分别为2,245个和2,080个，可是共现词（也就是两个词表中相一致的词）却只有50%左右[25]。造成海峡两岸词表差异的可能还有其他种种原因。现在我们来看看大陆所用汉语教材中的词汇状况。厦门大学苏新春教授领衔的中国语教学研究中心，在2006年对12种有影响的汉语教材进行了词语状况的统计。这12种教材是：

精读型教材三种：《博雅汉语》（李晓琪主编）、《对外汉语本科系列教材：汉语教程》（杨寄洲主编）、《对外汉语教材系列》（邓懿、杜荣、姚殿芳主编）。

中级精读型教材两种：《桥梁：实用汉语中级教程》（陈灼主编）、《阶梯汉语：中级精读》（周小兵主编）。

初级入门型教材四种：《速成汉语初级教程》（郭志良主编）、《交际汉语》（中国中央电视台英语频道编）、《新标准汉语》（方铭主编）、《新实用汉语课本》（刘珣主编）。

口语入门型教材两种：《汉语会话301句》（康玉华等编著）、《汉语900句》(《汉语900句》编写组编)。

　　幼儿学习型教材一种:《中文》(暨南大学华文学院主编)。

统计结果是:这12种汉语教材,词种总数[26]为26,345个,可是12种教材的共用词种数只有195个,只约占词种总数的0.74%。共用词种数如此之低让人吃惊。这说明什么?这可能受口语型教材和幼儿型教材字数太少影响所致。不妨再看四部初级入门型教材——《速成汉语初级教程》、《交际汉语》、《新标准汉语》、《新实用汉语课本》——的用字、用词情况:

教 材 名	词种数	共用词种数
速成汉语初级教程	3,286	525
交际汉语	1,623	525
新标准汉语	3,064	525
新实用汉语课本	2,347	525

共用词种数比例虽升高不少,但还是偏低。这种统计数字当然只能作为参考,因为影响共有词种数目的因素有很多。但至少从一个侧面说明,目前在各种教材的编写者眼里,该教给学生多少词语、哪些词语,认识与看法并不一致。由于没有一个大家认可的标准,这也让人们难以判断哪一部汉语教材在"多少"、"哪些"问题上是较为合理的。这是2006年的统计,2007年发表了这统计数字。[27]时至今日过去那么多年了,也未见有变化。

　　(三)只给学生讲词的基本意义,普遍不怎么讲词的具体用法,以致学生学完生词后常常出现"一用就错"的情况。陆俭明就曾经亲身碰到过这样一件事:上个世纪80年代北京大学有一位非洲学生,汉语还是学得比较好的,在校园里见了陆老师说:"*陆老师,您身体优异。"当时陆俭明告诉那学生,说人的身体好不能用"优异",问那学生怎么会想着用"优异"这个词。那位学生说,"优异"这个词是前几天刚学的,汉语教科书上对"优异"的注释就是"特别好",汉语老师教的时候,也说"'优异'是'特别好'的意思"。看来不能怪那学生。[28]在词汇教学中,衡量学生是否真正掌握了所学的词,其标准是四个"对号":除了字形对号、语音对号、意义对号之外，还得做到用法对号。如果学生在形、音、义和用法这四个方面都能对上号，这才算是真正学到了这个词，掌握了这个词。

在汉语教学中必须重视并加强词汇教学，但绝不是要开设汉语词汇学的课程，而是要求汉语教师联系课文将所学生词的意义和用法讲好，而且还得注意引导学生将所学的词语放入一定的语篇里去认识、了解。

四、关于语法教学

在汉语教学中一般都很重视语法教学。"汉语教学中需要进行语法教学"，这几乎已经成为大家的共识。掌握好汉语语法，对外国学生来说，既可以看作是一项基本要求，也可以视为一项高标准的要求。譬如说，我们要求外国学生学了汉语后，说出来的话、写出来的句子，要基本符合汉语语法，那么从这个意义上来说，语法对学生是个基本要求。如果我们要求外国学生学了汉语后，在说话、写文章方面能达到"文从字顺"，而且对所出现的语法毛病能自己发现，加以改正，并知道为什么错了，那么从这个意义上来说，语法对学生则是一个高标准的要求。总之，语法教学是很重要的，通过语法教学可以使学生准确地理解、准确地表达，尽量减少表达（包括口头表达和书面表达）中在语法方面出现的偏误。因此，无论从哪个角度看，毋庸置疑，语法教学在整个汉语教学中是不可或缺的，自始至终都必须重视，而且必须清楚在汉语教学的不同教学阶段中语法教学应放在什么地位。

一般将汉语教学分为三个大的阶段：初级阶段、中级阶段、高级阶段。我们觉得，在汉语教学一开始就要有意识地注意语法教学。但这不是要求汉语教师在汉语学习的初级阶段就大讲汉语语法知识。恰恰相反，在汉语教学的初级阶段乃至中级阶段，重在结合课文，有意识地将最常用、最基本的一些重要的句法格式，通过朗读、背诵课文以及一定的反复操练，潜移默化地陆续教给学生，让学生不断积聚语感。可以适当地点拨，以解决好所教/所学的句法格式内部的语序和词序问题。譬如说，不要将"我今天吃了一个苹果"说成"*我今天一个苹果吃了"；不要将疑问句"你买了几个苹果？"、"他去哪儿买水果？"说成"*几个苹果你买了？"、"*哪儿他去买水果？"；汉语的形容词谓语句中间不用系动词"是"，不要将"他很用功"、"她们都非常漂亮"说成"*他是很用功"、"*她们都是非常漂亮/*她们是都非常漂亮"，等等。但这些都不要展开讲，这也就是一般所说的"精讲多练"。紧跟着要求学生做大量的整句、成句操练。另外，在汉语教学的初、中级阶段，特别是初级阶段，对学生说话、写作，在语法上不要过于"斤斤计较"，而要尽量鼓励学生敢说、敢写，多说、多写。学生能把自己想说的意思说出来或写出来就很不错了。在这个时候，如果我们在语法上过于"斤斤计较"，就容易打击学生说汉语、写汉语的积极性。当然，这也不是说，我们做老师的，对学生说话、写作中出现的语法问题可以不管，而是说不要"凡有不顺眼的就必纠"。即使是该管的，也要管得恰到好处，管了以后要能取得引发学生兴趣和求知欲的效果。管得合适将会为在汉语教学的高级阶段进行必要的语法教学作好准备。

到高级汉语教学阶段，学生对汉语已经有了一定的感性知识，即已经有了一定的语感，而且已积累了一定的语法知识，这时可适当加大语法教学的分量。除了继续结合课文有意识地将一些新的、重要的句法格式教给学生，并继续不断地操练外，可以适当地给学生讲解一些基本的、必要的、实用的汉语语法知识，特别是要讲授一些同义句式的比较，以引导学生在句式运用上力求合适、到位。

需要指出的是，无论是初级阶段、中级阶段还是高级阶段，都要注意语法教学着重教什么和具体怎么教的问题。

语法教学教什么的问题，说实在的还是一个有待深入探究的问题。我们觉得，"教什么"要根据三方面因素来考虑：

一是汉语本身。汉语中哪些语法点是必须而且最急需教给学生的？

二是汉语（即目的语）和学生的母语（如英语）在语法上的异同。二者共同点在哪里？最主要的差异在哪里？哪些差异会特别影响学生对汉语的学习？

三是在学生出现的语法偏误中，最经常犯的偏误是什么？

上述三方面目前都缺乏深入研究，可以说，目前很多汉语教师心中无数。这里我们试以英语区的汉语语法教学为例来谈一些粗浅的看法。

根据上述三方面因素，譬如，在对英语区的汉语教学中，对于汉语和英语共有的语法现象，如典型的"施-动-受"式的"主-动-宾"句式，当然得教，但只需略为点一点就行了，重要的是要让学生多练。有些语法现象汉语和英语不完全一样，但学生并不难掌握，如定语的位置，在汉语里定语都放在中心语前面，在英语里则定语有前有后，这种差异老师只需强调一下"请记住，汉语里的定语都一律放在中心语之前"就行了，也不必花很多时间去讲解，但也必须多做练习。再如，日期和地址的表达法，中英文完全不同，但只要老师稍加指点，指出在时间、处所表达上，英语遵循由小到大的表达原则，而汉语则遵循由大到小的表达原则，也就可以了。例如：

（1）15th May 2015

2015 年 5 月 15 日

（2）Dept. of Chinese Language & Literature, Peking University, No. 5, Yiheyuan Road, Haidian District, Beijing, China

中国北京市海淀区颐和园路 5 号北京大学中文系

以上这些，学生一般都不难掌握。当然，也需要让学生进行一定数量的练习和适当的操练，以确保不要出错。

我们认为，对英语区的学生来说，需要着重教的汉语语法现象主要有三类。

第一类，汉语有而英语没有，英语区学生又常常容易出错的语法现象。譬如"把"字句、"被"字句、"连"字句等句式，还有动补结构，主谓谓语句（早饭我吃过了 | 我早饭吃过了），方位结构中方位词的使用，动词重叠式的使用，非受事宾语（吃大碗 | 排足球票），重动结构

（如"看书看得很认真"、"玩儿扑克玩儿到夜里两点"）等，都是英语区学生不会运用且容易出错的语法点，需要在适当的教学阶段结合课文恰到好处地给学生讲解。有的语法点，虽然汉语和英语都有，但又不尽相同，也会成为学习难点，如果这些语法点又是学生必须掌握的，那一定得列入教学内容，在适当的时候进行解释。这里不妨举一个最典型的例子，那就是回答是非问句时用"是"用"不"的问题。

在英语中，回答是非问句，必须先用"Yes（是）"或"No（不）"作出回答，然后再作具体说明。汉语则不一定非得先用"是"或"不"。"你妈妈回来了吗?"回答这一问话时就绝对不能先用"是"或"不"。这样，对英语区学生来说，就会在回答"是非问句"时是否需要用"是"或"不"这一点上犯难。

那么什么时候得先用"是"或"不"作出回答? 什么时候绝对不能先用"是"或"不"作出回答? 什么时候可先用也可不先用"是"或"不"作出回答? 说实话目前我们还不了解，因为从来没有人关注、研究过这个问题。有兴趣的老师可以考察研究一下，其研究结论会对汉语教学有直接的参考价值。

在汉语里，在必须或可以先用"是"或"不"作出回答的情况下，也还会遇到该用"是"还是该用"不"回答的两难情况。

对于第一个问题，请先看我们给学生做过的一个练习:

请用"是"或"不"填空，完成下列各问句的答话:

① 这个苹果不好吃? （　　），这个苹果好吃。
　　　　　　　　　　　　（　　），这个苹果不好吃。

② 这个字你不认识? （　　），这个字我认识。
　　　　　　　　　　　　（　　），这个字我不认识。

③ 这个苹果不好吃吗? （　　），这个苹果好吃。
　　　　　　　　　　　　　（　　），这个苹果不好吃。

④ 你昨天没有看电影吗？　　　　（　　），我昨天看电影了。

（　　），我昨天没有看电影。

⑤ 不是这个苹果不好吃吗？　　　（　　），这个苹果好吃。

（　　），这个苹果不好吃。

⑥ 你不是昨天没有看电影吗？　　（　　），我昨天看电影了。

（　　），我昨天没有看电影。

⑦ 不是这个苹果很好吃吗？　　　（　　），这个苹果很好吃。

（　　），这个苹果不好吃。

⑧ 不是你昨天已经看了吗？　　　（　　），我昨天已经看了。

（　　），我昨天没有看。

⑨ 这个苹果不好吃，不是吗？　　（　　），这个苹果好吃。

（　　），这个苹果不好吃。

⑩ 你昨天没有看电影，不是吗？　（　　），我昨天看电影了。

（　　），我昨天没有看电影。

⑪ 这个苹果好吃，不是吗？　　　（　　），这个苹果好吃。

（　　），这个苹果不好吃。

⑫ 你昨天看电影了，不是吗？　　（　　），我昨天看电影了。

（　　），我昨天没有看电影。

⑬ 这个苹果不好吃，是吗？　　　（　　），这个苹果好吃。

（　　），这个苹果不好吃。

⑭ 你昨天没有看电影，是吗？　　（　　），我昨天看电影了。

（　　），我昨天没有看电影。

⑮ 这个苹果很好吃，是吗？　　　（　　），这个苹果很好吃。

（　　），这个苹果不好吃。

⑯ 你昨天看电影了吗？　　　　　（　　），我昨天看电影了。

（　　），我昨天没有看电影。

参加测试的英语区学生共19位，结果是只有两位同学全部答对。除了第
⑮、⑯ 这两道题19位同学全部答对外，其余14道题，没有一道题是17位

同学都答对的，甚至有的题17位同学都答错了。具体如下：

第①题：4人答错　　　　　　　第⑧题：17人答错

第②题：4人答错　　　　　　　第⑨题：11人答错

第③题：7人答错　　　　　　　第⑩题：10人答错

第④题：6人答错　　　　　　　第⑪题：13人答错

第⑤题：17人答错　　　　　　第⑫题：9人答错

第⑥题：16人答错　　　　　　第⑬题：2人答错

第⑦题：17人答错　　　　　　第⑭题：4人答错

同学们为什么会答错呢？原因有两个：

　　一是汉语的是非问句复杂多样，有肯定形式的是非问句，有否定形式的是非问句，还往往带上"是吗？"或"不是（吗）？"这样的"附件"，让学生有些"眼花缭乱"。

　　二是中国人与英语区的人在考虑怎么回答是非问句时，其心理和视角不同：母语为英语的人，回答是非问句时用"Yes（是）"还是用"No（不）"，其着眼点跟中国人不同，他们只考虑自己回答的意见是肯定的还是否定的，根本不管问话人的主要疑问点采用什么样的表达形式。所以不管问话人是采用肯定是非问句形式，还是否定是非问句形式，只要自己是表示肯定的意见，一律用"Yes（是）"；自己是表示否定的意见，一律用"No（不）"。而中国人回答否定是非问句时用"是"还是用"不"，既要看对方问话中的主要疑问点采用什么样的表达形式（是肯定形式还是否定形式），还要考虑自己是表示肯定意见还是否定意见。如果对方主要疑问点采用肯定形式，那么回答时，说话人表示肯定意见就用"是"，表示否定意见就用"不"；如果对方主要疑问点采用否定形式，那么回答时，说话人表示肯定意见就用"不"，表示否定意见就用"是"。至于是非问句中所带的"附件"，不管是"是吗？"还是"不是（吗）？"，是不予考虑的。上述"对是非问句的回答"，在对外汉语教学中有必要讲清楚。[29]

　　此外，由形容词单独作谓语的形容词谓语句，英语区的学生也往往掌握不好。因为他们不知道汉语里形容词单独作谓语都含有比较的意味。因此，英语里的"I am fine."、"He is good-looking."、"The apple is small."等句子翻译成汉语时都不能直译为："*我好。"、"*他好看。"、"*这苹果小。"因为这些句子都含有对比的意味；而应该译成："我很好。"、"他很好看。"、"这苹果很小。"这些句子中的"很"已不表示程度高的意思，只是为了满足语法上的需要——不让句子在表达上含有对比性。这里的"很"，学界一般认为是"很"的弱化用法。这种语法现象需要给学生讲清楚。再如，数量表达中"个体量词"的使用也都是外国学生感到头疼的难点，是容易出错的语法点，需要恰到好处地教给学生。

第二类，虚词。在任何语言里，虚词都比实词少得多，但其重要性大大超过实词，在语言中起着"经络"的作用。在汉语里，虚词更是占有极为重要的位置，所以汉语教学中必须重视虚词教学。我们之所以强调这一点，还在于虚词的"个性"很强，同一类里的虚词，在用法上可以很不一样。"把"、"对于"、"关于"、"比"、"连"等都属于介词，"了"、"着"、"过"、"的"、"似的"都属于助词，但意义和用法各不相同，差异很大。因此，对于虚词，老师不能只讲类的特点。对于常用的、重要的虚词，必须一个一个讲。而学生不能而且也没法一类一类地学，一定得一个一个地学。对于汉语虚词，我国虽然有悠久的研究历史，但许多虚词的用法至今没有研究清楚，特别像"的"、"了"、"着"、"把"等。1980年8月，陆俭明在北京语言学院（北京语言大学的前身）举行的"首次中美汉语教学讨论会"上所作的报告中，曾举过这样一个发生在某大学对外汉语教学中的例子：有位非洲学生在一次作文中写了这样一个句子：

（3）*他这样做是合情合理。

老师在批改时，在这个句子的句尾加了个"的"，改为：

（3）他这样做是合情合理的。

老师这样改是对的。学生问老师，为什么要加"的"，老师回答说，按汉语的习惯，前面用了"是"，后面就要求有个"的"与它相配，构成

"是……的"格式；现在"合情合理"前有"是"，而后面没有"的"与它相配，句子就煞不住，所以句末要加上"的"。过了一年，正巧，还是那位学生，在作文中又写了这样一个句子：

（4）* 他这样做是偏听偏信的。

老师批改时将句尾这个"的"给删去了，改为：

（4）他这样做是偏听偏信。

老师这样改也是对的。学生纳闷了，就问老师，为什么要把句尾的"的"去掉。老师说，有了这个"的"，句子就显得拖泥带水，去掉这个"的"，说成"他这样做是偏听偏信"，句子显得干脆、有力。那学生感到茫然了，就问老师：您去年不是说前面用了"是"，后面就得用"的"与它相配吗？现在前面用了"是"，为什么后面又不能用"的"了呢？老师被问住了。这个问题说明，我们以往的汉语语法研究对"的"的用法没有说清楚。这个问题提出到现在也已30多年了，已有一些学者发表文章探讨，[30]但都还不是太令人满意。

第三类，常用的同义句式的比较。这也应成为我们语法教学的一个内容。譬如说，"（他）看京戏去了"和"（他）去看京戏了"，前者是"VP+去"（VP代表动词性词语，下同），后者是"去+VP"，二者意思似乎差不多。那么"VP+去"和"去+VP"是不是能任意换着说？如果不能，那么什么情况下该用"VP+去"的说法？什么情况下该用"去+VP"的说法？学生很需要知道，应该跟他们讲讲。再譬如，"拿出来一本书"（A式），有时也可以说成"拿出一本书来"（B式），有时还可以说成"拿一本书出来"（C式）。这A、B、C三式是否可以任意换着说？如果不能，那么A、B、C三式在使用上有什么规则和条件？再譬如，表示存在义的句式有：

a. 处所短语+"有"+名词短语，如：

墙上有一幅画。

b. 处所短语+动词+"着"+名词短语，如：

墙上挂着一幅画。

    c. 处所短语+"有"+名词短语+动词+"着"，如：

      墙上有一幅画挂着。

    d. "有"+名词短语+"在"+处所短语+动词+"着"，如：

      有一幅画在墙上挂着。

    e. 名词短语+"在"+处所短语+动词+"着"，如：

      那画在墙上挂着。

    f. 名词短语+动词+"在"+处所短语，如：

      那画（一直）挂在墙上。

这五种不同的说法在表达上有什么细微的差异？这五种不同的说法各适用于什么样的上下文语境？学生很需要这方面的知识，老师也需要跟他们讲讲。

    在汉语教学中，语法方面到底应教哪些内容，我们在这里只是提了些原则性的意见。在汉语教学中，一年级要教哪些语法点，二年级要教哪些语法点，三年级该教哪些语法点，四年级要教哪些语法点，总共需要教多少语法点，这都还需要研究。这也是汉语教学中的基础性研究内容之一。

    确定了教的内容以后，还有一个"具体怎么教"的问题。关于这个问题，我们会在后面第五章具体谈。

注释

1 参看周小兵：汉语第二语言教学语法的特点，载《中山大学学报》（社会科学版）2002年第6期。

2 参看严美华：汉语拼音是中国的也是世界的，载《语言文字应用》2013年S1期。

3 参看孙德金主编：《对外汉语语音及语音教学研究》，商务印书馆，2006年。

4 转引自孙德金主编：《对外汉语语音及语音教学研究》第三章第二节，商务印书馆，2006年。

5 具体参看林焘：语音研究和对外汉语教学，载《世界汉语教学》1996年第3期。

6 具体参看金晓达、刘广徽编著：《汉语普通话语音图解课本（教师用书）》，北京语言大学出版社，2006年。此外，李明、石佩雯编著的《汉语普通话语音辨正》（北京语言大学出版社，1998），朱川主编的《外国学生汉语语言学习对策》（语文出版社，1997），也值得参考，前者为我们提供了普通话语音辨正方法和材料，后者为我们提供了外国学生常见汉语语音偏误表现和教师应对策略。

7 参看赵金铭："说的汉语"与"看的汉语"，见赵金铭主编《汉语口语与书面语教学——2002年国际汉语教学学术研讨会论文集》，北京大学出版社，2004年。

8 引自李宇明：重视汉字教学，提交"汉语应用语言学学科建设与发展高峰论坛"（2012年8月20日，北京语言大学）的书面报告。

9 参看施正宇：论汉字能力，载《世界汉语教学》1999年第2期。这里所说的"写、念、认、说、查"里的"说"，施正宇在文章里有专门说明："说即称说，指用已知的有关汉字形、音、义的知识来称说未知的字形，简言之，就是把字说给你听。""称说的内容不外乎这样几项：笔画的名称、数量和位置关系；部件的名称、数量和结构关系；同音字或形近字。"

10 参看崔永华：关于汉字教学的一种思路，见吕必松主编《汉字与汉字教学研究论文集》，北京大学出版社，1999年。

11 参看陈曦：关于汉字教学法研究的思考与探索——兼论利用汉字"字族理论"进行汉字教学，载《汉语学习》2001年第3期。

12 参看刘社会：对外汉字教学十八法，见赵金铭主编《汉语口语与书面语教学——2002年国际汉语教学学术研讨会论文集》，北京大学出版社，2004年。

13 参看施正宇：现代汉字的几何性质及其在汉字教学中的意义，见中国对外汉语教学学会编《中国对外汉语教学学会第六次学术讨论会论文选》，华语教学出版社，1999年。

14 参看张旺熹：从汉字部件到汉字结构——谈对外汉字教学，载《世界汉语教学》1990

年第2期。

15　"自我理解析字法"，是我们给概括的说法。如陆俭明2014年1月应邀在欧洲访问时，听到一位生活在当地的汉语老师介绍他是这样给学生讲解繁体"愛"字和简体"爱"字的——同学们你们看，"愛"的最下面是个"友情"的"友"（引者注：其实繁体"愛"最下面的部件不是"友"，简体汉字"爱"最下面的部件才是"友"），因为爱情需要以友情为基础；爱情不能光是友情，得心心相印，所以"友"上面有个"心"；谈情说爱，不能老是在大街上，得到房子里边去，"心"上面的"宀"就表示房子；进到房子里，免不了会动手动脚，所以最上面是个手。现在男女青年谈情说爱随便得很，所以简化字"爱"里面就没有那"心"了。从传统《说文》六书的角度看，这种讲法简直可以说是胡说八道。但是，那位老师这样讲，学生爱听，而且全班没有一个人不会认、写繁、简二体的"愛/爱"字。其实在我们母语识字教学中有时也运用这种教法，如"一人大，二人天；双木林，小大尖"就是。

16　参看施正宇：词·语素·汉字教学初探，载《世界汉语教学》2008年第2期。

17　参看李培元、任远：汉字教学简述——对外汉语教学发展史之一章，见第一届国际汉语教学讨论会组织委员会编《第一届国际汉语教学讨论会论文选》，北京语言学院出版社，1986年。

18　参看施正宇：词·语素·汉字教学初探，载《世界汉语教学》2008年第2期。

19　参看万业馨：从汉字研究到汉字教学，载《世界汉语教学》2004年第2期。

20　参看万业馨：如何打破汉字教学的"瓶颈"——以《中国字·认知》为例谈汉字教材研究，载《世界汉语教学》2015年第1期；《中国字·认知》，商务印书馆，2014年。

21　参看万业馨：从汉字研究到汉字教学——认识汉字符号体系过程中的几个问题，载《世界汉语教学》2007年第1期；如何打破汉字教学的"瓶颈"——以《中国字·认知》为例谈汉字教材研究，载《世界汉语教学》2015年第1期。

22　法国巴黎东方语言文化学院教授白乐桑：《汉语语言文字启蒙》（与张朋朋合写），华语教学出版社，1997年；《说字解词》（与崔建新合编），北京大学出版社，2002年；法国汉语教学的现状、教学标准及其学科建设（在大连外国语学院"2013年赴欧美孔子学院/课堂志愿者储备培训班"上的报告），载《世界汉语教学学会通讯》，2013年第2期。关于白乐桑提出的字本位教学法，除阅读白乐桑先生的论著外，可参看史亿莎：试论白乐桑的"法式字本位"教学法，南京大学硕士学位论文，2012年。该学位论文对白乐桑先生的"字本位教学法"有比较详尽、公允的评介。

23　参看胡明扬：对外汉语教学中语汇教学的若干问题，载《语言文字应用》1997年第1期。

24　《高等学校外国留学生汉语言专业教学大纲》（国家对外汉语教学领导小组办公室编，北京语言大学出版社，2002年）确定了7,554个词语范围：一年级词汇表有2,704个词语，分为一级词汇（993个）和二级词汇（1,711个）；二年级词汇表2,215个词语；三、四年级词汇表共有2,635个词语。《高等学校外国留学生汉语教学大纲（长期进修）》（国家对外汉语教学领导小组办公室编，北京语言大学出版社，2002年）确定了8,008个词语范围：初等阶段词汇包括764个最常用词和1,635个次常用词，共2,399个；中等阶段词汇共有2,849个词语；高等阶段词汇共有2,760个词语。前者是留学生汉语言专业本科教学大纲，后者是汉语进修生教学大纲。这两个大纲本身存在不少问题，但一直未修订过。

25　参看翟颖华：新一代两岸初级汉语词表比较及引发的思考，在"第二届华文教育国际学术研讨会"（2015年11月7—8日，暨南大学华文学院）的报告。

26　"词种"指什么？对文本（如教材）中所出现的词凡确认为是同一个词，就是"一个词种"，不管它在文本中具体有多少个词。譬如一本教材中，颜色词"紫"只出现一次，"紫"是一个词种；"图画"出现了两次，"图画"也只算一个词种；"学习"这个词，先后出现了15次，但"学习"也只算一个词种。

27　这里所说的汉语教材中共有词种数的有关数据均引自国家语言资源监测与研究中心编《中国语言生活状况报告2006（下编）》，商务印书馆，2007年。

28　那时的《现代汉语词典》对"优异"的释义也是"特别好"。《现代汉语词典》第5版已经修改为："（成绩、表现等）特别好。"第6版进一步修改为："（成绩、表现等）优秀，出色。"这就将这个词使用的语境给注释出来了。

29　关于英汉回答是非问句用"Yes（是）"还是"No（不）"的问题，参看陆俭明：英汉回答是非问句的认知差异，载《暨南大学华文学院学报》2002年第1期。又见陆俭明：《作为第二语言的汉语本体研究》，外语教学与研究出版社，2005年，第289—300页。

30　周国光《释"合情合理"与"偏听偏信"的对立》（《语言教学与研究》2002年第1期）、张宝胜《成语的句法–语义功能——"他这样做是P的"跟"他这样做是P"中P的对立》（《汉语学习》2006年第4期）和石定栩《理论语法与汉语教学——从"是"的句法功能谈起》（《世界汉语教学》2003年第2期）曾作过解释，但都不是很令人满意。

第四节 对汉语虚词教学要有这样的认识

上面说到，虚词在语言中起着"经络"的作用，其重要性大大超过实词；在汉语里占有更重要的位置。[1]在汉语教学中不能不重视虚词教学。为此需要专门说说汉语教师对汉语虚词教学应有的认识。

一、汉语虚词教学的重要性

首先要认识汉语虚词教学的重要性。汉语属于非形态语言，就其语法来说，是属于分析型的，用吕叔湘先生的话来说，汉语"缺少严格意义的形态变化"[2]。汉语既没有俄语、法语、英语里那种屈折变化，也没有日语、朝鲜/韩语、蒙古语所具有的那种黏附形式。因此，虚词在汉语中担负着更为繁重的语法任务，起着更为重要的语法作用。汉语语法的这一状况，使汉语在长期的历史发展中形成了一套格外丰富、细密的虚词系统。因此，汉语语法研究历来以虚词为重要内容。在我国，系统研究汉语语法从1898年问世的《马氏文通》算起，至今不到120年，但是研究虚词的历史至今已将近1900年了。公元121年问世的中国第一部字典《说文解字》（汉·许慎）中就有解释虚词的专条。[3]例如：

今，语所稽也。[4]

乎，语之馀也。

只，语已词也。

矣，语已词也。[5]

哉，言之间也。[6]

皆，俱词也。

其后，历代都有人不断探讨各种虚词的意义和用法，并对许多虚词作了精辟的解释和说明，不过大多散见于经籍传注、文字训诂专著、诗话文评之类书籍以及笔记等。元代开始出现了讲解虚词的专著，那就是卢以纬的《助语辞》。到清代出现了系统讲解虚词的专著，较为著名的如刘淇的《助字辨略》、王引之的《经传释词》，其他如袁仁林的《虚字说》、王鸣昌的《辨字诀》、课虚斋主人的《虚字注释》等，不下二三十种，并都强调"作文者不难于用实字，而难于用虚字"（王鸣昌语）。在王鸣昌的《辨字诀》和课虚斋主人的《虚字注释》这两部书里，还对虚词进行了分类。[7]这里附带说明一点，语法学里词之分虚实，乃为中国所首创。上世纪末、本世纪初，这一对语法概念传到国外，遂为国外语言学界所接受，并在一些语言里出现了跟"实词"、"虚词"相对应的译名（英语里"实词"译为full word，"虚词"译为empty word）。

正由于虚词在汉语中占有极重要的地位，因此掌握虚词的意义和用法也就成了学好汉语语法，乃至学好汉语的一个关键性因素。中国人学古汉语，在语法方面就总要求学习者抓"之、乎、者、也、而已、哉"这些文言虚词的学习。一个外国人要学好现代汉语，在语法上也要抓住虚词这个关键。事实告诉我们，外国学生在学习汉语时，虚词始终是他们的一个学习难点。据不完全统计，外国学生所出现的语法偏误中，属于虚词运用方面的偏误要占60%以上，包括"不该用某个虚词而用了"、"该用某个虚词而没有用"、"该用某个虚词但放得不是地方"、"该用这个虚词而用了那个虚词"、"句子里共现虚词不相配"、"没有满足所用虚词的特殊要求"，等等。[8]上个世纪80年代初，我们对在北京大学中文系学习的13名外国留学生和两名外国进修生[9]在一个学期里所做的作文、练习中出现的有语法毛病的偏误句作过一次分析、统计，发现在1,464个语法偏误句中，虚词使用不当（包括该用虚词而未用）的偏误句竟达952个，占65%。这一情况说明，一个外国学生要学好汉语，必须学好汉语虚词。同时也告诉我们，在汉语教学中必须重视汉语虚词教学。我们认为，除了基础汉语课随文讲解一些虚词外，在汉语教学高级阶段有必要专门给学生讲解若干常用虚词；有条件的学校，在高年级单独开设汉语虚词专题课或选修课，也未尝不可，以便对已有较好基础的外国汉语学习者进行较为全面、系统的讲解，帮助他们进一步了解、掌握汉语虚词，使他们在说话、写作中能够更正确、更恰当地运用汉语虚词。

二、要讲好虚词的意义更要说清楚虚词的用法

大家知道，任何虚词都有意义和用法两个方面。虚词表示的是语法意义，不易捉摸，外国学生要掌握好汉语虚词的意义会有些困难。但是，对他们来说，更难以学习、掌握的是虚词的用法。

前面我们已经指出，虚词的个性很强，虚词词类所提示的句法特点，对于了解该类虚词内各个虚词的用法是远远不够用的。同一类里各个虚词的用法差别可以很大。"把"、"对"、"向"都可以是介词，但用法很不一样；"的"、"似的"、"了"都是助词，用法也迥然不同；即使像语法意义差不多的程度副词"很"、"挺"、"怪"、"老"、"蛮"，其用法也有差异[10]。至于一个虚词什么时候该用，什么时候不该用，使用时有些什么条件与限制，内中虽有规律可循，但都不是一下子能把握住的，得通过对大量例句的比较分析才能总结得到。因此，外国学生学习汉语虚词时，虚词的用法往往是他们的一个学习难点。外国学生之所以会说出下面这样的偏误句，不是因为他们不了解句子里那些虚词的基本意义，而是因为不了解它们的具体用法。请看：

（1）* 当时我觉得怪难为情。

　　　［当时我觉得怪难为情的。］

（2）* 我们房间比他们很干净。

　　　［我们房间比他们干净多了。］

（3）* 幸亏晾的衣服被风还没刮跑。

　　　［幸亏晾的衣服还没被风刮跑。］

（4）* 他多少比你跑得快。

　　　[他多少比你跑得快（一）些。]

（5）* 今年小麦比去年长得较好。

　　　［今年小麦比去年长得好。| 今年小麦比去年长得好一些。］

（6）* 这本字典是我买在王府井新华书店的。

　　　［这本字典我是在王府井新华书店买的。| 这本字典是我在王府井新华书店买的。］

（7）＊在很多方面他比我都强。

　　　［在很多方面他都比我强。｜他在很多方面都比我强。］

（8）＊我跟他讲了我昨天所发现的。

　　　［我跟他讲了我昨天所发现的情况／现象／问题。］

（9）＊我、小王、玛丽娅等等负责擦窗户。

　　　［我、小王、玛丽娅等负责擦窗户。］

这也告诉我们，在给外国学生讲解虚词时，一方面要讲清楚虚词的基本意义，另一方面更要讲清楚虚词的具体用法。

三、要了解虚词的意义必须牢记两个要义

在把握和讲解虚词意义的时候，一定要牢记两个要义：

第一条，要重视虚词使用的语义背景。譬如语气副词"并"和"又"，一般辞书都只强调：语气副词"并"和"又"用在否定词的前边，起加强否定语气的作用。所举例子如（引自《现代汉语词典》）：

（1）你以为他糊涂，其实他并不糊涂。

（2）我又不是客人，你就不用客气了。

辞书只是注释了它们的基本意义，没有交代使用的语义背景。这样，外国学生很容易误解，以为只要想加强否定语气，就能用这两个词，结果使他们在说话写作中出现了使用语气副词"并"和"又"的偏误。例如：

（3）＊金永南明天并不回家了。

（4）"艾特不想去了你知道吗？"

　　　"＊我又不知道哇。"

造成这种偏误是因为学生不了解语气副词"并"、"又"使用的语义背景的缘故[11]（见本书第三章第四节里的"从书本上发现问题进而分析、解决问题"那小节）。再如，"的"字结构具有名词性、指代性，这是大家都知道的。"的"字结构当然也可以用来指代人，例如：

（5）"你们谁喝啤酒？喝的举手。"

这里的"喝的"就是指代"喝啤酒的人"。但一定要告诉学生,不要随便用"的"字结构来指称人。一般来说,使用"的"字结构来指代人往往含有不够敬重、不够礼貌的意思[12],只有在彼此很熟悉、相处很随意的情况下才可以这样用。例如:

(6)刘玉辉冲着他老同学笑着说:"好啊,戴眼镜儿的,你竟敢欺负我们班的白雪公主,看我们怎么来收拾你吧!"(《飞翔》)

也就是说,一定要告诉学生使用"的"字结构来指代人所需要的语义背景。

第二条,要注意防止将虚词所在的句法格式的意义误归到虚词身上。譬如有的汉语老师对学生说:"介词'把'表示处置意义。"这种说法就不妥。这当然不能怪那位老师,因为目前有的词典对介词"把"就是这样注释的,请看:

> 把[1]:……㊀a)表示处置,"把"的宾语是后面及物动词的受事者…… b)表示致使,后面的动词通常带有表示结果的补语,"把"后的名词与后面的动词的语义关系是多样的…… c)表示发生了不如意的事情,"把"后面的名词是当事者……[13]

《现代汉语词典》(第6版)的说法就比较好:

> 把:㊀a)宾语是后面动词的受事者,整个格式大多有处置的意思…… b)后面的动词,是"忙、累、急、气"等加上表示结果的补语,整个格式有致使的意思…… c)宾语是后面动词的施事者,整个格式表示不如意的事情……

这就注意到了"处置"义等是整个"把"字句表示的,而不是单单由"把"表示的。

四、要了解虚词用法必须多角度多层面思考

在把握和讲解虚词用法的时候,一定要注意多角度、多层面去思考。我们曾提出需要考虑以下十个方面(为节省篇幅,每一个方面只举一两个例子[14]):

（一）句类。这里所说的句类，是一个比较宽泛的概念，包括一般所说的陈述句、疑问句、祈使句、感叹句等句类，也包括这些句类下面再分的小类，譬如疑问句还可以进一步分为是非问句、特指问句、选择问句、反复问句等，也包括一般所说的句式，如"把"字句、"比"字句等。语言事实告诉我们，不少虚词对句类有一定的选择性。举例来说，"或者"和"还是"都是表示选择关系的连词，但是"或者"只用于陈述句或祈使句，"还是"则只用于疑问句。例如：

（1）a. 她或者明天，或者后天去广州。

　　b. 你或者小张明天上午值班。

　　c. 天气预报说下午有雨，你走的时候带件雨衣或者带把雨伞。

（2）她明天还是后天去广州？

　　你还是小张明天上午值班？

　　天气预报说下午有雨，你是带雨衣还是带雨伞？

例（1）a 和 b 都是陈述句，c 是祈使句，句中的"或者"都不能换成"还是"；例（2）则都是疑问句，句中的"还是"决不能换成"或者"。

（二）词类。这里所说的词类，既指名词、动词、形容词等大类，也指大类下面的小类，包括从语义上分出的小类。虚词对词类的选择更带有普遍性。举例来说，"的"和"所"在现代汉语里都是结构助词，其作用都是形成一个名词性结构——由"的"形成的结构叫"的"字结构，由"所"形成的结构叫"所"字结构。"的"和"所"除了所附着的位置有区别以外（"的"具有后附性，"所"具有前附性），还有很重要的区别。这就是"所"只能跟动词构成名词性结构，而"的"则没有这种限制，"的"既能跟动词性词语构成名词性结构，也能跟形容词、名词性词语构成名词性结构。请看：

（3）a. 考察的 | 买的 | 研究的　　　　　　　　［动词＋的］

　　b. 干净的 | 好的 | 便宜的　　　　　　　　［形容词＋的］

　　c. 木头的 | 铁的 | 学校的　　　　　　　　［名词＋的］

（4）a. 所考察（的）| 所买（的）| 所研究（的）［所＋动词］

  b. *所干净（的）| *所好（的）| *所便宜（的）[所＋形容词]

  c. *所木头（的）| *所铁（的）| *所学校（的）[所＋名词]

 （三）音节。前面说了，汉语是以音节为基本表意单位的，大家公认汉语是音节性很强的语言，音节数目会对语法有一定的制约作用，虚词的运用也不例外。这可以说是汉语的一个很重要的特点。以副词"过"和"过于"为例，它们对所修饰的词语在音节的选择上，就有所不同——"过"只能修饰单音节词，不能修饰双音节词，而"过于"则没有这种限制。请看：

 （5）过静   *过安静

   过难   *过困难

   过密   *过密切

 （6）过于静   过于安静

   过于难   过于困难

   过于密   过于密切

再如，介词"根据"和"据"的宾语为单个动词时，"根据"所带的动词只能是双音节动词，而"据"所带的动词虽然大多也是双音节动词，但也可以是单音节动词。请看：

 （7）根据调查 /* 根据查   据调查 / 据查

   根据报告 /* 根据报   据报告 / 据报

   根据谣传 /* 根据传   据传说 / 据传

 （四）轻重音。一个虚词往往可以表示多种不同的语法意义，而这又往往是通过轻重音来表示的。这一点在副词身上表现得特别明显。最典型的是副词"都"，句中重音不同，"都"所表示的语法意义就不同。请看：

 （8）a. 他们′都走了。

   b. 他们都′走了。

   c. ′他们都走了。

例（8）a 句，重音在"都"上，"都"表示总括；b 句，重音在"走"上，"都"

表示"已经";c句，重音在"都"之前的成分上，"都"表示"甚至"。[15]

（五）肯定与否定。这里所说的"肯定"，是说某个虚词在使用上要求后面必须跟一个肯定形式，不能跟否定形式；这里所说的"否定"，是说某个虚词在使用上要求后面必须跟一个否定形式，不能跟肯定形式。不少虚词在这方面有特殊要求。譬如，副词"已经"所修饰的成分，既可以是一个肯定形式，也可以是一个否定形式。例如：

（9）a. 酒，他已经喝了。

b. 酒，他已经不喝了。

可是有的副词所修饰的成分，必须是否定形式，不能是肯定形式，如时间副词"从"、语气副词"毫"就只能修饰否定形式。请看：

（10）a. 他从不喝酒。| 他从没有喝过酒。

b. 他毫不畏惧。| 他毫无顾忌。

而有的副词则只能修饰肯定形式，不能修饰否定形式。例如程度副词"万分"就只能修饰肯定形式。例如：

（11）万分悲痛　　　*万分不悲痛

万分荣幸　　　*万分不荣幸

万分紧张　　　*万分不紧张

万分喜欢　　　*万分不喜欢

万分高兴　　　*万分不高兴

万分愉快　　　*万分不愉快

（六）简单与复杂。语法研究中所讲的"简单"，是指单个的一个词；"复杂"则是指一个句法结构，而非一个单词。通常我们说由"把"组成的介词结构后面一定得跟一个复杂形式，也就是说由"把"组成的介词结构，它所修饰的成分要求是复杂的。虚词对简单或复杂的要求也比较普遍。

（七）位置。所谓"位置"，首先是指如果某个虚词在句子中位置不同，句子意思也就会不同。例如"很不好"与"不很好"意思就有差异；"他光吃米饭"就不同于"光他吃米饭"。其次是指某些虚词在句中所处的位置会受到某种限制。例如，作为连词的"既"和"既然"都能表示因果推论关系，但是"既"要受到位置限制——它只能出现在主语后，不能出现在主语前，而"既然"则既可以出现在主语后，也可以出现在主语之前。请看：

（12）a. 你既然已经把电脑给他了，就别再跟他要回来了。

　　　 b. 既然你已经把电脑给他了，就别再跟他要回来了。

（13）a. 你既已把电脑给他了，就别再跟他要回来了。

　　　 b. *既你已把电脑给他了，就别再跟他要回来了。

（八）跟其他词语的配搭。不少虚词在运用中，常常要求一定的词语与之搭配使用，譬如说，"只有"要求"才"与之相配，"只要"要求"就"与之相配，程度副词"怪"要求后面有"的"与之呼应，等等。所以我们在汉语教学中要时时提醒学生注意句子中虚词跟前后词语的搭配问题，以防止出现前后相关成分搭配不当的偏误。

（九）语义指向。所谓语义指向是指句中某一成分在语义上跟哪个成分直接相关。[16]这一点，副词表现得特别突出。例如：

（14）a. 他呀，只说不做。

　　　 b. 他呀，光说不做。

（15）a. 只你会可不行，还得让大家都会。

　　　 b. 光你会可不行，还得让大家都会。

（16）a. 他呀，只吃肉不吃蔬菜。

　　　 b. 他呀，光吃肉不吃蔬菜。

例（14）"只/光"在语义上指向行为动作"说"，例（15）"只/光"在语义上指向句中谓语动词的施事"你"，例（16）"只/光"在语义上指向句中谓语动词的受事"肉"。但是，"只"和"光"在语义指向上有些区别——"只"还可以指向数量，而"光"不能。例如：

（17）a. 他没有买什么，只买了些苹果。

　　　　（他没有买什么，光买了些苹果。）

　　　 b. 他苹果买得很少，只买了三个苹果。

（＊他苹果买得很少，光买了三个苹果。）

（十）社会心理。从更大的语用环境考虑，社会心理也是我们考虑虚词用法时必须注意的一个方面。譬如，如果所说的是社会公认的不如意的事情，副词"差点儿"之后不论是跟肯定形式还是否定形式，意思一样，都是说不如意的事情没有发生，表示庆幸的意思。例如：

（18）我大病了一场，差点儿死了／差点儿没有死。［都说没有死］

去年高考，他差点儿名落孙山／差点儿没考上。

［都说没名落孙山］

当时我差点儿掉沟里了／差点儿没掉沟里。［都说没掉沟里］

如果说的是社会公认的如意的事情，那么副词"差点儿"之后如果跟一个肯定形式，表示否定的意思，含惋惜的意味；如果跟一个否定形式，表示肯定的意思，含庆幸的意思。例如：

（19）a. 去年我差点儿考上了。　　　　　［是说没考上］

b. 去年我差点儿没考上。　　　　　［是说考上了］

（20）a. 上学期他差点儿申请到了奖学金。［是说没申请到奖学金］

b. 上学期他差点儿没申请到奖学金。［是说申请到了奖学金］

其实"差点儿"的使用，还受到社会心理的影响。[17]因为有的事情，如意不如意，会因人而异。如"把张三选上了"这件事，假设甲方希望把张三选上，乙方不希望把张三选上，那么"把张三选上了"这件事，对甲方来说无疑是属于如意的事，而对乙方来说肯定是属于不如意的事。由于存在上述不同态度，所以同是这两句话——"差点儿把张三选上了"、"差点儿没把张三选上"，持不同态度的人说出来，意思会有差异：

（21）甲方：差点儿把张三选上了。　［张三没被选上，表示惋惜］

甲方：差点儿没把张三选上。　［把张三选上了，表示庆幸］

（22）乙方：差点儿把张三选上了。　［没把张三选上，表示庆幸］

乙方：差点儿没把张三选上。　［没把张三选上，表示庆幸］

上面我们在介绍研究虚词用法的方法时，是一个一个分着说的，可是实际考虑某个虚词用法时，上述分析方法常常是综合运用的。至于最后从哪个方面或哪些方面来加以描写，这得根据虚词用法的实际情况和教学的需要来加以确定。

目前在汉语教学中一些重要的虚词一直是汉语教学的难点，如"把"字句，几乎已成为汉语教学中让教师和学生都有挫败感的一个句式。而造成这一情况的原因是我们对虚词还是研究不够，特别是对各个虚词用法的研究远远不能满足汉语教学的需要。一方面我们固然要呼吁从事汉语本体研究的学者专家多研究、多出力，为汉语教学不断提供研究成果；可是更重要的是汉语教师自身要树立很强的研究意识，自己进行研究。关于这个问题，我们将在后面第三章作更具体的说明。

注释

1 虚词在汉语中的作用主要有五个方面：第一，帮助表达实词之间的某种语法关系；第二，帮助表达实词之间的某种语义关系；第三，帮助实词添加某种语法意义；第四，帮助改变词语的表述功能；第五，帮助表达某种语气。参看马真：《现代汉语虚词研究方法论》"绪论"，商务印书馆，2004年（第一版）、2016年（修订本）。

2 吕叔湘：《汉语语法分析问题》，商务印书馆，1979年，第11页。

3 许慎：《说文解字（附检字）》，中华书局，1963年影印本。

4 稽，留止也。

5 关于"只"和"矣"，《说文解字·段注》："已，止也。""矣、只皆语止之词。"

6 间，间隔；这里是"停顿"之义。"哉"就是表示停顿的语气词（表感叹、肯定、疑问等语气）。

7 《辨字诀》将虚词分为如下七类：（1）起语辞。如"夫、盖、且、今夫、且夫"等。（2）接语辞。如"此、兹、是、斯、故、由是、从此、是故、及至、甚至、于是、岂、讵非、何其"等。（3）转语辞。如"然、苟、或、设、倘、虽、若、然而、否则、假使、乎、无如"等。（4）衬语辞。如"之、以、所、攸、其、不、未、由、亦皆、即、就、忽、当、仅、曷"等。(5)束语辞。如"总之、要之、大约、大底"等。(6)叹语辞。如"吁、噫、呜呼、嗟乎、噫嘻"等。(7)歇语辞。如"也、矣、焉、耳、已、诸、夫、者、云、也矣、已矣、者耳、耳、也夫、哉、也哉、也、否、也乎哉"等。《虚字注释》对虚词的分类跟《辨字诀》基本相同，只是缺"叹语辞"一类。

8　参看陆俭明：关于汉语虚词教学，载《语言教学与研究》1980年第4期；虚词，见北京市语言学会编《现代汉语讲座》，知识出版社，1983年。

9　这13名外国留学生的国籍，一名是罗马尼亚，两名是伊朗，一名是斯里兰卡，三名是日本，两名是阿尔巴尼亚，两名是南斯拉夫，两名是朝鲜；两名外国进修生都是法国的。

10　参看本书第六章第一节"具体词语的归属和辨析问题"第18题。另参看马真：程度副词在表示程度比较的句式中的分布情况考察，载《世界汉语教学》1988年第2期；又见马真：《现代汉语虚词研究方法论》（修订本）第叁部分三，商务印书馆，2016年。

11　参看马真：表加强否定语气的副词"并"和"又"——兼谈词语使用的语义背景，《世界汉语教学》2001年第3期；又见马真《现代汉语虚词研究方法论》（修订本）第贰部分一，商务印书馆，2016年。

12　在对比性泛指的情况下有时也用"的"字结构来指人，如"当官的是跟咱教书的不一样"、"有钱的出钱，有力的出力"（此两例是应晨锦博士提供的）。

13　见《现代汉语规范词典》（第2版）介词"把"的注释。

14　具体参看马真：《现代汉语虚词研究方法论》（修订本）第壹部分，商务印书馆，2016年。

15　这里对副词"都"的释义引自《现代汉语词典》（第6版）。关于例（8）c句的"都"，我们认为还是表示总括，"甚至"的意思是由整个句法格式表示的。

16　参看陆俭明：关于语义指向分析，载《中国语言学论丛》（第一辑），1997年。

17　关于副词"差点儿"的用法，具体参看朱德熙：说"差一点"，《中国语文》1959年第9期。

第五节 对汉语规范问题要有这样的认识

汉语要走向世界，会碰到这样一个问题：汉语教师所教、外国学生所学的汉语该以什么为标准？这是无法回避的一个问题。有人可能会不假思索地说，那还用说？以普通话为标准呗。这话有道理，但实际上问题并不那么简单。

一、既要讲规范又要有弹性

在汉语教学中，如何处理好汉语规范的问题，我们认为应本着这样的原则：既要讲规范，又要有弹性。为什么？请注意以下两个事实：

其一，海外中文/华语以及我国的港澳中文、台湾"国语"跟内地的普通话有差异。众所周知，语言是随着社会的发展而发展变化的，而且会受到地域语言、文化的强烈影响。海外华人长期跟所在国的人民生活在一起，就不能不受到所在国语言文化的影响；又由于他们与中国境内人员在过去相当长的时间里较少联系与接触，他们所说的中文/华语虽然跟中国本土的普通话是一脉相承、基本一致的，但不可避免地会跟普通话有所差异；同样，港澳台虽是中国领土神圣不可分割的一部分，但由于众所周知的原因，港澳台同胞与内地同胞也曾长期互不来往，而他们深受当地闽语、粤语或客家话的影响，且又与他国来往密切，这也不可避免地使他们所说的中文/"国语"会受到这些方面的影响，而跟我们内地的普通话有所差异。

其二，2000年10月公布的《中华人民共和国国家通用语言文字法》规定："国家推广普通话，推行规范汉字。"这就立法规定了普通话的法律地位：普通话为汉民族共同语，为中国国家的通用语言。从上个世纪50年代起，国家坚持推广普通话，几十年来在各级语委的努力下，普通话的普及率已达到70%以上[1]。但是，真正能讲一口完全符合标准的普通话的人很少很少，估计不会超过1%，甚至可能不超过0.1%；即使是北京人也不一定讲的都是标准的普通话。我国各地绝大多数人说的普通话，即使是汉语教师所说的普通话，大多都带有一定的方音，只是有的人多一点儿，有的人少一点儿。换句话说，中国境内各省的普通话也有这样那样的差异。

以上所说的两个事实是不可忽视、不可否认也不必回避的。因此，汉语教学，包括语音、词汇、语法教学，一方面要讲规范，但同时要明了，不折不扣地完全按普通话标准来要求，事实上难以做到。譬如，在语音教学上，且不说儿化、轻声难以严格要求，就是[-n]尾和[-ŋ]尾（特别是在高元音情况下），[ts-]系和[tʂ-]系，也难以完全严格遵照普通话标准加以区分。一般都是在理论上知道该怎么区分，但实际说话时，往往不加区分或难以区分，如"因"和"英"，"私"和"诗"。在词汇上，想要规定新加坡、马来西亚华人不能说"侍应生、搭客、太空人、电单车、救伤车、冲凉、巴沙、组屋……"，非得说"服务员、乘客、宇航员、摩托车、救护车、洗澡、菜市场、楼群……"，也是根本办不到的，因为这些都是当地华语里的常用词语、基本词汇。在语法上，普通话选择问句各选项之间，绝不能用"或（者）"，可是在新加坡华语里，在选择问句各选项之间用"或（者）"连接是极平常的事。请看：[2]

（1）遇上你是我一生的对，或错？（林秋霞《想飞》，点线出版社，1993年，第63页）

（2）他们是真的没有丝毫不舍？或者是那份憾然的别情已经被瀚然的人潮冲淡了，淹没了？（梁文福《最后的牛车水》，冠和制作出版，1988年，第15页）

（3）此时该是得意？或是羞愧？（《吾土吾民创作选·小说(上)》，南洋商报，1982年，第146页）

（4）现在究竟是回到了乡下或是被卡在半路，还不知道。（《联合早报》1995年6月3日副刊第21版）

新加坡华语如此，中国台湾的"国语"也是如此。可是例（1）—例（4）里的"或（者）"、"或是"在普通话里，都得换成"还是"。我们能硬性作出"选择问句内各选项之间不能用'或（者）'"这样的规定吗？当然不能，而且即使规定了实际也办不到。语言这个音义结合的符号系统是随着社会的发展而发展变化的，原先看着不规范的说法有可能逐渐为大家所接受。例如，在语法上原先都认为"干不干净、知不知道、学不学习"是不规范的说法（这都是南方某些方言和东南亚华语的说法），可是现在它们都已进入普通话，为大家所接受，而且认为这样符合语言的经济原则。

面对上述实际情况，在世界范围内开展汉语教学是否一定要不折不扣地以理论上的普通话为标准，这个问题显然是可以讨论的。

有人可能会问：照这样说，我们进行汉语教学，所教的汉语/中文/华文是不是就可以不要标准了？当然不是这个意思。我们的观点是，汉语教学所教的汉语/中文/华文，在理论上可以明确规定"要以中国内地的普通话为标准"，但是实际教学中应允许有一定的弹性，不必过于死抠。正是基于这样的事实、这样的认识，陆俭明于2004年在南京大学举行的"第三届中国社会语言学国际学术研讨会"上提出了"大华语"这一概念。[3]

二、汉语教学中引入"大华语"概念有好处

我们所说的"大华语"跟先前有人所说的"大中华语言圈"的概念不同，"大中华语言圈"涵盖了北京话、广州话、闽南话、客家话等；而我们所说的"大华语"是指：

> **以普通话为基础而在语音、词汇、语法上可以有一定的弹性、有一定宽容度的全球华人的共同语。**

"大华语"虽然是一个抽象概括、人为设定的概念，但是将这一概念引入汉语教学是有好处的。

首先，语言具有情感性，将"大华语"这一概念引入汉语教学中有助于增强世界华人的凝聚力和认同感，有助于建立和谐的华人社会。我们知道，境外中文/华文一直存在，而且今后也会长期存在。这是由两个因素决定的：第一个因素是，广大华裔和华侨同胞对中华民族的情

结，对中华民族的认同感；第二个因素是，作为中文/华文大本营的中国的不断强大与发展。可以预测，随着中国在政治、经济、文化、科技等方面的不断发展，并逐步跃居世界前列，中文/华文将会继续存在并进一步发展。但是，正如上面已经说过的，语言是随着社会的发展而发展变化的，而且会受到地域的语言、文化的强烈影响，因此海外中文/华文跟我们境内的普通话必然会存在一定的差异。在各华人社区开展的汉语教学，我们一方面还是强调汉语教学要以普通话为规范标准，同时提出"大华语"概念，承认作为现代汉民族共同语的普通话在规范上可以有一定的弹性，允许并承认境外中文/华文的规范资格。这样做既坚持了我们的原则，又尊重了他人，这对建立全球范围内和谐的华人社会无疑会起到无形的积极作用。

其次，更有助于推进世界范围的汉语教学。前面我们已经指出，开展汉语教学的目的"是为世界各国建造通向中国的友谊之桥——汉语桥"。在国际上广泛开展汉语教学，必然会带来汉语教师不足的问题。如何解决好这个问题？从长远看，大量派出志愿者汉语教师的做法决非上策。世界上一些主要语言的外语教学（如法语教学、英语教学、西班牙语教学、俄语教学等）的历史经验告诉我们，一个语言走向世界的标志有两条：一是该语言在其他国家开展的语言教学能逐渐列入这些国家的基础教育范围；二是各国从事该语言基础教学的教师逐渐实现本土化，即由当地本土的教师来教这种语言。显然，汉语真要走向世界，重要的是要努力培养当地本土的汉语教师。再说，汉语的"国别化"教学，也只有当海外的基础汉语教学基本上都由当地汉语教师来承担才能真正实现。然而，在当地汉语教师的培养中，无论怎么努力，当地汉语教师的普通话水平都难以达到普通话的规范标准，多少会带有一定的所谓"洋腔洋调"。难道我们可以因为他们的普通话水平没达到普通话的规范标准而不让他们来教汉语吗？外语教学的历史事实告诉我们，当地本土的教师虽然在发音上、用词上或语法上不完全合乎规范标准，但其教学效果一般都超过由外语母语国派来的教师。汉语教学也将会是这样。而这些本土的汉语教师在教学实践中也会不断提升自己的普通话水平，从而形成一个良性循环，使汉语教学不断推进与发展。

有鉴于此，我们对于作为外语教学的汉语/中文/华文的标准问题，宜确立这样一个指导方针：普通话和简化字已为《中华人民共和国国家通用语言文字法》确定为国家通用语言文字，汉语教学所教的汉语/中文/华文应当是规范的汉语、汉字，汉语教师要努力以普通话规范标准为标准；另一方面我们又允许在语音、词汇、语法上可以有一个偏离普通话规范标准的容忍度。这样做也符合我们古人所说的"取法于上，仅得为中"（语出唐太宗《帝范》卷四）的道理。当然，在实际教学中如何掌握这个"度"，要靠教学单位和广大汉语教师进一步研究，要靠广大汉语教师的智慧和教育艺术。在我们看来，一个外国的汉语学习者，如果他既能讲一口比较标准的普通话（即使带点儿洋腔洋调），书面上能写比较漂亮的汉语，又能听懂看懂各地带有不同方音、发生某些变异的汉语/中文/华文，那他的汉语该算是高水平了。说实在的，这不是一个低要求，而是一个很高的要求。因此，教学目标和实际要求之间，可以有一个可容忍的距离。

三、必须树立动态规范观

可是，这样一来，将会带出另一个问题，那就是到底该如何看待汉语规范化问题。进入21世纪，语言学界对语言规范似已逐步形成"动态规范"观。李宇明教授早就指出，语言规范同语言发展是相辅相成的。理论上说，正确的语言规范应有利于语言的健康发展，健康的语言发展能够促进语言的规范，有利于语言规范化工作。但是，在具体操作中，语言规范很可能与语言发展产生矛盾。语言在发展过程中会出现各种变异，其中包括不符合现有语言规范的现象，但这些可能恰巧是语言新的生长点之所在。因此，规范不是静态的，更不是千秋不易的金科玉律，而应该是动态的，应该要多一些柔性。[4]最近李宇明教授又重申了这个观点。[5]沈家煊先生也指出，语言文字的规范工作要讲究一个度，语言的规范统一和变异多样是辩证的统一，不能过分突出一面而忽略另一面。[6]晁继周先生认为，语音标准不能定得过死，应该体现刚性和柔性相结合的原则。刚性原则指的是字、词读音要有统一的标准；柔性原则是指说普通话的人某些实际读音与规定的读音不合，应该有条件予以变通。[7]以上三位先生的观点还是针对国内汉语言文字规范来提的，我们认为，面向全球开展的汉语教学更需持有这种"动态规范"观，这才更符合也更有利于汉语教学的发展。因此，我们在汉语教学要求上可以这样说，"达到普通话规范标准"要求，那是高标准；"达到大华语"要求，那是基本要求。具体说，在汉语教学中，既要坚持如下的刚性原则——语音、词汇、语法要有统一的标准，那就是普通话的规范标准；又要实施柔性原则——某些实际读音、某些用词或语法的运用，允许与规定的普通话规范标准有一定的变通，即可以根据实际情况让规范有一定的弹性和宽容度。

"大华语"这一概念无疑是适应汉语走向世界的需要的。

其实，别的语言也都是有弹性和宽容度的，最突出的是英语。英国英语、美国英语、澳大利亚英语、新加坡英语、印度英语的差异充分说明了这一点。

注释

1 从河北、江苏、广西三个样本省/区的数据看，假如把"初步普及率"定为60%的话，《国家中长期语言文字事业改革和发展规划纲要》提出的初步普及目标在三省(区)已经达到，即使是乡村地区也均已超过这个比例；如果把基本普及的目标定为75%的话，城镇地区已经达到，乡村还有一些差距。如果普及的目标定为85%或90%的话，可能大部分地区还存在差距。以上所述引自谢俊英等：普通话普及情况调查分析，载《语言文字应用》2011年第3期。

2 参看陆俭明、张楚浩、钱萍：新加坡华语语法的特点，载新加坡《南大语言文化学报》创刊号，1996年；又参看陆俭明：新加坡华语句法特点及其规范问题，载《海外华文教育》2001年第4期、2002年第1期（连载）。

3 "大华语"这一说法是陆俭明在"第三届中国社会语言学国际学术研讨会"（2004年12月18—20日，南京大学）全体大会上所作的题为"汉语走向世界与'大华语'概念"报告中提出来的，该报告后来以同样的标题在《中国社会语言学》（澳门，2005年，第2期）上发表，并收录于陆俭明所著《作为第二语言的汉语本体研究》（外语教学与研究出版社，2005年）。

4 参看李宇明：信息时代的语言文字工作任务，在"第三届全国语言文字应用学术研讨会"上的报告（杭州，2003年11月7—9日），该报告收录在中国应用语言学会编《第三届全国语言文字应用学术研讨会论文集》（香港科技联合出版社，2004年）。

5 参看李宇明：语言规范试说，载《当代修辞学》2015年第4期。

6 引自石典："语言文字规范与辞书编纂"学术座谈会简记，载《中国语文》2004年第3期。

7 参看晁继周：树立正确的语文规范观，载《中国语文》2004年第6期。

第二章
汉语教师应有的知识结构、
能力结构和思想心理素质

汉语教学是一个独立的学科，如今这已经成为大家的共识。要建设好这个学科，要不断推进汉语教学，首先要有一支高素质的汉语教师队伍。我们应该建设一支什么样的高素质的汉语教师队伍呢？要知道，什么样的教师队伍是由什么样的学科性质决定的，因此首先必须明确汉语教学这一新兴学科的性质。

必须明了，汉语教学是一个以汉语言文字教学为基础的、关涉到其他许多学科（诸如应用语言学、教育学、心理学、哲学、文学、社会学、人类学以及文化、艺术和其他某些学科）的交叉性学科。[1]因此，正如陈绂教授所指出的，汉语教师"必须是综合性人才"[2]。同时还必须明了，汉语教师又是中华文化的形象大使，是中华文化的窗口与镜子。因此，从事汉语教学的这支教师队伍必须具有较好的知识结构、能力结构和思想心理素质。

第一节 汉语教师需具有的知识结构

从业务上来说，汉语教师首先必须具备合理的知识结构。汉语教师的知识结构主要应包括以下四个方面。

一、汉语言文字学的功底

作为一名合格的汉语教师，首先要有一定的甚至可以说是扎实的汉语言文字学的功底。这一点需要特别强调。正如崔希亮教授所指出的："汉语教师要有汉语知识。汉语教师对汉语的语音、文字、词汇、语法、语用规则、篇章知识一定要有所了解。"[3]为什么？因为前面我们已经指出，汉语言文字教学是汉语教学中最核心、最基础的教学内容；因为汉语教学最直接的目的是要让外国学生尽快地学习、掌握好汉语；因为汉语教学中出现的、碰到的、所提出的问题最多的是有关汉语言文字方面的问题。南京大学资深教授卞觉非先生早就指出，汉语教师要胜任汉语教学，"必须掌握现代汉语语音、语法、词汇、修辞、文字等基础理论、基本内容和基本技能，能解决教学上出现的种种问题"，这是从事汉语教学的基本要求。[4]关于汉语言文字方面的基本功具体指哪些，将会在本章第四节谈到。

二、教育学和外语教学的知识

汉语教学就其性质而言，属于外语教学的范畴。因此，作为一名合格的汉语教师，还要有一定的教育学的知识和外语教学方面的知识。汉语教学实践告诉我们，汉语教学既不同于高等院校中文系对学生进行的"现代汉语"、"古代汉语"教学，也不同于中小学的语文教学。一个合格的汉语教师应该能自觉运用教育学和外语教育理论，"组织课堂教学，调动不同层次的学生的积极性，能精当地讲授教学的内容，使学生在轻松的气氛中又快又多地学习汉语，把学到的汉语知识迅速地转化为交际技能"[5]。同时，汉语教师还应运用外语教育理论中的二语习得理论、课堂教学理论、语言测试与评估理论来更好地指导自己的教学活动，从而不断提高教学质量。

三、心理学知识

作为一名合格的汉语教师还要有一定的心理学知识。为什么要提出这个要求呢？要知道，无论从教的方面说，还是从学的方面说，教学活动的各个方面都包含着多种多样的心理活动，涉及众多的心理学问题。"掌握一定的心理学知识，对所有的教育工作者都是绝对必要的"，这能帮助教师更好地了解学生的学习动机与兴趣，更合理地激发学生学习汉语的"近景性动机"和"远景性动机"，以使学生维持一贯的学习积极性，同时能更好地指导和帮助外国汉语学习者消除学习的紧张情绪和心理障碍，达到最佳教学效果。[6]

四、有关中国的方方面面的知识

汉语教师还要具备有关中国的方方面面的知识。为什么要有这要求？要知道，在外国汉语学习者眼里的汉语老师，如同小学生眼里的老师那样——在小学生眼里，天底下什么事情，老师都知道；凡是自己不知道而想要知道的事情，一问老师就会知道。同样，在外国汉语学习者眼里，凡是自己想要知道的有关中国的事情，一问汉语老师就会知道。

另外，汉语教师也还要有一些百科知识。北京语言大学崔希亮教授2008年10月在云南师范大学举行的有关汉语国际教育与汉语研究的学术报告会上，说了这么一件事——80年代初期，有外国留学生问他们的汉语老师："公路两旁的树干上为什么要刷上白的石灰水？"那位汉语老师竟不假思索地回答说，那是因为我们中国还是发展中国家，电力供应不足，公路上不能都安上很亮的路灯，将公路两旁的树干上刷上石灰水可以便利夜间汽车行驶，同时可以防止夜间行人撞在树上。那位汉语老师的回答完全是想当然，事实完全不是他所说的那样。树干上刷上石灰水（其实刷的不是纯粹的石灰水，其中还加有杀虫剂）只是为了防虫。

当然，我们不能要求汉语老师对中国任何方面的事情与情况都知道，但汉语老师应该知道有关中国的方方面面的信息该到哪里去查找。

注释

1 关于"汉语教学学科意识"的讨论，可参看陆俭明：增强学科意识，发展对外汉语教学，载《世界汉语教学》2004年第1期。

2 参看陈绂：谈对外汉语教学硕士研究生的知识结构，载《语言文字应用》2005年S1期。

3 参看崔希亮：汉语教师的知识结构、能力结构和文化修养，见《国际汉语》(第二辑)，中山大学出版社，2012年。

4 参看卞觉非：21世纪：时代对对外汉语教师的素质提出更高的要求，载《语言文字应用》1997年，(增刊)。

5 同上。

6 参看邓恩明：谈教师培训的课程设置，见刘珣主编《对外汉语教学概论》，北京语言大学出版社，1997年。

第二节　汉语教师需具备的能力结构

汉语教师需要合理的知识结构，还需要优化的能力结构。正如北京师范大学张和生教授所指出的，知识是个"快变量"，易增也易忘；而能力是个"慢变量"，"一旦形成，就轻易不会失去"。[1]

一、较好的汉语素养和表达能力

在汉语教师的能力结构里，首先要有较好的汉语素养和表达能力。有了较好的母语语言素养才能具备较好的语言表达能力，才能将汉语的字词句、将汉语虚词的意义和用法，清晰地向外国学生讲明。再说，汉语教师要善于将学术语言转化为教学语言，以便进行卓有成效的汉语教学，这也要以较好的汉语素养和表达能力为基础。崔希亮教授指出："汉语教师要把特别复杂的问题说清楚、说明白，需要较好的语言表达能力。有人喜欢把特别简单的问题说得非常复杂，没人听得懂，我不欣赏这样的做法。复杂的问题，能用很简单的话说清楚，这才叫本事。"[2]

二、一定的外语能力

汉语教师还起码要掌握一种外语，要有一定的外语能力，这是为什么呢？有学者将母语语文素养和能力看作汉语教师的"内功"，将外语素养和能力看作汉语教师的"外功"，并认为只有练就过硬的内功与外功，才能"当一名合格的、称职的乃至出色的对外汉语教师"。[3]这位学者的意见是对的。我们知道，汉语教师学习、掌握好外语起码会有三方面好处：一是国外有关语言研究和语言教学的理论或经验，都很值得我们汉语教师学习、吸收，汉语教师学习、掌握好外语无疑将有助于更好地学习、吸取这些新知；二是有助于在海外任教时较快适应海外的生活、教学环境，有助于跟学生及其家长进行交流；三是有助于进行语言对比研究与思考，以服务于汉语教学。崔希亮教授指出："学生母语的负迁移容易导致错误。如果你懂点儿他们的语言，就会有针对性地避免这样的错误。"[4]

三、组织课堂教学的技能

汉语教师要有较好的组织课堂教学的技能，要有较好的讲课艺术。Audrey L. Wright 谈论英语教学时指出："语言教学既是一门科学，又是一门艺术。"[5]到目前为止，课堂教学还是汉语教学的主要形式。多位从事汉语教学的学者都强调汉语教师必须要有"课堂教学意识"，包括"实践意识、目的意识和效率意识"，并认为这是"成功的外语课堂教学应当遵循的基本原则"，"直接影响课堂教学活动及其效果"。[6]因此，汉语教师一定要有较好的组织课堂教学的技能，要有较好的讲课艺术，以便组织好课堂教学的各个教学环节。对一般院系的教师可能不会将此作为要求提出来，但对汉语教师要有这个要求。试想，面对零起点的来自不同国家、不同语种、不同年龄层次、不同学习目的的学习者，怎么激发和调动他们学习汉语的兴趣和积极性？怎么使学生喜欢自己所上的汉语课？怎么使他们都能学有所得？这可得有点儿本事。能让零起点的外国留学生在最短的时间里尽快地学习、掌握好汉语，可不是一件容易的事。教学实践告诉我们，有经验的教师几句话就能把课堂搞活，让学生开口训练。没有高超的教学艺术，没有一定的教学技能，不采用有效的教学语言策略，是很难达到这样的效果的。[7]

四、教学预测能力

汉语教师还要具有教学预测能力和对非预测情况或意外现象的应对能力。教师在备课的时候，就应该考虑在正常情况下，学生在学习所讲授的内容时可能会有哪些方面的疑难，可能会提出哪些方面的问题，等等。但教师课前再怎么考虑，也难免会遇到一些意外情况。一旦发生意外情况，该怎么办？作为汉语教师要具备一定的应对能力，以免遇事慌张，不知所措。[8]

五、跨文化交际的意识与能力

　　汉语教师还得有跨文化交际的意识与能力，尤其对出国从教的汉语教师来说，更需要具备这种意识与能力。"跨文化交际是指不同文化背景的人们之间的交际行为。"母语为汉语的汉语教师与外国汉语学习者，文化背景不同，都会面临"文化依附"问题。[9]外国汉语学习者到中国来，面对的是全然陌生的异文化环境，会感到不适应，甚至会出现"文化休克"；我们的汉语教师到国外任教，面对的也是全然陌生的异文化环境，也会感到不适应，甚至会出现"文化休克"。作为汉语教师，无论是言语行为、非言语行为，还是价值观，必须坚定对自己汉语言文化的依附，同时也要尊重外国汉语学习者他们的语言文化；而在互相交流时一定要注意彼此在语言文化上的差异。特别是外派的汉语教师更需要有这种能力，这样才能跟学生、跟学生家长、跟当地教师很好地沟通与交流。

六、一定的研究意识与研究能力

　　更重要的，汉语教师必须有一定的研究意识与研究能力。具体地说，要有一定的汉语研究能力，以便较好地处理、回答和解释在教学过程中所出现的、所遇到的、学生急需知道的种种"为什么"的问题。至于为什么要求汉语教师要有研究意识和研究能力，汉语教学中具体需要有什么样的研究能力，我们将在本书第三章讨论。

注释

1　参看张和生：对外汉语教师素质与培训研究的回顾与展望，载《北京师范大学学报》（社会科学版）2006年第3期。

2　参看崔希亮：汉语教师的知识结构、能力结构和文化修养，见《国际汉语》（第二辑），中山大学出版社，2012年。

3　参看张德鑫："功夫在诗外"——谈谈对外汉语教师的"外功"，载《海外华文教育》2001年第2期。

4　参看崔希亮：汉语教师的知识结构、能力结构和文化修养，见《国际汉语》（第二辑），中山大学出版社，2012年。

5　转引自吕必松：关于对外汉语教师业务素质的几个问题——一个亟待解决的问题，见《对外汉语教学研究》，北京语言学院出版社，1993年。

6　分别参看崔永华：语言课的课堂教学意识略说，载《世界汉语教学》1990年第3期。李泉：对外汉语课堂教学的理论思考，载《中国人民大学学报》1996年第5期。刘晓雨：语言获得与对外汉语课堂教学，载《语言文字应用》1999年第1期。黄锦章、刘焱：《对外汉语教学中的理论和方法》，北京大学出版社，2004年。

7　参看彭利贞：试论对外汉语教学语言，载《北京大学学报》（哲学社会科学版）1999年第6期。

8　参看吴勇毅、石旭登：CSL课堂教学中的非预设事件及其教学资源价值探讨，载《世界汉语教学》2011年第2期。

9　参看刘珣：《对外汉语教育学引论》，北京语言大学出版社，2000年。黄宏：浅议对外汉语公派出国教师的跨文化交际问题及其对策，载《海外华文教育》2002年第1期。

第三节 汉语教师应有的思想心理素质

前面说了，汉语教师就是中华文化的形象大使，就是中华文化的窗口与镜子，因此汉语教师，特别是外派的汉语教师，必须有良好的思想心理素质。

一、高度的教育责任心

首先要有高度的教育责任心，具体说，要"具有敬业、精业和创业精神"[1]，特别是心里要有学生，眼睛里要有学生，要多从学生的角度着想，要关注学生的学习需求、学习难点。有了这种教育责任心，就会针对不同教学内容、不同教学对象，想方设法把汉语教好，使学生学有所得。[2]

二、亲和力

汉语教师要有亲和力，这对提高汉语教学的质量、取得较好的教学成效有直接的影响。亲和力主要来自三个方面：一是教育水平以及实事求是的教学态度；二是教育责任心，特别是对学生的爱心；三是平易近人，诚信相待的良好作风。汉语教学的成功需要学生的密切配合与合作，教师没有亲和力，就很难构建友好、和谐的师生关系。

三、求实的教学态度

汉语教师还必须有求实的教学态度。具体说，面对外国学生提出的各种各样的问题，都应采取一种求实的态度——当时能回答，就给回答；一时不能回答，就如实地对学生说"你提的这个问题我现在不能回答，我回去想一想再回答你"。在汉语教学中，最忌讳的一句话就是"这是我们汉语的习惯"。有的老师，包括在中国国内教留学生的某些汉语老师，当学生问到一些语法或词汇方面的问题时，特别是当问到"为什么要那么说，不这么说"的时候，常常就用"这是汉语的习惯"把学生的问题顶回去，以为这就解决了学生的问题。其实学生最不愿意、最害怕听到的就是这样的回答。这种回答等于没有回答，会影响学生学习汉语的积极性，会让一些学生产生"汉语大概没有什么规律"的错误想法，也会影响教师自身的形象。

四、良好的品格和心理素质

汉语教师还一定要有不卑不亢、谦虚谨慎的良好品格。汉语教师在学校经常接触的是外国学生或外国教师，特别是在境外任教时，我们既不要有自卑的心态，也不要有自傲的心态。应该让外国学生和教师从我们汉语教师身上感受到中华民族的正气。

外派的汉语教师，面对国外举目无亲、一个人生活的环境，还要具有独立的、坚强的心理品质。

现在，把汉语教学看作"小儿科"的人可能越来越少了，但是社会上、教育界还是有不少人认为从事汉语教学的教师只能是个教书匠，不能成为"家"，从事本体研究的才能成为"家"，甚至有些汉语教师自己也有这样的想法。我们认为，这种想法是很不对的。事实上，不仅在高校或研究单位从事汉语本体研究和理论研究的教师和研究人员可以成为"家"，在高校从事汉语教学的教师也未必就不能成为"家"。事在人为，一个人能不能成为"家"，全在自己的信念和努力，当然其中也会有机遇的问题。我们在这里更要强调的是，首先自己要看得起自己，要自尊自重，要有高度的自信心。有了这种自尊自重的意识和高度的自信心，加上自己的努力，汉语教师可以成为与其他学科的"家"齐名的"家"。

注释

1　参看卞觉非：21世纪：时代对对外汉语教师的素质提出更高的要求，载《语言文字应用》1997年，（增刊）。

2　参看马真：教有法，教无定法，载《世界汉语教学》2014年第4期。

第四节 汉语教师应有的基本功

汉语教师在语音、文字、词汇、语法诸方面都需要有一定的或者说起码的基本功，这里说的基本功包括起码的知识和技能。

一、语音方面的基本功[1]

其一，了解语音的物理属性、生理属性和社会属性。

其二，了解汉语普通话里每个辅音的发音部位、发音方法以及清浊特征，并能从发音部位、发音方法和清浊特征这三方面来描述汉语普通话的每个声母。

其三，能根据元音舌位图描述汉语普通话里的每个单元音。

其四，能分析汉语普通话里每个音节的结构；能确切理解声母、韵母、声调各概念；能知道什么叫"零声母"。

其五，不仅在道理上而且在实际发音上能区分声母"n和l"，"h和f"，"z、c、s和zh、ch、sh"，"zh、ch、sh和j、q、x"，"j、q、x和g、k、h"；能从发音特点上说清楚"前鼻音韵尾"和"后鼻音韵尾"的差别。

其六，能知道汉语普通话里韵母的不同类型；能分析汉语普通话里的复合韵母。

其七，能知道普通话主要的变调规则，如上声的变调规则，"一"和"不"的变调规则；对口语中上声的常见变体（即半上声，在停顿前面也以此变体为常见）有正确认识并能准确地发出单念的半上声。

其八，能熟练运用汉语拼音，包括写和认；能明了《汉语拼音方案》里Y、W字母的隔音作用和使用规则；能知道为什么"米"、"丝"、"诗"里的不同韵母都能用同一个字母i来注音；对《汉语拼音方案》中的改写、缩写规则非常熟悉，并能正确理解；同时了解汉语拼音正词法基本规则，能较好掌握拼音的分词连写和人名地名的拼写规则。

其九，了解国际音标与拼音方案在标记普通话读音方面的对应关系，对标记普通话的那些国际音标，能较为熟练地认读和书写。

其十，汉语教师本身所说的汉语普通话要尽可能做到音准调正，因为汉语教师的发音是"标杆"，是汉语学习者模仿的对象，汉语教师的语音面貌会直接影响到学习者的语音面貌。[2]此外，要有较好的听辨音的能力，可以敏锐地捕捉到不同母语背景的学生在语音上的细微差别；同时要有一定的纠音能力和技巧。[3]

二、文字方面的基本功[4]

其一，对汉字与汉语的关系，从整体上要有一个基本的、正确的认识。

其二，知道汉字发展的大致脉络——从甲骨文金文到篆书，到隶书，到行书，到楷书。

其三，从造字方式的角度大致知道汉字结构的两种分析——溯源分析和现状分析。溯源分析，古文字有四种基本造字方式：象形字、会意字、指事字、形声字；现状分析，现代汉字有六种造字方式（称为"现代汉字的新六书"）[5]：独体表意字、会意字、形声字、半意符半记号字、半音符半记号字、独体记号字。

其四，知道汉字正确的笔画和正确的笔顺，了解、掌握《汉语国际教育用音节汉字词汇等级划分》[6]所定的一级900个、二级900个常用汉字的基本笔顺。

其五，对汉字偏旁有清楚的认识，能分析《汉语国际教育用音节汉字词汇等级划分》所定的一级900个、二级900个常用汉字里的形声字的形旁（亦称"意符"）和声旁（亦称"声符"/"音符"）。

其六，对《汉语国际教育用音节汉字词汇等级划分》所定的一级900个、二级900个常用汉字，力求做到形、音、常用义、常用用法对上号。

其七，对汉字简化工作有正确的了解与认识，熟悉繁简汉字的对应关系。

其八，了解外国汉语学习者的常见汉字偏误情况，熟悉常见汉字偏误的类型及其成因，能针对常见偏误提出一定的解决方案。[7]

三、词汇方面的基本功[8]

其一，对《汉语国际教育用音节汉字词汇等级划分》所定的3,200个汉字以及由这3,200个常用汉字所构成的最常用的词语，基本能认得出、写得出、读得出；能知其常用义，能知其常用用法。

其二，对最常用的实词，能有准确的语感、良好的理解，能知道其概念义和附属色彩义。

其三，对最常用的复合词，能分析其内部构造；对构词有理据的那些复合词，能基本解释其构词的语素义与词义的关系；对理据磨灭的那些复合词，也能适当了解其来源。

其四，对词的本义、基本义、引申义、比喻义这些概念能有较好的了解与理解。

其五，知道词与词之间的一些主要语义关系，譬如同义关系、反义关系、上下位意义关系，以及"整体-部分"意义关系。

其六，对最常用的那些词的词性和搭配关系，能有良好的语感。

其七，基本了解辨析同义词或近义词的一些主要角度，譬如词性、意义宽窄、跟其他词不同的搭配习惯、作句法成分的差异、附属风格色彩的不同等。

其八，会熟练使用各种语文工具书。

其九，了解学习者的常见词汇偏误情况，熟悉常见词汇偏误的类型及其成因，能针对常见偏误提出一定的解决方案。

四、语法方面的基本功[9]

其一，对语素、词、词组、句子这四种语法单位有较好的了解；能清楚语素和字、词和字的区别；了解语素和字之间多重的、不同层面的错综复杂的关系，并明了其道理。

其二，对于一个合成词（指最常用的合成词），能分析它的内部构造，能指出它属于什么类型的合成词。

其三，对于一个词（指常用词），能较快地判断它属于什么词类，即具有什么样的词性，并知道可以用什么方法来迅速地作出判断，还要能较好地说明认定的理由。

其四，对于一个词组或短语，能较快地判断它在结构和功能上属于什么性质的句法结构，并知道可以用什么方法来迅速作出判断，还要能较好地说明认定的理由。

其五，基本熟悉汉语教学界普遍认可的对句子的不同分类系统；面对任何一个普通的句子，能分析其内部的句法结构关系、语义结构关系，能将它归入不同的句子分类系统之中。[10]

其六，熟练掌握和运用层次分析法，对于一个句法结构，能用层次分析法分析它内部的构造层次和每一层面的结构关系，并能说明理由。[11]

其七，对于一些有歧义的语句结构，能指出它们的歧义之所在，并能较好地说明造成歧义的根本原因。[12]

其八，了解常用虚词的意义和用法，知道分析虚词意义和用法最常用的方法，能辨析意义和用法相近的常用虚词。[13]

其九，了解学习者常见的语法偏误情况，对一般说话、写作中出现的语句偏误，有基本的纠错能力，即既能指误，又能加以修改，并大致能说明原委，且能针对常见偏误提出自己的教学对策。[14]

其十，对语法教学的重点、难点有较好的了解。

我们强调汉语教师要具备上述诸方面的基本功，是说汉语教师要有这些方面的基础知识和基本技能，而不是要汉语教师直接给外国汉语学习者去讲授上面说到的那些知识。

注释

1　这部分内容，北京大学王韫佳教授、北京语言大学曹文教授提供了很好的意见和建议，谨在此深致谢意。

2　这一意见是施家炜教授所提供的。

3　这一意见是崔希亮教授所提供的。

4　这部分内容，北京语言大学万业馨教授、北京大学施正宇教授提供了很好的意见与建议，谨在此深致谢意。

5　关于"现代汉字新六书"，具体参看苏培成：《现代汉字学纲要》（增订本），北京大学出版社，2001年；又见北京大学中文系现代汉语教研室编《现代汉语》（增订本）第三章"文字"第三节"汉字的结构"（下），商务印书馆，2012年。

6　《汉语国际教育用音节汉字词汇等级划分》（北京语言大学出版社，2010年），作为国家标准，由教育部、国家语言文字工作委员会于2010年10月19日发布，2011年2月1日实施。

7　这一意见是施家炜教授所提供的。

8　这部分内容，北京大学朱彦博士和万艺玲博士提供了很好的意见和建议，谨在此深致谢意。

9　这部分内容，上海师范大学齐沪扬教授、北京语言大学孙德金教授提供了很好的意见与建议，谨在此深致谢意。

10　这个要求是北京语言大学孙德金教授建议增加的。

11　举例来说，有这么一个句子："妈妈刚买的桌子上有一朵荷花。""妈妈刚买的桌子上"该怎么切分？该取 a 切分？还是该取 b 切分？还是该取 c 切分？汉语教师要具备这种判断能力，并能说明理由。

妈妈　刚买的　桌子　上
　1　　　　2　　　　（a）
　　　1　　　2　　　（b）
　　　　1　　　2　　（c）

12　举例来说，下面的句子都有歧义：（1）我就管他。（2）他们两个人分一个西瓜。（3）我们需要进口钢材。（4）反对的是他。（5）山上架着炮。汉语教师要能看得出这些是歧义句，能指出各句分别表示哪些意思，还能说出造成各句歧义的原因，并知道该如何分化这些歧义句。

13　参看马真：《现代汉语虚词研究方法论》（修订本），商务印书馆，2016 年。

14　举例来说，下面的句子都是偏误句：（1）＊在我们家乡，人们传说着一对好婆媳的佳话。（2）＊十月的北京是最美丽、最舒适的季节。（3）＊今天比昨天冷极了。（4）＊今天我把饺子吃在五道口了。汉语教师要看得出这是偏误句，能说得出这几个句子的毛病之所在，并知道该怎么修改，还能说得出修改理由。

第三章
汉语教师应有的研究素质与研究能力

一说到研究，不少汉语教师就下意识地认为，那是从事汉语本体研究的教师、学者的事，再说，每学期的教学任务那么重，哪有时间搞研究啊！这种想法并不可取，而且可以说，这是一种糊涂的想法。

第一节　为什么要对汉语教师提出这样的要求？

作为一名汉语教师，一定要有很强的研究意识，同时要有一定的研究素质与研究能力。为什么这样要求？理由有四：

第一，汉语教学中碰到的或出现的问题、学生急需知道的种种"为什么"的问题，往往不能从现有的教材、工具书、汉语语言学论著中找到现成的、令人满意的答案。而这也不能等着从事汉语本体研究的学者专家来帮我们回答，只能由我们汉语教师自己通过学习、研究来解决。

第二，提高教学质量的三大条件是，要有高素质的教师队伍，要有高质量、成系列的汉语教材，要有具有针对性的、行之有效的教学模式、教学方法，这就是一般所谓的"三教"。而这"三教"都有赖于科学研究。不以科研引航，培养不出高素质的教师队伍，或者说教师的素质不可能不断提高；不以科研引航，编写不出高质量、成系列的汉语教材；不以科研引航，不可能产生具有针对性的、行之有效的教学模式与教学方法。因此，要解决好"三教"问题，要不断提高汉语教学的质量，必须以科研引航。汉语教师必须从事科学研究。

第三，在汉语教学，特别是在低年级的教学中，不宜学院式地对学生大讲汉语知识，包括语音知识、词汇知识、语法知识、汉字知识等，得采取随机教学、点拨式教学法。[1]这就要求从事汉语教学的教师不仅要善于发现并抓住学生在学习汉语过程中出现的带有普遍性的偏误情况，并加以改正；而且要求汉语教师要善于分析学生普遍出现某种偏误的原因，并善于利用已有的研究成果来作出明确而又通俗的说明。而要做到这一点，汉语教师必须在日常工作中做到勤学习、多研究。

第四，为了有效地进行汉语教学，有时还需要作一些汉外对比研究。这种对比研究也会因学生的具体情况不同而不同，也没有现成的参考资料，在多数情况下也得靠教师自己去做。

许多人认为，教外国人学汉语比起其他院系的教师给本科生、研究生上课要容易一些。其实，这是对汉语教学缺乏了解与认识的人所具有的一种想当然的幼稚想法。汉语教学的教师可不是好当的。从某种意义上说，这比在高校其他院系当教师要难。因此，对一名从事汉语教学的教师来说，不仅要具有深广的知识，更要有很强的研究意识和一定的研究能力。

注释

1　参看陆俭明："对外汉语教学"中的语法教学，载《语言教学与研究》2000年第3期；《作为第二语言的汉语本体研究》，外语教学与研究出版社，2005年。

第二节　汉语教学中有哪些方面值得研究？

汉语教学在我们国家是一个新兴的独立学科，它是以汉语言文字教学为核心的，涉及汉语言文字学、文学、教育学、心理学和文化艺术等多个学科的交叉性学科，其中心任务与核心内容是进行汉语言文字教学。汉语教学总的指导思想是："怎么让一个从未学过汉语的外国留学生在最短的时间内能最快最好地学习、掌握好汉语。"[1]要想不断提高汉语教学的质量，不断推进学科的发展，必须以科研引航，努力开展科学研究。需要研究的方面很多很多，从大的方面来说，起码有以下几方面：

一、学科建设亟须研究

学科建设方面，下面这些问题都很值得大家思考与研究：

（一）作为一个独立的学科，必须要有它的哲学基础。汉语教学学科的哲学基础是什么？

（二）作为一个独立的学科，必须有一定的理论作支撑。汉语教学学科需要由哪些理论来支撑？

（三）作为一个独立的学科，必须有明确的学科内涵。汉语教学学科的内涵是什么？

（四）作为一个独立的学科，必须有与本学科相关的、起辅助作用的学科。那么跟汉语教学学科相关的、起辅助作用的学科是哪些？

（五）作为一个独立的学科，必须有本学科的本体研究。汉语教学的本体研究是什么？应该包括哪些方面的内容？

（六）作为一个独立的学科，需培养本学科的专门人才，以不断充实汉语教师队伍。为培养本学科的专门人才而设置的专业，在教学上，需要有什么样的课程体系？所培养的人才需要有什么样的知识结构和教学技能？

以上六个方面的问题，是汉语教学学科建设所必须考虑的。汉语教学作为一个新兴学科，要进行汉语教学学科建设，不能不思考、解决以上六个方面的问题。

二、汉语教学基础研究亟须加强

汉语教学的基础性研究将是多方面的。大致可以分为两大类：一类是属于传统研究领域和方向的，另一类是属于拓宽应用型研究领域和方向的。

属于传统研究领域和方向的，迫切需要思考与研究的基础性问题有：

（一）每个年级（如一、二、三各个年级）的学生应该掌握多少汉字？具体是哪些汉字？这些汉字在教材中出现时，孰先孰后？复现率该是多少？递增率该是多少？

（二）每个年级（如一、二、三各个年级）的学生应该掌握多少词语？具体是哪些词语？这些词语在教材中出现时，孰先孰后？复现率该是多少？递增率该是多少？（名词、动词、形容词以及副词和其他各重要虚词的复现率、递增率会有所不同）

（三）每个年级（如一、二、三各个年级）的学生应该掌握多少成语？具体是哪些成语？这些成语在教材中出现时，孰先孰后？复现率该是多少？递增率该是多少？

（四）每个年级（如一、二、三各个年级）的学生应该掌握多少语法要点？具体是哪些语法要点？这些语法要点在教材中出现时，孰先孰后？复现率该是多少？递增率该是多少？

（五）怎么根据所研究、制定的统一规范的字表、词表、成语表、语法要点表，来编写专供入门汉语教学用的，供初级、中级、高级各汉语教学阶段用的，以及供自学用的汉语教材（包括编写课文），并力求做到科学化、成系列？

（六）怎么根据所研究、制定的字表、词表、成语表、语法要点表，来编写专供汉语教学用的字典、词典以及其他工具书？面向汉语教学的辞书怎么从外国学生学习汉语的角度来进行编写？

（七）怎么不断探求新的、科学的教学模式与教学方法，进行有效的汉字教学、语音教学、词汇教学、语法教学？特别是怎么根据不同母语背景学习者的特点来进行有效的汉字、语音、词汇、语法教学？

（八）国外华侨、华裔的子女是个很特殊的群体，他们既不同于中国国内的孩子，也不同于当地其他族群的孩子。他们对汉语，有的不会听、不会说、不会看；有的会听一点儿，会说一点儿，但不会看；有的只会听一点儿，情况各异。怎么针对这一群体的特点来编写教材、进行汉语教学？

（九）怎样针对并利用汉语的声调、复合词、语序和虚词的特点以及汉字形声字的特点，针对外国学生的学习特点和需求，开展切合汉语教学需要的汉语和汉字研究？

（十）怎样利用现有的条件将已经取得的汉语研究成果转化为教学中用得上的教学内容？

属于拓宽应用型研究领域和方向的，迫切需要思考与研究的基础性问题有：

（十一）怎样利用多媒体网络技术开展计算机辅助教学的研究与开发，特别是网上教学的研究与开发？

（十二）怎样建设能分别不同语区、不同层次的较大规模的中介语语料库，以便为汉语教学与研究服务？

（十三）怎样利用认知心理学和第二语言习得理论及研究手段，开展汉语习得研究？

（十四）怎样利用现代化手段开展教学评估与测试研究，包括评估、测试基础理论研究和测试手段研究，以确保评估、测试的效度与信度？

（十五）现在国际上越来越多的国家开展大学预科教学，预科教育的特点是不存在年级之分，时间为一年至一年半不等。如果开展汉语预科教学，该制定怎样的教学方案？[2]

三、词语或句法格式的用法亟须研究

汉语教学的实践告诉我们，外国汉语学习者，在词语或句法格式使用上出现偏误的主要原因，不是他们不知道那些词语或句法格式的基本意义，而是不了解它们的具体用法。而汉语本体研究者是基本不研究词语或句法格式的用法的，更不研究词语或句法格式使用的语义背景。因此，用法研究急需加强，具体包括：一是汉语常用词语，特别是常用虚词的用法研究；二是汉语常用句法格式的用法研究。目前这两方面还很少有人注意。理想的常用词语的用法研究和常用句法格式的用法研究，需注意两方面：

第一，必须从篇章的角度来加以描写、说明，而不是孤立地对某个词语或句法格式举一些例子，作一些描写说明。这一点在前面已有所说明。

第二，必须进行同义词语的比较分析，必须进行同义句式的比较分析，而不能只是就某个词语或句式来说这个词语或句式。举例来说，下面几个句子实际代表了几个同义句式：

a. 张三画了个圆圆的圈儿。

b. 张三把圈儿画得圆圆的。

c. 那圈儿张三画得圆圆的。

d. 那圈儿给张三画得圆圆的。

e. 那圈儿被张三画得圆圆的。

f. 张三画圈儿画得圆圆的。

a 句是"主–动–宾"句式，b 句是"把"字句，c 句是主谓谓语句，d 句是"给"字句，e 句是"被"字句，f 句是重动句（也称"拷贝句"）。对母语为汉语的中国人来说，无须让人来教他哪个句子用在哪个场合，或者说什么场合用什么句子，因为他们从小积聚了丰富的语感；而母语非汉语的人则没有这种语感，得教他们，让他们了解哪个句子用在哪个场合。由于以往没有或者说缺乏辨析同义句式的研究，所以我们虽然会用，但说不出个所以然来。

以上两点，目前已有的所谓"用法词典"都没有做到。我们期盼着早日编纂、出版这类工具书。这既能很好地满足汉语教学的需要，对汉语本体研究、对语言学理论建设也将会有参考价值和推动作用。

四、排序研究必须重视

排序研究，这里主要是指词语和语法点在汉语教学及汉语教材中孰先孰后的研究。这包括两方面研究内容：

（一）应教的词语或语法点的排序研究。譬如就语法点来说，一些重要的句式，诸如"把"字句、存现句、"比"字句、"连"字句、兼语句等，该分别安排在什么阶段教为宜？

（二）词语与句法格式如果有多种义项或多种用法，其不同义项或不同用法该分别安排在什么阶段教为宜？譬如，动词"打"有许多义项，"把"字句表示多种语法意义，有多种用法，哪个该教？哪个不该教？该教的，哪个该先教？哪个该后教？该分别安排在什么阶段教？

关于词语或句法格式的排序研究问题，早就有学者提出来了，并都认为在汉语/华文教学中，一定得考虑分层次、分阶段地教给学生，而不能倾盆大雨式地一次教给学生。[3]上述观点也已为汉语习得研究成果所证明。[4]可是，目前实施得并不理想，甚至可以说多数人还未充分意识到排序和排序研究的必要性。

词语和句法格式的排序，应该是由诸多因素决定的，除了语言项目在汉语中的使用频度以外，还要综合考虑学习者的认知难度、习得顺序，语言结构相互的制约关系，与文化内容的配合等诸方面问题。但应该让学习者先接触汉语中高频的词语和句法格式，以及词语和句法格式最典型的用法，即先教高频的、典型的，这个原则似还得遵守。

五、汉语教学中的伴随性文化教育需深入研究

汉语教学要担负起文化教育的任务，但正如前面已经指出的，我们必须明了汉语教学中的文化教育是伴随性的，决不能喧宾夺主。更重要

的还必须深刻认识到，汉语教学所伴随的文化教育，其内容必须浸润在汉语教学之中，尤其是要浸润在汉语教材之中。

文化，其含义是很宽泛的；对文化的外延和内涵，目前学界说法不一。有人归纳为以下十个方面[5]：

物质文化，如秀美山川、地理风貌、诱人的风景区、具有国家和民族特色的建筑、产品（特别是传统产品）等。

思维文化，这是民族发展过程中自然形成的特有的思维方式和某种信仰，主要是指哲学思想、思辨方式、宗教信仰，也包括诸如说时间、地点的方式（是从小到大还是从大到小）、计数称量法、方位定法等。

艺术文化，如具有国家和民族特色的文学作品、绘画、音乐、舞蹈、戏剧、曲艺等和雕塑（包括石雕、瓦雕、木雕、泥塑、糖人）、剪纸等工艺产品。

饮食文化，主要指饮食习惯，包括酒文化、茶文化以及主要菜系等，也还包括饮食器具等。

健身文化，主要指中医中药、针灸、按摩推拿，以及武功、拳术等。

习俗文化，即贯穿在日常社会生活和交际活动中本民族所特有的习俗，包括婚丧喜事，以及亲友称谓和会话语言规约（包括称呼、问候、询问、道谢、致歉、告别、赞同、拒绝、打招呼等表达法）等。

心态文化，即一般所说的价值观、伦理道德观等。

历史文化，这除了国家、民族的实际历史外，还包括历史上那些渗透着民族心理和社会意识的职官制度、典章制度、文学经典以及传统节日等，也包括渗透于文化之中并不断发展而逐渐积累成的、打有时代烙印的成语典故、警句格言等。

汉字文化，这是中国文字的特点带来的，如中国的书法、中国的谐音字画[6]、中国的印章等。

体态文化，有些带有共同性，如伸大拇指表示称赞、叫好，伸小拇指表示渺小、微量，伸中指表示辱骂；而更多的是有差异的，如用手指在太阳穴旁转圈，中国人表示动脑筋，而据说在美国人眼里，这一体态则表示发疯。

有人从大的方面说，将文化分为四个层面——物态文化层、制度文化层、行为文化层、心态文化层。其中"心态文化"由人类社会实践和意识活动中长期孕育出来的价值观念、审美情趣、思维方式等构成，是文化的核心部分。[7]

真正需要融入国际多元文化大家庭中去的、需要感染他人的，是心态层文化。而心态层文化不能靠直接宣传，不能靠说教，得用"随风潜入夜，润物细无声"的方法，这样才有效。可是目前我们汉语教学花很大力气所搞的文化，还局限在表面，停留在物态层文化和行为层文化上。表面热热闹闹，实际收效甚微。正如有学者通过调查所指出的，物态层文化和行为层文化，接触度、喜爱度较高，而"精神层面的文化传播效果最差"。[8]

这就需要我们认真考虑：

（一）在整个汉语教学所规定的年限中，该选取哪些文化内容和文化点？物态层文化、行为层文化、制度层文化宜取哪些文化内容和文化点？心态层文化宜取哪些文化内容和文化点？

（二）所选取的文化内容和文化点，在教学中如何合理安排？孰前孰后？前后如何安排为宜？

（三）该采取什么样的呈现方式？物态层文化、行为层文化、制度层文化可采取开设文化专题课的方式，那么具体该开设什么课程？心态层文化显然不宜采取直接设课的方式，得将文化内容浸润在汉语教材之中，特别是要浸润在课文中，体现在汉语教师的言谈举止中。如果是这样，课文具体该如何设计？该选取什么内容？具体该如何编写？

（四）更重要的是，该持有什么样的呈现心态？摆正文化的呈现心态极为重要。汉语教学所伴随的文化教育不能效仿媒体的宣传，不宜取"宣传"、"说教"的方式和做法。在我们的汉语教科书中，应该"树立一个开放的中国形象，一个尊重世界各民族文化，愿意与世界各民族平等相待的中国形象"[9]。我们必须本着"对己方文化不炫耀、不溢美"，

"对他方文化不贬损、不排斥"[10]的原则，这样才会收效。

上述诸方面问题，说实在的，现在大家都还不是很有底，因为都没有认真去思考过，更没有设为专项课题进行深入研究，还都只是根据汉语教材编写者、一线汉语教师自己的认识与想法在做、在编写教材、在开展教学活动，缺乏必要且一致的看法与规约，难免成绩与缺憾并存。

六、汉语教师培养模式尚需重新研究

大家都知道，"三教"中最核心的是要建设一支高素质的教师队伍。教学实践告诉我们，作为一名合格的汉语教师，必须具备前文所谈的知识结构、能力结构、思想心理素质，必须具有较好的汉语言文字方面的基本功（详见本书第二章"汉语教师应有的知识结构、能力结构和思想心理素质"）。

我们需要培养的是符合上述要求的汉语教师。可是，目前我们并未按照上述要求在培养。突出表现在，我们选派的志愿者汉语教师大多未能达到上述要求。我们选派时仅仅考虑该老师是否掌握一门外语，是否能说比较流利的普通话，是否掌握一门文化才艺，而较少考虑其汉语教学的基本功如何。国外本土的汉语教师将我们派去的志愿者汉语教师视为汉语教学的专家，可是不少志愿者汉语教师一问三不知，甚至连怎么教汉语还得由本土的汉语教师来现教。究其原因不是我们没有能力培养，而是培养的路子走偏了，首先是培养模式有问题。

从培养模式上看，现在采取的培养模式主要是设立本科专业，而后读硕士班或硕士专业，也有极少数学生继续读博士学位，外加一定的培训。

对外汉语本科专业是1985年设立的。当时国家教委批准在北京语言学院、北京外国语学院、华东师范大学、上海外国语学院四所高校率先设立"对外汉语"本科专业。教学内容除外语外，主要是两方面，一是汉语言文字学方面的教学，包括文学教学；二是教育学方面的教学。这在当时和稍后的一段时间内，为我国的对外汉语教学和汉语国际教育事业培养了大批专业人才，在培养汉语教师方面起到了积极的作用。当时的情况是，大学本科毕业生可以在高校任教。2008年教育部在全国范围内广泛增设对外汉语专业，当年开设这个本科专业的高校就有138所，2010年底统计增加到285所。2012年，教育部将"对外汉语"本科专业更名为"汉语国际教育"本科专业。到2012年底，全国开设该本科专业的高校已达到342所，在校生达到63,933人。[11]教育部2013年和2014年两年新批备案汉语国际教育本科专业高校21所。这样，到2015年9月为止，设立汉语国际教育本科专业的高校总共达到363所。这一本科专业的招生人数，各高校不一，有的每年招二三十个学生，有的招收七八十个学生，最多的一届招收一百二三十个学生。近五年来，报考这一专业的人数激增，录取考分大大高于其他文科类专业。其中确有相当多的考生是出于爱国热忱和自己的兴趣，但相当多的考生是受"能出国任教"宣传的诱惑所致。

2008年广泛增设对外汉语专业，其出发点当然是为了加快汉语教师的培养。但是，现在看来这未必是一个经过科学论证后作出的举措。为什么这样说？

第一，上个世纪90年代教育部就规定高校师资一般需要博士生，某些专业可以是硕士生。这样，对外汉语本科毕业生显然不能直接进入高校从事汉语教学工作。可是目前在校生竟达6万多人，他们本科毕业后该怎么办？教育部大规模设立对外汉语本科专业时看来没有充分考虑到毕业生的出路问题。据有关方面调查，就全国来说，对外汉语本科专业的毕业生最后能从事汉语教学工作的不超过15%，普遍存在培养目标与学生国内就业困难的矛盾。

第二，有关主管部门对汉语教学学科性质认识不是很清醒，因此未能就增设该本科专业的条件作出明确规定，结果出现一拥而上的状况，一些没有条件的高校也纷纷增设了这一本科专业。

第三，该专业应制订什么样的教学计划也缺乏明确要求与规定，结果是除少数有基础的高校外，多数高校的培养内容是中文系、教育系、外语系教学计划内容适当删减后的拼盘，致使毕业的学生，论中文不如中文系毕业生，论教育学不如教育学系的毕业生，论外语不如外语系的毕业生，能继续深造的不超过20%。

第四，中山大学周小兵教授早在2007年就指出，"学生是成人还是少儿，对教师要求不同"，因此需要分类培养。[12]这是一个很好的意见。国外汉语教学的事实也告诉我们，在中小学甚至在幼儿园教汉语跟在大学面对成年人教汉语，要求很不一样。可是我们在培养上是一刀切，没有区分。

显然，目前的汉语教师培养模式需要进行改革。

一般汉语教师会觉得，改革汉语教师培养模式是上面有关部门需要研究的事，不是我们所要考虑的。确实，改革汉语教师培养模式主要应该由上级主管部门来加以研究决定，但是处于汉语教学第一线的广大汉语教师，对汉语教学的实际状况比较了解，也有责任思考这个问题，向上级主管部门提出自己的意见与建议。我们觉得，下面一些问题就很值得思考与研究：

第一，根据目前的汉语教学发展形势，是否需要重新审视培养模式？

第二，上级主管部门是否需要对目前已增设"汉语国际教育"本科专业的各高校的教学状况，包括毕业生质量与去向，进行一次全面或抽样调查？

第三，上级主管部门是否需要对目前汉语教师状况，特别是外派的志愿者汉语教师状况，进行一次全面或抽样调查？

第四，在上述调查的基础上，是否需要考虑调整"汉语国际教育"本科专业在高校的设置？是否需要大大压缩设置这一本科专业的高校数量？

第五，通过调查研究，是否可以确立如下所述的汉语教师培养模式——日后在大学任教的汉语教师，从研究生开始培养，重点招收中文系、教育学系、外语系有志于从事汉语教学的本科生攻读硕士学位、博士学位；同时，考虑保留少数有条件的高校设立"汉语国际教育"这一本科专业，让这些高校主要培养日后能在国外中小学任教的汉语老师以及从事汉语国际教育的管理人才，同时也可为研究生层次的专业人才培养输送一定的生源。

总之，在考虑汉语教师培养模式时，首先必须明确汉语教学的核心任务是汉语言文字教学；必须明确汉语教学的主要目的是让外国汉语学习者学习、掌握好汉语；必须明确汉语教学的总的指导思想是怎么让汉语学习者在规定的时间里尽快学习、掌握好汉语。同时，必须以科研引航，真正培养和建设一支高素质的教师队伍，以确保汉语教学高速发展，确保汉语健康而稳步地走向世界！

汉语教学需要我们研究的不止上面所谈的五个方面，像教学过程设计、课堂组织与管理、教材编选与评估、测试评估、教案设计、语言学习者的习得过程与习得机制等诸方面，都需要研究，以不断推进汉语教学的改革，提高汉语教学的质量与水平。

注释

1　参看陆俭明：关于开展对外汉语教学基础研究之管见，载《语言文字应用》1999年第4期。

2　这一研究内容是北京语言大学副教授田靓博士建议增加的。

3　分别参看吕文华：对外汉语教材语法项目排序的原则及策略，载《世界汉语教学》2002年第4期。周小兵：汉语第二语言教学语法的特点，载《中山大学学报》（社会科学版）2002年第6期。邓守信：迈向汉语的教学语法，见第五届世界华语文教学研讨会（1997，台北）会议论文集《第五届世界华语文教学研讨会论文集·教学应用组》；邓守信：《对外汉语教学语法》，台湾：文鹤出版有限公司，2009年。陆俭明：关于开展对外汉语教学基础研究之管见，载《语言文字应用》1999年第4期；谈汉语作为第二语言教学的学科建设及其本体研究，载《外语教学与研究》2008年第5期。

4　参看施家炜：外国留学生22类现代汉语句式的习得顺序研究，载《世界汉语教学》1998年第4期；韩国留学生汉语句式习得的个案研究，载《世界汉语教学》2002年第4期。

5　参看陈光磊：语言教学中的文化导入，载《语言教学与研究》1992年第3期。

6　参看赵华：《谐音"画"汉字》，北京大学出版社，2012年。

7　参看张岱年、方克立：《中国文化概论》，北京师范大学出版社，2004年。

8　参看吴瑛：《孔子学院与中国文化的国际传播》，浙江大学出版社，2013年。

9　参看李泉：文化内容呈现方式与呈现心态，载《世界汉语教学》2011年第3期。该文说了这么一件事：2005年某出版社出版的一本教材中，有篇课文名为《三十年河东，三十年河西》，课文中有这样的话："事实上，在今天，西方文化已经呈现出强弩之末的样子。……以西方文化为主导的世界，出现了很多威胁人类生存的弊端，比如生态平衡遭到破坏、全球气温变暖、淡水资源匮乏、森林被过度砍伐、江河湖海受到污染、动物物种不断灭绝、新疾病频繁出现等等，所有这些都威胁着人类的发展甚至生存。21世纪应该是东方文化的世纪，东方文化将取代西方文化在世界上的主导地位。"这样的言辞明显含贬损之意。

10　参看李泉：文化内容呈现方式与呈现心态，载《世界汉语教学》2011年第3期。

11　数据来自教育部高教司，又可参看："2013年全国高校汉语国际教育／对外汉语本科专业建设研讨会"召开，载《世界汉语教学》2014年第1期。

12　参看周小兵：海外汉语师资的队伍建设，载《云南师范大学学报》（对外汉语教学与研究版）2007年第5期。

第三节　需要什么样的研究素质与研究能力？

从上面第二节中我们可以了解到，汉语教学中需要研究的内容很多很多。作为一名汉语教师，一定要有很强的研究意识，不仅如此，还需要具备良好的研究素质和一定的研究能力。

一、应有的研究素质

树立很强的研究意识很重要。有了很强的研究意识，才会有研究的动力。关于这一点，前面已经有所提及。在这里还想补充一点，那就是汉语教师必须克服"研究是从事汉语本体研究的学者的事"这种"甘当教书匠"的思想。

说到研究素质，我们认为首先要有勤于思考、善于思考的素质。科学研究是一种探索性的脑力劳动。要探索，探索者就必须要有一个"勤于思考，善于思考"的头脑。每个人的智商会有所区别，但无数事实说明，在科学研究领域里，在成功的道路上，"勤商"往往起着决定性的作用。在学术上凡有成就者都一定是勤于耕耘的学者专家。智商高而不勤于思考的人，至多玩弄一些小聪明而已，成不了大事。"勤于思考，善于思考"，要说也不难做到。它只要求研究者在研究过程中时时思考"为什么"、"怎么样"、"有例外吗"等诸如此类的问题，而且要逐渐养成这种思考的习惯。

其次要有强烈的创新愿望，要有创造性思维，要有探索精神。科学研究贵在探索与创新。炒冷饭、啃别人啃过的馍馍，这不是研究者所为。"新"就是不囿于成说，"要有自己的创意"，得提出一点儿自己的新想法、新观点、新例证。要做到创新，一定要注意四条：

一是既要虚心学习并充分吸收前人的研究成果，又要敢于对已有的某些结论提出怀疑，提出不同的意见和看法，来修正、补充、完善前人的意见，更要勇于建立新的理论、观点和方法，以推进学术的发展和学科的发展。

二是要克服定式的思维方式，这是使自己具备创造性思维的先决条件。要改变只崇尚一家一派的理论、观点、方法的做法，要善于吸取各家各派之长，为发展学术、提高教学质量服务。在科学研究上，必须坚持多元论。所谓多元论，是说在科学领域里，不要只学习一家一派的学说、理论和方法，因为在科学领域里，各种学说、理论和方法都解决过前人无法或没有解决的问题，因而一定有它合理、可取之处，但也都会有一定的局限。所谓局限，并不就是缺点，而是说任何一种学说、理论、方法都只能解释一定范围里的现象，解决一定范围内的问题，不可能包打天下。可以这样说，在科学领域里，任何一种学说、理论、方法都不可能放之四海、放之古今而皆准。因此，你可以崇尚某一种、某一派的学说、理论、方法，但同时要关注、了解其他家、其他派的学说、理论、方法，博采众说之长，兼容并蓄，为我所用，这样才能在前人的研究基础上有所发展，有所前进。

三是在思考、研究的过程中，特别是当自己在研究中获得某种看法后，最好不要轻易肯定自己的想法，而要多问"怎么样"、"行不行"，要不断地用事实来否定自己的想法，不断地修正，直到自己否定不了了，才可以初步肯定自己的想法。这样做的目的有二：一是使自己的研究结论经得起推敲，更符合语言实际。要知道反复地否定自己正是为了更好地肯定自己。二是使自己养成反复思考的良好习惯，而这种习惯是科学研究所必需的，也是一个汉语教师所应具备的。[1]

另外，还要善于比较。这也是一个研究者应有的研究素质之一。比较的分析方法是任何学科领域在研究中都会用到的最基本的分析研究方法，因为人们认识客观世界就是通过比较来逐步认识和分辨不同事物的。语言研究也不例外。在语法研究中，比较分析是最基本的分析手段之一，更是虚词研究最基本、最有效的一种分析手段。

二、应有的研究能力

这里所说的研究能力，是指一个人的独立研究能力。以往说到研究能力，一般都只强调"要具备分析问题、解决问题的能力"。这种看法和认识没有错，但是不全面。从科学研究的角度说，首先要具备发现问题的能力。为什么这样说呢？要知道，"发现问题"是研究的起点，也是我们在科学研究上能获得成果的起点，也是培养自己具有创造性思维的起点。如果我们什么问题都发现不了，那就不可能知道自己该分析、解决什么问题。[2]再说，科学研究的第一要素是兴趣。自己发现的问题、自己想要解决的问题，一般都会有兴趣去探求。所以，研究能力应包括发现问题、分析问题和解决问题这三方面，而首先要具备的是发现问题的能力。在硕士生、博士生的培养过程中，有些学生总是希望导师给他个研究题目。就文科来说，导师尽量不要为学生出题。研究生，特别是博士研究生的学位论文选题应由学生自己在学习、读书过程中，在语言实践中，在参与导师科研项目的活动中，发现问题并提出来，然后请导师指点，提供指导性意见。因此，要培养学生的研究能力，首先要培养学生发现问题的能力。

下面我们举一些与汉语教学密切相关的具体研究实例，以便让大家从中领悟到作为一名汉语教师所应必备的研究素质和研究能力。

[实例一] 时间副词"已经"和"曾经"

从黎锦熙《新著国语文法》开始，一直以来都有人认为"已经"和"曾经"都是"表示过去时"的时间副词，"表示动作发生的时间已经成为过去"。[3]真是这样吗？要作出较好的回答，最好用实例来进行比较。请看例(1)—例(3)：

（1）去年，我 ＿＿＿＿ 看过这本书。　　　　　［已经／曾经］

（2）现在他 ＿＿＿＿ 看到 120 页了。　　　　　［已经／* 曾经］

（3）明天这个时候，他大概 ＿＿＿＿ 看完了。　［已经／* 曾经］

一比较就看出它们有一个重要的差异，如下面所列出的那样：

	过去时	现在时	将来时
曾经	＋	－	－
已经	＋	＋	＋

这清楚表明，"已经"和"曾经"是不同性质的时间副词。"曾经"只能用来说过去的事，"已经"则既能用来过去的事，也能用来说现在、将来的事。可见，"曾经"属于"定时"时间副词，而"已经"属于"不定时"时间副词。[4]

"已经"和"曾经"都用来说过去的事情时，它们是否还有区别呢？如果有区别，区别在哪里？《现代汉语八百词》认为区别有两个方面：

第一，"曾经"表示从前有过某种行为或情况，时间一般不是最近。"已经"表示事情完成，时间一般在不久以前。

第二，"曾经"所表示的动作或情况现在已结束；"已经"所表示的动作或情况可能还在继续。

这两点说得怎么样？经研究发现，这两点都有值得商榷之处。

先说第一点。请看实例：

（4）a. 二十年前他曾经学过法语。　　　　　［从前］

　　　b. 二十年前他已经学过法语。　　　　　［从前］

（5）a. 上个月我曾经去过一趟。　　　　　　［过去］

　　　b. 上个月我已经去过一趟。　　　　　　［过去］

（6）a. 这件事，上午／刚才我曾经问过他，他说不知道。［最近］

　　　b. 这件事，上午／刚才我已经问过他，他说不知道。［最近］

例（4）说的是从前的事，例（5）说的是过去的事，例（6）说的是最近的事。显然，"曾经"和"已经"的区别不在表示的时间的远近，即不是《现代汉语八百词》所说的"曾经"表示所说的行为动作或情况发生的"时间一般不是最近"，"已经"表示所说的事情完成的"时间一般在不久以前"。

再说第二点。前半句说"'曾经'所表示的动作或情况现在已结束"，这是符合实际的；后半句说"'已经'所表示的动作或情况可能还在继续"，这个说法怎么样？也请看实例：

（7）我们已经走了两个小时了。

　　　　［可以认为"走"的动作"还在继续"］

（8）我已经等了你三个小时了。

　　["等"这个行为动作"已结束"还是还在继续？句子本身不确定]

（9）我已经等你三个小时了，你怎么还不来啊！

　　[打电话，"等"这个行为动作还在继续]

（10）我已经等你三个小时了，你怎么现在才来啊！

　　[当面说，"等"这个行为动作已经结束]

（11）那本书，我上个月已经烧了。

　　[不可能认为现在还在烧]

（12）你要的计算机我已经给你买来了。

　　[不可能认为现在还在买]

显然，说"'已经'所表示的动作或情况可能还在继续"，并没有真正将"已经"与"曾经"的区别说清楚。那么"曾经"和"已经"用于说过去的事情的时候，它们在表达上的差别主要在哪里呢？经过深入思考和比较分析，终于弄清楚了。请先看一些实例：

（13）a. 我曾经在这里住过三年。

　　　[现在不住这里了]

　　　b. 我已经在这里住了三年。

　　　[现在还住在这里]

（14）a. 她三年前曾经是个很红的演员。

　　　[现在不再是很红的演员]

　　　b. 她三年前已经是个很红的演员。

　　　[现在还是很红的演员]

（15）a. 我曾经戒过烟。

　　　[现在又抽烟了]

　　　b. 我已经戒烟了。

　　　[现在不抽烟了]

（16）a. 他的胃上个月曾经作过检查，说没问题。

　　　[说话人认为，说他的胃没有问题，那是过去的事，现在

不一定是这样，也就是说，在说话人看来，检查的事已经过去，而且检查的结论今天也不一定有效］

b. 他的胃上个月已经作过检查，说没问题。

［检查的事虽然已经过去，但说话人认为过去的检查结论至今有效，他的胃现在不会有问题，也不用再检查］

（17）a. 大门口曾经种过两棵枣树。

［种树的事已成为过去，而且现在那枣树也已没有了］

b. 大门口已经种了两棵枣树。

［种树的事虽然已经过去，但是枣树还在，而且现在也不必再种枣树，甚至不必再种树］

通过上面的对比、分析，我们可以清楚地看到，用"曾经"意在强调"过去一度如此，现在不如此了"，或者说"那是以前的事了，现在又当别论"。而用"已经"则意在强调"所说的事情或情况虽在某个特定的时间之前（包括说话之前和某个特定的行为动作之前）就成为事实，但其效应与影响一直作用于那个特定时间之后"。显然，用"已经"含有延续性和有效性；而用"曾经"，所说的事情或情况是以往的一种经历，含有非延续性和非有效性。这是"曾经"和"已经"用于说过去的事情时的真正差异。

通过上面的比较，"曾经"和"已经"的异同是不是都说清楚了？语言事实表明，它们还有区别。请看：

（18）他已经牺牲了。　　　　　［* 他曾经牺牲了。］

（19）那一年他已经出生了。　　［* 那一年他曾经出生了。］

例（18）、例（19）都是说过去的事，但却只能用"已经"，不能换用"曾经"。这又是为什么？这关涉到所说事件的性质——"曾经"不能用于说明一次性的事件，"已经"则没有这个限制。"某某人牺牲/去世了"、"某某人出生了"，这都是一次性的事件，是不可重复再现的。这是具体用法的不同。下面的例子更说明了这一点：

（20）a. 那块玻璃已经打碎了。

　　　　b. * 那块玻璃曾经打碎过。

（21）a. 那个窗户的玻璃已经打碎了。

　　　　b. 那个窗户的玻璃曾经打碎过。

例（20）和例（21）所用动词性词语一样，都是"打碎"，但例（21）a句和b句都能说；可是例（20）a句能说，b句就不能说。为什么？请读者自己思考思考。

　　"已经"和"曾经"在具体用法上还会有其他方面的差异，这里就不细说了。[5]

　　[实例二] 范围副词"只"、"都"、"净"

　　现代汉语中，副词"只"是表示限制的范围副词，副词"都"是表示总括的范围副词，它们在意义和用法上不同，这是大家都知道的。可是，现代汉语中另有个副词"净"，它是属于"只"类，还是属于"都"类呢？

　　在汉语语法学界，有人认为，"净"有时相当于"只"，有时相当于"都"。[6]举的例子是：

　　（1）净顾着说话，忘了时间了。

　　（2）书架上净是科技书刊。| 这一带净是稻田。

例（1）的"净"换成"只"，基本意思不变。请看：

　　（1）净顾着说话，忘了时间了。

　　　　　　　　↓

　　（1′）只顾着说话，忘了时间了。

例（2）的"净"换成"都"，基本意思不变。请看：

　　（2）书架上净是科技书刊。| 这一带净是稻田。

　　　　　　　　↓

　　（2′）书架上都是科技书刊。| 这一带都是稻田。

一般将例（1）、例（2）里的"净"归入范围副词。

　　副词"净"真的既能相当于"只"，又能相当于"都"吗？这也还需要通过细心的比较，才能较好地回答这个问题。

现在我们不妨先来分析比较一下下面四句话中用"只"、用"都"、用"净"的情况：

	只	净	都
（3）__ 学生就有一万人。	+	−	−
（4）我们 __ 不进去。	−	−	+
（5）他们 __ 吃馒头。	+	+	+
（6）他们 __ 吃了三个馒头。	+	−	+

例（3）是要限制"需要计算数量的事物（学生）"的范围，所以只能用表示限制的范围副词"只"，不能用表示总括的"都"，也不能用"净"；可见"净"并不等于表示限制的"只"。例（4）是要表示总括义，总括"我们"，只能用"都"，不能用"只"，也不能用"净"；可见"净"也不等于表示总括的"都"。例（5）既能用"只"，又能用"都"，也能用"净"，但句子所表达的意思是各不相同的——用"只"，表示限制，限制所吃东西的范围，只是馒头；用"都"，表示总括，总括动作行为的主体"他们"；用"净"，则表示所吃东西只属馒头这一类，强调单一性。从例（3）、例（4）、例（5）中，我们就可以清楚地看出，"净"不同于"只"，也不同于"都"，"净"自身就表示"强调单一性"。"净"的这一语法意义，在例（6）中表现得更清楚——例（6）"馒头"前有数量词"三个"，那么"三个馒头"就不可能再表示事物的类别了，而"净"是强调事物类别具有单一性，即强调所指事物属于同一类，所以例（6）不能用"净"。例（6）可以用"都"，情况跟例（5）一样，用来总括动作行为的主体"他们"，这无须赘述。例（6）也可以用表示限制的"只"，它既可以用来限制动作行为的对象的范围，如在下面的句子里：

（7）小刘、小李没吃什么，他们只吃了三个馒头。

也可以用来限制事物的数量，如在下面的句子里：

（8）他们只吃了三个馒头，看来这馒头不对他们的胃口。

通过比较与分析，我们可以清楚地了解到，副词"净"既不同于表

示限制的范围副词"只",也不同于表示总括的范围副词"都",它自身
具有特殊的意义。"净"作为范围副词表示单纯而没有别的,强调单一
性,即所指属于同一类。

上面这两组词的比较分析,也可以让我们体会到,同义或近义的词
语意义和用法上的区别,只有通过比较才能确切把握。

[实例三] 时间副词"就"和"才"

副词"就"和"才"的意义和用法都比较复杂,这里仅比较表示时
间的副词"就"和"才",也就是"他今天就走"、"他今天才走"里的
"就"和"才"。

时间副词"就"和"才",到底各自表示什么样的语法意义?它们
在表示时间上的区别是什么呢?先前有人以为,"就"表示将来,"才"
表示过去。这对不对呢?如果我们把它们放在一起并运用大量实例进行
对比分析与思考,就会发现,它们的区别并不在这里。

首先,语言事实告诉我们,时间副词"就"和"才"都是不定时的
时间副词,"就"也能用于过去,"才"也能用于将来。例如:

(1)a. 他前天就走了。

　　b. 他前天才走。[用于过去]

(2)a. 他明天就走。

　　b. 他明天才走。[用于将来]

(3)a. 他现在就走。

　　b. 他现在才走。[用于现在]

例(1)—例(3)a、b两句所用实词相同,词序也相同,就是虚词不同,a
句用"就",b句用"才",两句意思因此也就不同:例(1)—例(3)的a句
用"就",都表示在说话人看来,"他"走得早,或者说"他"走得快,
而不管是前天走、明天走,还是现在走;而b句用"才",都表示在说话
人看来,"他"走得晚,或者说"他"走得慢,而不管是前天走、明天
走,还是现在走。从上面的例句中,我们不难看出,"就"和"才"在表
示时间早晚、快慢上形成对立,二者的根本区别在于:

　　"就"表示在说话人看来，行为动作或情况发生、进行、完成得早或快。

　　"才"表示在说话人看来，行为动作或情况发生、进行、完成得晚或慢。

这个结论怎么样？需要用实例来进一步检验。请比较下面的例（4）—例（7）：

　　（4）a. 三两分钟就能修好。

　　　　　b. *三两分钟才能修好。

　　（5）a. *好半天就能修好。

　　　　　b. 好半天才能修好。

　　（6）a. 一会儿工夫就能修好。

　　　　　b. *一会儿工夫才能修好。

　　（7）a. 三小时就能修好。

　　　　　b. 三小时才能修好。

在这四个例句中，副词"就"、"才"之前都有表示时段的词语，由于表示时段的词语的意思不同，用"就"用"才"的情况也就不同。例（4）里的"三两分钟"在汉语口语里是一种表示时间很短的习惯说法，所以例（4）用表示动作行为完成得早或快的"就"的 a 句能成立，而用表示动作行为完成得晚或慢的"才"的 b 句不成立。例（5）里的"好半天"在汉语口语里是一种表示时间长的习惯说法，所以例（5）用表示动作行为完成得晚或慢的"才"的 b 句能成立，而用表示动作行为完成得早或快的"就"的a 句不能成立。例（6）里的"一会儿"本身也表示不长的时间，一般认为表示时间短，所以例（6）使用表示动作行为完成得早或快的"就"的 a 句 能成立，而使用表示动作行为完成得晚或慢的"才"的 b 句就不成立。例（7）里的"三小时"本身无所谓长短，所以句子既可以用"就"，也可以用"才"，但是用"就"用"才"的意思却不同：用"就"表示，在说话人看来，用三小时修好，是完成得早，修得快，所用时间短；用"才"表示，在说话人看来，用三小时修好，是完成得晚，修得慢，所用时间长。[7]

　　[实例四] 连词"以至"和"以致"

　　"以至"和"以致"读音相同，字形相近，是一组形似实异的连词，外国学生常常用混，特别是常常误把"以至"当"以致"用。例如：

　　（1）* 他多次考试作弊，以至被学校劝退了。

　　（2）* 我昨天晚上啤酒喝得太多了，以至吐了。

　　（3）* 昨天晚上很冷，房间里没有暖气，以至我被冻醒了。

这些句子里的"以至"都用错了，都应该换用"以致"。为什么会用错呢？怎样辨别清楚"以致"和"以至"的不同呢？也要进行比较。先看一个例子：

　　（4）在一片赞扬声中，他变得飘飘然起来，＿＿＿＿看不到自己工作中的缺点。

这里该用"以致"还是"以至"？表面看，在横线上既可以填写"以致"，也可以填写"以至"，前者如例（5），后者如例（6）。请看：

　　（5）在一片赞扬声中，他变得飘飘然起来，以致看不到自己工作中的缺点。

　　（6）在一片赞扬声中，他变得飘飘然起来，以至看不到自己工作中的缺点。

要注意的是，二者的意思是不一样的。通过细细比较我们会发现二者意思的不同之处——

　　例（5）用"以致"，前后表示因果关系，强调由于上文所述的原因而造成了某种结果，意思是"他在一片赞扬声中由于变得飘飘然起来，因此连自己工作中的缺点也看不到了"。这里的"以致"可换成表示因果关系的连词"因此/因而"或"从而"。请看：

　　（5'）在一片赞扬声中，他变得飘飘然起来，因此 / 因而 / 从而看不到自己工作中的缺点。

下面用"以致"的例子都清楚地显示了这一意义：

　　（7）对于非本质和非主流方面的问题，不能忽视，而且要认真对待，很好解决，但是，也不能将这些方面的问题看成本质和主流，<u>以致</u>迷惑了自己的方向。

（8）由于他不听从劝告，<u>以致</u>上了别人的当。

例（7）、例（8）里的"以致"可以或换用"因而/因此"，或换用"从而"，基本意思不变。请看：

（7′）对于非本质和非主流方面的问题，不能忽视，而且要认真对待，很好解决，但是，也不能将这些方面的问题看成本质和主流，<u>因而/因此/从而</u>迷惑了自己的方向。

（8′）由于他不听从劝告，<u>因而</u>上了别人的当。

而例（6）用"以至"，前后表示的却是递进关系，强调程度的加深，意思是"在一片赞扬声中，他变得不仅飘飘然起来，而且发展到了看不到自己工作中缺点的程度"。这里的"以至"可换成"甚至"。请看：

（6′）在一片赞扬声中，他变得飘飘然起来，<u>甚至</u>看不到自己工作中的缺点。

下面用"以至"的例子清楚地显示了这一意义：

（9）……，狭小阴湿的店面和破旧的招牌都依旧；但从掌柜<u>以至</u>堂倌却已没有一个熟人，我在这一石居中也完全成了生客。（鲁迅《在酒楼上》）

（10）搞城市建设不能只看眼前，要考虑到明年、后年<u>以至</u>十年、二十年。

（11）实践、认识、再实践、再认识，这种形式，循环往复<u>以至</u>无穷，而实践和认识之每一循环的内容，都比较地进到了高一级的程度。

例（9）—例（11）里的"以至"都可以换用"甚至"，基本意思不变。请看：

（9′）……，狭小阴湿的店面和破旧的招牌都依旧；但从掌柜<u>甚至</u>堂倌却已没有一个熟人，我在这一石居中也完全成了生客。

（10′）搞城市建设不能只看眼前，要考虑到明年、后年<u>甚至</u>十年、二十年。

（11′）实践、认识、再实践、再认识，这种形式，循环往复<u>甚至</u>无穷，而实践和认识之每一循环的内容，都比较地进到了高一级的程度。

通过比较，我们可以清楚地了解到——"以致"表示"致使"、"弄得"的意思，用在因果复句的主句开头，表示下文所说的是上文所述原因造成的结果。这种结果大多是不好的，或是说话人所不希望的。而"以至"的意思则相当于"直到"、"甚至"，表示由小到大、由少到多、由低到高、由浅到深的递进关系（也可用于相反的方向）。连接的成分如果不止两项，"以至"一般用在最后一项之前。

[实例五] 时间副词"常常"和"往往"

有的工具书，用"常常"注释"往往"。[8]有的汉语教材就照此办理，将"往往"注释为"常常"。这对母语为汉语的中国人来说，不会因为这个注释而误用"往往"，因为他们对汉语有丰富的语感。外国学生则对汉语没有丰富的语感，甚至可以说没有语感，他们按此注释来理解"往往"，结果说出了这样的偏误句：[9]

（1）＊我听说她往往说谎。

（2）＊他呀，往往去香港玩儿。

这两个偏误句告诉我们，"往往"与"常常"并不等同。那么，差异在哪儿呢？这需要我们多考察语言事实，好好思考，进行深入的比较分析。在搜集一些语料后，我们很快会发现，有时"常常"可以跟"往往"互换。例如：

（3）a. 北方冬季常常会有一些人不注意煤气而不幸身亡。

　　　b. 北方冬季往往会有一些人不注意煤气而不幸身亡。

（4）a. 星期天他常常去姥姥家玩儿。

　　　b. 星期天他往往去姥姥家玩儿。

（5）a. 每当跳高运动员越过横杆时，观看的人常常会下意识地抬一下腿。

　　　b. 每当跳高运动员越过横杆时，观看的人往往会下意识地抬一下腿。

可是，有时不能互换。请看：

（6）a. 他呀，常常开夜车。

　　b. *他呀，往往开夜车。

（7）a. 听说他常常赌博。

　　b. *听说他往往赌博。

（8）a. 这种水果我们那儿很多，我们常常吃。

　　b. *这种水果我们那儿很多，我们往往吃。

为什么有的句子里的"常常"可以换说成"往往"，有的却不能呢？对比例（3）—例（5）与例（6）—例（8），我们似乎很容易找到答案，得出如下结论：

"常常"和"往往"意思差不多，都表示某种事情或行为动作经常出现或发生；可是用"往往"，前面一定得先说出某种前提条件，说明在某种条件下，某种事情或行为动作经常出现或发生，"常常"则没有这个限制。

例（3）—例（5）之所以能用"往往"替换，是因为交代了条件；而例（6）—例（8）之所以不能用"往往"替换，是因为这些句子都没有交代条件。

上面这个看法怎么样？是不是就把"常常"和"往往"的异同说清楚了呢？我们需回到语料中去检验。结果发现上述结论还不能说明下面的语言现象：

（9）每到星期六晚上，我常常／往往去姥姥家玩儿。

（10）去年周末我们常常／往往去钓鱼。

（11）以后周末，你要是没事儿，常常去看看姥姥。

　　　（*以后周末，你要是没事儿，往往去看看姥姥。）

（12）明年回上海，你得常常去看看她。

　　　（*明年回上海，你得往往去看看她。）

例（9）—例（12）在"常常/往往"前都说出了前提条件，可是例（9）、例（10）可以换用"往往"，而例（11）、例（12）却不能换用"往往"。这又是为什么呢？认真比较、思考一下不难发现，例（9）、例（10）说的是过去的事，例（11）、例（12）说的是未来的事。这说明我们原先的看法需要加以修改，得修改为：

> 在交代前提条件的情况下，"往往"只用来说过去的事，即过去在某种条件下某种事情或行为动作经常出现或发生。"常常"则不受这个限制。

上面新得出的结论怎么样呢？请再看下面的实例：

（13）去年冬天我常常去滑雪。

> （＊去年冬天我往往去滑雪。）

（14）上个星期我常常接到匿名电话。

> （＊上个星期我往往接到匿名电话。）

例（13）、例（14）说的是过去的事，也交代了条件，但还是不能用"往往"。这又是为什么呢？可是，如果我们在这两个句子里加上某些词语，就可以说了。请看：

（15）去年冬天每到周末我往往去滑雪。

（16）上个星期晚上9点我往往接到匿名电话。

只要将例（13）、例（14）跟例（15）、例（16）对比一下，我们就不难明了，前面所作的结论还不能准确揭示"往往"与"常常"的差异。"往往"与"常常"的差异似应重新描写、说明如下：

> "往往"只用来说明根据以往的经验所总结出的带规律性的情况（多用于过去或经常性的事情），"常常"不受此限。

例（13）、例（14）之所以不能用"往往"，就在于句子所说的情况不属于"带有规律性"的情况。

以上所述基本上是2004年以前的看法。[10]当时觉得上面这个新的结论比较周全了。可是后来又遇到了下面这样的语言事实：

（17）高房子往往比较凉快。

（18）胖的人往往浮力大。

（19）南方往往比较潮湿，北方往往比较干燥。

例（17）—例（19）的情况倒过来了，这些句子里的"往往"不能换用"常常"，即不能说成：

（17′）＊高房子常常比较凉快。

（18′）＊胖的人常常浮力大。

（19′）＊南方常常比较潮湿，北方常常比较干燥。

这说明原先的结论还需要进一步修改。"往往"与"常常"的异同似宜修改为：[11]

> 某情况如果只具有经常性，不具有规律性，只能用"常常"，不能用"往往"；如果既具有经常性，又具有规律性，"常常"和"往往"都可以用；而如果只具有规律性，不具有经常性，则只能用"往往"，不能用"常常"。

从对"往往"与"常常"的对比分析中，我们可以看到，语法现象的比较分析一定要步步深入，其前提是要勤于思考，即每当获得一个新的看法后，一定要反复地问自己："这样行不行?"也就是要反复验证。

除了上面所说的以外，在当今社会汉语教师还要具有查阅文献资料的能力，包括在互联网上搜索所需资料的能力。语言文字方面的知识也好，文化知识也好，一般不可能都记在脑子里，而网上一般都能搜索、查找到，所以必须具备搜索、查找资料的能力。

注释

1　参看马真：勤奋、求实——求学、治学之本，载日本《中国文化论丛》1998年第7号。

2　参看马真：勤于思考——研究者的基本素质，见云贵彬主编《语言学名家讲座》，中国传媒大学出版社，2006年。

3　见吕冀平《汉语语法基础》，黑龙江人民出版社，1983年。

4　关于定时时间副词和不定时时间副词，参看陆俭明、马真：关于时间副词，见《现代汉语虚词散论》，北京大学出版社，1985年初版；语文出版社，1999年修订版。

5　"曾经"和"已经"在具体用法上的主要差异是：第一，跟助词"了"、"过"以及跟语气词"了"的共现情况有差异。第二，修饰否定形式的情况有差异。第三，相应的否定形式有差异。第四，跟其他词语的搭配上有差异。第五，它们所修饰的词语的范围有差异。具体请参看马真："已经"和"曾经"的语法意义，载《语言科学》2003年第1期；又见马真：《现代汉语虚词研究方法论》（修订本）第肆部分二，商务印书馆，2016年。

6　"净"还有时间副词的用法，意思相当于副词"老"。例如："他净爱跟人开玩笑。"意思是"他老爱跟人开玩笑"。这里只谈一般所谓的范围副词"净"。

7　何瑾在《当代修辞学》（2014年第3期）发表的《"就/才"进程——评价构式的认知修辞分析》一文中认为，时间副词"就"和"才"的语法意义分别是："就"，进度提前；"才"，进度延迟。请大家想想，这样的看法合适吗？这对汉语教学有参考价值吗？

8　见《新华字典》：[往往] 副词，常常：这些小事情往往被人忽略。

9　例（1）—例（16）均转引自马真：在对外汉语虚词教学中要重视比较的方法，见赵金铭主编《汉语口语与书面语教学——2002年国际汉语教学学术研讨会论文集》，北京大学出版社，2004年。

10　参看马真：在对外汉语虚词教学中要重视比较的方法，见赵金铭主编《汉语口语与书面语教学——2002年国际汉语教学学术研讨会论文集》，北京大学出版社，2004年。

11　参看马真：《现代汉语虚词研究方法论》（修订本）第叁部分"比较是把握虚词意义的最基本的方法"第六小节，商务印书馆，2016年。

第四节　怎么培养自己发现问题和分析问题、解决问题的能力？

怎样才能使自己具备发现问题的能力呢？该从哪儿去培养自己发现问题的能力呢？发现问题以后该怎么办呢？

发现问题的能力可以从两方面去培养：

一个方面是注意从书本上去发现问题，这里说的"书本"包括专著和论文。许多研究课题，特别是人文社会学科方面的研究课题，大多是从书本上发现问题而逐步思考形成的。

另一个方面是注意从实际生活中去发现问题。牛顿发现万有引力，瓦特发明蒸汽机，就都是从实际生活中发现的问题——牛顿思考苹果从树上掉下来为什么只能是往下掉，而不会往上飞；瓦特思考开水壶盖怎么会被顶起来。我们从事的是汉语教学，那么所谓"从实际生活中去发现问题"，也就是从实际的语言生活或者说语言实践中，特别是从汉语教学实践中去发现问题。这里所说的语言生活或者说语言实践，既包括人们正常的言语交际，也包括学生，特别是外国学习者在说话、写作中出现的偏误现象。

发现问题之后，就得认真地去分析问题、解决问题。下面不妨结合我们自己的研究经历和体会来具体说说怎么从书本上、从实际生活或者说语言实践中发现问题，发现问题后又怎么去分析问题、解决问题。

一、从书本上发现问题进而分析、解决问题

先说说从书本上去发现问题。所谓从书本上去发现问题，就是要善于在阅读前人或时贤论著的过程中去发现问题。要做到这一点，重要的有两条：一是自己在学习过程中要勤于思考，要自觉地联系实际，不断思索"为什么"、"怎么样"、"行不行"、"这样合适吗"、"是否可以有另外的考虑"等问题。二是不要盲从，不要迷信，特别是不要以为书上讲的都是无可挑剔的，都是对的。勤于思考和不盲从，这是一张纸的正反

两面。勤于思考的人，就不容易犯盲从的毛病；不盲从的人，一定是勤于思考的人。我们知道，在做学问上，不虚心听取前人的意见，不很好地继承前人的研究成果，甚至像个别人那样把前人的研究成果说得一无是处，一笔抹杀，这等于是踩着前人的脸往上爬，当然是不可取的；但是，如果我们对前人的研究成果，或者对一些专家学者的理论观点一味地盲从，甚至到了迷信的地步，认为不能说一个"不"字，这也是不对的。要知道，客观事物是极其复杂的，而且在不断地发展变化，人类对客观世界的认识是没有止境的。一个人学问再大，他的研究也不可避免地要受到种种限制——要受到当时整体研究水平的限制，要受到研究者本人研究目的的限制，要受到研究条件等多方面因素的限制，所以他不可能对自己所研究的对象有完全彻底的认识，也不可能解决研究领域内的所有问题，再说有时也还可能会出现某些疏漏。所以，如果要使我们在继承前人研究成果的基础上有所前进、有所创造，那么对前人的研究成果，我们就要采取这样的态度——既要虚心地、认真地学习、吸取，又要注意发现它们的不足、疏漏乃至问题，还要注意研究对象出现的新情况、新变化。有了这种态度，再加上联系实际、勤于思考，你就能发现问题。这样，你也就在科学研究的道路上迈出了可喜的第一步。

回想起来，我们走上语法研究的道路，就是从在阅读前人论著过程中发现问题开始的；然后在发现问题之后就进行认真的分析研究，力求较好地解决问题，获取新的研究成果。

先看陆俭明的自述——

我的处女作是《现代汉语中一个新的语助词"看"》，发表在《中国语文》1959年10月号。这篇文章就是从书本上发现问题而研究写成的。当时我还是学生，看到一部《现代汉语》教材，在谈到连动结构时，举了"你试试看"这一例子。很显然，编写者是把"试试看"里的"看"当作动词看待了。我就有点儿怀疑："试试看"里的"看"还能是动词吗？那"看"还表示行为动作吗？再有，当时一位知名的语言学家林汉达先生在《动词的连写问题》一文中，将"看看看"视为动词"看"的"双重叠形式"，举的例子是"让我看看看"。[1]当时我就想，"看看看"是动词双重叠形式吗？为什么只有动词"看"有这种双重叠形式，而别的任何单音节动词都没有呢？我当时觉得"看看看"跟"试试看"、"听听看"、"尝尝看"等是同一类格式。这就是发现问题。

发现问题之后，我就先做了两个工作——一是查阅文献资料，看前人有没有谈过这个问题，结果发现只有个别学者注意到了这一现象，但缺乏具体说明。[2]二是去搜集现代汉语里的语料。当时是一本小说一本小说地查阅，一张卡片一张卡片地抄。此外进行内省和咨询他人。结果发现：

（一）这个"看"总是出现在一句话的末尾，换句话说它后面一定有停顿。

（二）在语音上，"看"读轻声，不再念去声。

（三）在意义上，"看"已不再表示用视觉器官感知客观事物的意思，也不表示"观察、判断、认为、觉得、访问"或"对待"等义，而是表示"试探语气"或者说"尝试语气"。

（四）"看"所附着的词语主要是动词重叠式（包括重叠式后带宾语的格式和"V一V"这种形式），还有一种情况是动词后带有数词为"一"、"两"等表示不定量的数量成分，如"你也吃一个看"、"我也唱两段看"等。

接着，我又去考察了"看"的历史发展，发现"试试看"里的"看"确实是从实义动词"看"虚化来的。由此进行分析研究，最后才写成了《现代汉语中一个新的语助词"看"》这篇习作。[3]

再有，我2011年发表的《对"鸡不吃了"歧义现象再解释》也是从书本上发现问题而研究写成的。"鸡不吃了"，这是现代汉语语法研究、教学中常常提到的四个经典例子中的一个[4]。对"鸡不吃了"的歧义现象，以往的解释是："由移位、省略所致"。请看：

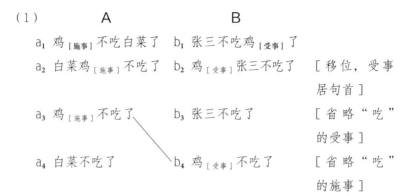

例 a₃"鸡[施事]不吃了"和例 b₄"鸡[受事]不吃了"表面形式相同，但"鸡"所担任的语义角色不同——在例 a₃中，"鸡"是"吃"所表示的行为动作的施事，即动作者；在例 b₄中，"鸡"则是"吃"所表示的行为动作的受事，即行为动作的对象。所以例 a₃和例 b₄意思不同。王士元教授[5]是国际语言学界知名的华人语言学大家。2006年他应邀在清华大学文学院作系列演讲，部分演讲内容在《清华大学学报》（哲学社会科学版）上发表。其中有一篇发表在2006年第6期上，题目是"语言是一个复杂适应系统"。在这篇文章里，王士元先生对"鸡不吃了"的歧义现象，在前人解释的基础上进一步作了新的解释——从词汇角度，具体说从"词的词义延伸"的角度来进一步加以解释：

　　"鸡"既能用来代表一种家禽，也能代表家禽的肉。同样的，也可以说"鱼不吃了"有歧义，因为"鱼"可以指一种动物，也可以指这种动物的肉。但是，如果说"牛不吃了"或者"马不吃了"，就没有这样的歧义了，因为"牛"和"马"只能指动物，而不能指这些动物的肉。

　　王士元先生这一看法，有可取之处，也存在考虑不周之处。可取之处是，他注意到了表示动物的词在意义上可以分为两种情况——一种情况是既能代表某种动物，也能代表那种动物的肉；另一种情况是只能代表某种动物，不能代表那种动物的肉。王士元先生这个看法，无疑是对汉语词义研究的一种贡献。目前一般辞书上，还未见有对"鸡"、

"鱼"、"虾"这类词注出上述两项意义的。但是，王士元先生以此来解释"鸡不吃了"的歧义，就显得欠考虑了。我们可以按照义项将"鸡"分化为"鸡$_1$"和"鸡$_2$"——"鸡$_1$"代表鸡这种家禽，"鸡$_2$"代表鸡这种家禽的肉。语言事实告诉我们，代表家禽的"鸡$_1$"所形成的"鸡$_1$不吃了"，照样还可能产生歧义。设想某动物园里，给狮子、老虎这些肉食动物每天只是喂鸡，结果狮子、老虎吃得有点儿倒胃口了，看到鸡，如果是死鸡，只是闻闻，咬一两口就不吃了；看到活鸡，只是戏弄，也不怎么吃了。饲养员向领导汇报说："狮子、老虎现在鸡不吃了，怎么办？""鸡不吃了，你们不会给它们喂兔子什么的？"在这段对话里，"鸡不吃了"里的"鸡"，在理解上一般是指家禽，即"鸡$_1$"。这说明，"鸡"作为家禽理解时，也可能形成受事主语句"鸡$_{1[受事]}$不吃了"。至于"牛不吃了"、"马不吃了"、"羊不吃了"在某种语境下也可能会有歧义——一指"牛/马/羊不吃什么东西了"，一指"老虎/狮子不吃牛/马/羊了"。事实上，语言事实告诉我们，即使是指人的名词，出现在这种格式里都还可能会有歧义。例如：

（2）黄子松不请了。

例（2）里的"黄子松"，就既可以理解为"请"的受事（如："这次我们还请黄子松吗？""黄子松不请了。"），也可以理解为"请"的施事（如："黄子松还请王天明吗？""黄子松不请了。"）。其实，"鸡不吃了"这一句式是否有歧义，从根本上说，取决于按"NP不V了"（NP代表名词性词语，V代表动词）这种句式所造成的句子里，NP与V之间是否既可以理解为"施事-动作"语义关系，又可以理解为"受事-动作"语义关系。所以，按"NP不V了"造出的句子，其NP与V之间如果可以作两种语义关系理解，这样的句子就可能会有歧义。当然，在实际上下文里是否呈现出歧义，还得看上下文语境。我们说王士元先生"考虑不周"，就是指他没有注意到这一点。

再看马真的自述——

　　我所写的第一篇研究现代汉语虚词的论文，是发表在1982年《中国语文》第4期上的《说"也"》。是什么引发我去研究副词"也"的呢？当时一些谈论现代汉语虚词的著作或工具书，例如景士俊撰写的《现代汉语虚词》，《现代汉语词典》、《新华词典》和其他一些虚词词典，在说到副词"也"表示的意义和用法时，列了好多种。按这些虚词研究专著和辞书的不同说法，归纳起来，副词"也"竟可以表示将近十种语法意义——除了"表示同样或相同"外，还有什么"表示并列关系"呀，"表示递进关系"呀，"表示条件关系"呀，"表示转折关系"呀，"表示假设关系"呀，等等。"也"真的能表示那么多语法意义吗？"也"出现在并列复句、递进复句、条件复句、转折复句或假设复句等复句中真的就分别表示并列关系、递进关系、条件关系、转折关系或假设关系等语法意义吗？我就有点儿怀疑。这就是发现问题。发现了问题以后，第一步我就去搜集语料，在搜集大量语料的基础上，再一步步去分析、解决问题。我首先试着分析了并列复句中的"也"。先具体对比了下面两个复句：

　　（1）他吃了一个面包，我吃了一个面包。

　　（2）他吃了一个面包，我也吃了一个面包。

例（1）没用"也"，例（2）用了"也"。用"也"的例（2），就是大家认为由"也"表示并列关系的并列复句。没有用"也"的例（1）呢？大家也都认为是并列复句，没有任何异议。可见，不管句子用没用"也"，语法学界普遍认为这两个复句都是并列复句，因为不管是例（1）还是例（2），都是把"他吃了一个面包"和"我吃了一个面包"这两件事并列起来说的。这说明，一个复句是不是并列复句，不取决于是不是用了副词"也"。那么这里的"也"到底起什么作用呢？是不是可以认为这里的"也"是起增强并列关系的作用呢？我又细细比较、分析例（1）和例（2），结果发现，这两句话虽然都是把"他吃了一个面包"和"我吃了一个面包"这两件事并列起来说，但是有区别：例（2）用"也"，强调后者（我吃了一个面包）与前者（他吃了一个面包）类同；而例（1）没用

"也"，就不含有"强调类同"的意味。这就是说，从例（1）、例（2）的比较中，可以看出"也"的基本作用是强调类同，而不是强调并列。有了这个认识，我又进一步考察、对比了许多有"也"、没有"也"的并列复句，发现：如果并列复句的两个分句所说的两件事或两种情况，毫无类同之处，那就根本不能用"也"。例如：

（3）他是英国人，我是中国人。

　　（＊他是英国人，我也是中国人。）

（4）对局长的意见，老张持肯定态度，老王持否定态度。

　　（＊对局长的意见，老张持肯定态度，老王也持否定态度。）

如果所说的两件事或两种情况有类同之处，可以用"也"，但也不一定非要用"也"；用与不用取决于是否需要强调二者的类同关系。请看例（5）、例（6）：

（5）"你们考了多少分？"

　　"他只考了六十分，我只考了六十三分。"

（6）"你们考得好吗？"

　　"他只考了六十分，我也只考了六十三分。"

例（5）、例（6）里的答话，所说的两种情况是一样的，都是"他只考了六十分"和"我只考了六十三分"，但是因为例（5）是问"考了多少分"，这个语境决定了答话无须强调二者的类同性，只要如实分别说出两个人的成绩就可以了，所以没有用"也"；而例（6）是问"考得好吗"，这个语境决定了答话需要强调二者类同——成绩都不怎么样。显然，"也"在例（6）的作用就是强调二者的类同性，具体说，答话人要强调"我们俩都考得不太好"这层意思。

　　可见，并列关系复句用不用"也"，关键在于有无类同关系，需要不需要强调类同性，而并不是要"表示并列关系"，或用来"增强并列关系"。

　　我又剖析了递进关系复句里所用的"也"的实际作用。请看例句（引自景士俊《现代汉语虚词》）：

（7）世界语不仅我不会，他也不懂。

例（7）是大家公认的递进复句，但是句子中的递进关系是不是由"也"表示的呢？不是。何以见得？如果我们把"不仅"去掉，"也"还留着，说成：

（7′）世界语我不会，他也不懂。

句子马上就变成一个并列复句，不再是表示递进关系的复句了。可见，递进关系跟"不仅"有着直接的关系，跟"也"没有直接的关系。其实，准确地说，递进关系这一层意思是由"不仅……（而且）也/还……"这个格式表示出来的。"也"在这里仍表示类同，强调"他"和"我"在"不懂"或者说"不会"世界语这一点上是类同的。

考察、分析了并列复句、递进复句里的"也"之后，我又逐类考察、对比、分析了其他几类用"也"和不用"也"的复句，情况都类似，句中"也"的实际作用都毫无例外地只表示类同。其实，用"也"的复句里的并列关系、递进关系、条件关系、转折关系、假设关系等，都是由整个复句格式所表示的，而并不是由"也"所表示的。[6]

上面所举的例子是一种情况，那就是书上的说法根本就不合理、不对，我们应该去纠正它。下面讲另外一种情况，就是书上说的不能说不对，但不是很周全，需要修正、补充或完善它。我于2001年在《世界汉语教学》第3期上发表的《表加强否定语气的副词"并"和"又"——兼谈词语使用的语义背景》一文，就是发现辞书上对语气副词"并"和"又"注释得不周全而写的。

"并"和"又"是副词，可以表示多种语法意义，其中之一是表示加强否定语气。例如：

（8）"你喝酒了？""我并没有喝酒。"

（9）"咱们给王老师买瓶酒吧。""王老师又不喝酒。"

一般词典或讲现代汉语虚词的书上都注意到了它们的这个用法。但是一般只是说："并"用在否定词前加强否定语气；"又"用在否定句或反问句里，加强否定语气。[7]这些说法不能说不对，因为第一，语气副词"并"和"又"确实只能用在否定词的前边；第二，语气副词"并"和

"又"确实有加强否定语气的作用。但是这些说法不周全，太简单，太笼统，对外国学生很容易起误导作用。他们会误以为：(a) 作为语气副词，"并"和"又"的用法是一样的；(b) 当需要加强否定语气时，就可以在否定词前边用"并"或"又"。结果就说出或写出了下面这样的偏误句：

（10）* 金永南明天<u>并</u>不回家了。

（11）"玛丽，你就把那新版《汉英词典》借给琳达用用。"

　　　"* 我<u>并</u>不借给她用！"

（12）"彼得租房子的事你也知道了？"

　　　"* 我<u>又</u>不知道哇。"

（13）* 平田，你以后<u>又</u>别收她的钱！

（14）* 这件事要保密，你<u>又</u>不能告诉任何人。

这些句子里的"并"和"又"都用得不合适。如果真要加强否定语气的话，都该改用别的词。例如：

（10′）金永南明天<u>真的 / 确实</u>不回家了。

（11′）"玛丽，你就把那新版《汉英词典》借给琳达用用。"

　　　"我<u>偏 / 就</u>不借给她用！"

（12′）"彼得租房子的事你也知道了？"

　　　"我<u>并</u>不知道哇。"

（13′）平田，你以后<u>千万</u>别收她的钱！

（14′）这件事要保密，你<u>绝对</u>不能告诉任何人。

这说明，第一，不是什么情况下都可以用"并"或"又"来加强否定语气的；第二，"并"和"又"虽然都能起加强否定语气的作用，但二者又有区别。如病例 (12)"* 我又不知道哇"要改为"我并不知道哇"。

　　那么到底在什么情况下可以用语气副词"并"，在什么情况下可以用语气副词"又"呢？同样，我也先搜集大量语料，在此基础上分别对"并"和"又"进行细致的比较分析。

　　先说"并"。请看下面两个用"并"的例子：

（15）她并没有说谎。

（16）我并不知道实情！

要知道，当我们说"她并没有说谎"时，一定是有人说"她说谎了"；同样，当我们说"我并不知道实情"时，一定是有人认为"我""知道实情"。这说明，只有当说话人为强调说明事实真相或实际情况而来否定或反驳某种看法（包括自己原先的想法）时才用这个语气副词"并"。根据上面所说的，我们可以将"并"使用的语义背景概括如下：

当说话人为强调说明事实真相或实际情况而来直接否定或反驳已有的某种看法或想法时才用它来加强否定语气。

"并"的语法意义宜修改为：

加强否定语气，强调说明事实不是对方所说的，或一般人所想的，或自己原先所认为的那样，有时略带反驳意味。

前面我们说例（10）、例（11）里的语气副词"并"使用得不当，就是因为这些句子不存在语气副词"并"使用的语义背景，都不含有"为强调说明事实真相或实际情况而来直接否定或反驳某种看法"的意味。

现在说"又"。关于语气副词"又"，也不妨先看两个例子：

（17）高萍：林智，明天去你家，我给你爹带瓶五粮液，好不好？

　　　林智：我爹又不喝白酒。

（18）小明妈：小明，你回来时买一条大中华香烟！

　　　小　明：我们家又没有人抽烟！

　　　小明妈：你大舅要来，大舅爱抽大中华。

例（17）、例（18）都用了"又"，而且用得都比较贴切。拿例（17）来说，高萍提出要给林智他爹带一瓶五粮液，林智不同意，但他不直接说"不用给我爹带五粮液"，而是采取否定"我爹喝白酒"这一事实来达到否定高萍想法的目的。这里林智就用了"又"来加强否定语气。例（18）小明妈叫小明回来时"买一条大中华香烟"，小明觉得不需要买，但他不直接说"不要买"，而是否定"家里有人抽烟"这一事实，来达到反驳小明妈的目的。这里小明也用了"又"来加强否定语气。从这里，我们可以明显地看出，有时人们要否定某种事情、某种做法、某种说法或某种想法时，不采取直接否定的方式，而是通过强调不存在该事情、该做法、该说法或该想法的前提条件或起因来达到否定的目的。语气副词"又"就只能用在上述语境中，起加强否定语气的作用。

根据上面所说的，我们可以将这个语气副词"又"使用的语义背景概括如下：

语气副词"又"只能在直接否定前提条件或起因的句子里起加强否定语气的作用。

语气副词"又"的语法意义宜修改为：

加强否定语气，强调说明不存在（对方或人们所说的）某种事情、某种做法、某种说法或某种想法的前提条件或起因。

前面我们说，例(12)—例(14)里的"又"都用得不合适，原因就在于这些句子都不是直接否定前提条件的句子，都不具有使用语气副词"又"的语义背景。

在汉语教学中，如果我们既把语气副词"并"和"又"的基本作用——起"加强否定语气"的作用告诉外国学生，又把"并"、"又"出现的语义背景，或者说语境条件，清楚地告诉他们，我们相信，外国学生就不容易把这两个起加强否定语气作用的副词用错了。

以上我们各自结合自己的研究经历给大家谈了谈应如何从书本上去发现问题，发现问题之后又该如何去分析问题和解决问题，希望对大家会有所帮助。

二、从语言生活中发现问题进而分析、解决问题

下面说说从实际生活中，具体说就是从语言生活或者说语言实践中发现问题的心得体会。

还是先看陆俭明的自述——

我1985年发表的《关于"去 + VP"和"VP + 去"句式》一文就是

由外国学生的偏误句引发研究而写成的。请看病例：

（1）"埃德，你刚才干吗去了？"

"* 我打了一会儿排球去。"

（2）"* 你把墙上的钉子拔掉去！"

（3）"玛莎呢？"

"* 玛莎去上图书馆了。"

（4）[?]田中，走，去上课！

例（1）—例（3）违反了语法规则，例（4）违反了语用规则。外国学生在说话、写作中为什么会出现这样的偏误句呢？原来有的汉语老师在课堂上说，"去看电影"也可以说成"看电影去"，"去买水果"也可以说成"买水果去"，意思一样。这样一来，外国学生就以为这两种说法可以随便换着说，于是就出现了例（1）—例（4）这样的偏误句。其实，这两种说法不能随便换着说，不过过去我们没注意这个问题。正是外国学生的偏误句引发我去探究：为什么"去 + VP"和"VP + 去"不能随便换着说？其中有无规律可循？我还是首先搜集大量语料，在此基础上，又从语义、句法、语用三方面说明了"去 + VP"和"VP + 去"的异同。就"（我们）去看电影"和"（我们）看电影去"这两种说法来说，相同点只在"去"和VP（看电影）之间的语义关系是一致的——"去"和VP（看电影）都说明同一施动者（"我们"），"去"都表示施动者位移的运动趋向，VP（看电影）都表示施动者位移后进行的行为动作，"去"和VP（看电影）之间都含有目的关系，即VP（看电影）表示"去"的目的。但从语用角度，即从篇章、语体的角度看，二者不同——"去 + VP"的说法，意在强调施动者"从事什么事情"，因此凡是谈到执行或分配什么任务时，都用"去 + VP"句式，因为执行或分配任务都属于施动者"从事什么事情"的情况。[8]请看：

（5）咱们永远在一块儿，我去挣钱，你去念书。（老舍《茶馆》）

（6）我说，四十岁以上的去舀水，四十岁以下的去挖沟，合适不合适？（老舍《龙须沟》）

（7）假若咱们真办个妇女商店，余志芳可以去卖鱼，玉娥可以去卖青菜。（老舍《女店员》）

（8）玉娥，你要嫌爬山累得慌，咱们俩换换，你押轮船，我去爬山！（老舍《女店员》）

（9）好，我去送，你看家。（老舍《全家福》）

而"VP + 去"的说法，意在强调施动者位移，句子开头往往有"走"这一类字眼儿，或者句中往往含有表示施动者"离开"之义的话语。请看：[9]

（10）走，我们斗争他去。（老舍《龙须沟》）

（11）走，把这些赶紧告诉经理去！（老舍《女店员》）

（12）走吧，喝碗热茶去！（老舍《龙须沟》）

（13）走吧，看看去！（老舍《全家福》）

（14）你们谈吧，我拿饭去！（老舍《女店员》）

（15）您等等，我给您叫车去！（老舍《茶馆》）

（16）屋里烤烤去！（老舍《龙须沟》）

再如，我1985年发表了一篇题为"由指人的名词自相组合造成的偏正结构"的文章。这篇文章的选题就源自一位越南汉语教师的提问。1981年我应邀去北京语言学院（北京语言大学的前身）给越南访华汉语教师代表团作关于现代汉语语法方面的报告。报告结束后，有一位越南老师向我提出了这样一个问题：鲁迅《孔乙己》开头一句"鲁镇的酒店的格局，是和别处不同的"里"鲁镇的酒店的格局"，用层次分析法该怎么切分？是"鲁镇的/酒店的格局"，还是"鲁镇的酒店的/格局"？我听完那位老师的问话，首先意识到的是，这是一个由三个名词组成的、内部含有两重领属关系的偏正结构；而且我立刻在脑子里闪电般地想到了许多类似的例子，诸如"汪萍的哥哥的妻子"、"小梅的同学的背包"等。然后我回答说："鲁镇的酒店的格局"可能这样切分比较合理[10]：

（1）鲁镇的　　酒店的　　格局

$$\underline{\quad\underline{1}\quad(\quad)\quad\underline{2}\quad}\qquad\qquad 1\text{-}2\text{：“定—中”结构}$$

$$\underline{\quad\underline{3}\ (\quad)\quad\underline{4}\quad}\qquad\qquad\qquad 3\text{-}4\text{：“定—中”结构}$$

我对上述切分作了具体说明。越南老师没有进一步追问什么，就这样过去了。可是回来后，我自己就这样思考：如果由多个名词组成偏正结构，而相邻的名词之间都是领属关系，那么这种结构在层次切分上都是左向的，即：

（2）N 的　　N 的　　N 的　　N

$$\underline{\qquad\qquad\underline{1}\qquad(\quad)\quad\underline{2}\quad}\qquad 1\text{-}2\text{：“定—中”结构}$$

$$\underline{\qquad\underline{3}\ (\quad)\quad\underline{4}\quad}\qquad\qquad\qquad 3\text{-}4\text{：“定—中”结构}$$

$$\underline{\quad\underline{5}\ (\quad)\quad\underline{6}\quad}\qquad\qquad\qquad 5\text{-}6\text{：“定—中”结构}$$

1981年8月，我出席了在成都四川大学举行的中国语言学会年会。报到那天晚上，我去朱德熙先生的房间，向朱先生谈了我自己的想法。朱先生听了以后，略微沉思，说"你这个想法有道理"。当时与朱先生同住一个房间的是李荣先生，他是朱先生西南联大时的同窗好友。李荣先生思维敏捷，立即提出反例，冲着朱先生说："德熙，那未必，譬如'父亲的父亲的父亲'这个结构，当然你可以切分为'父亲的父亲的/父亲'，但我也可以切分为'父亲的/父亲的父亲'。按前者切分，是'祖父的父亲'，按后者切分是'父亲的祖父'，而'祖父的父亲'也好，'父亲的祖父'也好，都是指曾祖父，两种切分等值。"朱先生当时也没有提出不同的看法，我当时更不会说什么。会议结束回到北京，我测试了许多例子，都符合我的想法，于是我又去请教朱先生。朱先生说："我也一直在考虑，觉得你原先的想法还是很有道理的，不过李荣先生的意见也得作出回答。这样吧，你去研究研究，但你要缩小范围，先别考虑所有的名词组合。李先生举的例子里的名词是指人的名词'父亲'，你就只研究由指人的名词自相组合成偏正结构的情况。"朱先生这个指点很重要，我就按朱先生的意见去研究分析由指人的名词自相组合造成偏正结构的组合规则。我先确定能用来指人的名词的范围并归纳为"带

姓的姓名、称呼"、"名字（包括小名）"、"能用来指人的论职位的职务
名称"、"能用来指人的不论职位的职务名称"、"表亲属、师友等关系的
称谓"、"人称代词"六组，然后考察这六组指人的名词两两自相组合、
三三自相组合、四四自相组合、五五自相组合的情况与组合规则，结
果发现：从理论上来说，这六组指人的名词可以进行任意数（即n个名
词，n表示任意整数）的自相组合，不过在实际文本中，我们只找到一
个含11个指人名词自相组合造成的偏正结构："俺乃著名京剧艺术大师
梅兰芳之得意门生之亲侄之三姑之六嫂之外甥之大舅之同乡之同事之同
学之邻居是也！"（"之"相当于"的"）。[11]研究结果表明，由指人的名
词自相组合造成偏正结构，其内部有严格的组合规则，甚至我们可以
用"等比数列通项公式"计算出由n个名词自相组合造成的偏正结构能
成立的合法结构的数目。根据其组合规则，"父亲的父亲的父亲"只能
取"父亲的父亲的/父亲"这样的切分。至于"父亲的/父亲的父亲"和
"父亲的父亲的/父亲"这两种切分为什么会等值，那纯粹是偶然的巧
合。这种巧合，即使在严格的数学运算中都可能存在。请看：

（3）a. $1 \times 7+3=7+3=10$　　　　　　［正确运算］

　　　b. $1 \times 7+3=1 \times 10=10$　　　　　［错误运算］

（4）a. $7+3 \times 1=7+3=10$　　　　　　［正确运算］

　　　b. $7+3 \times 1=10 \times 1=10$　　　　　［错误运算］

（5）a. $7+3 \div 1=7+3=10$　　　　　　［正确运算］

　　　b. $7+3 \div 1=10 \div 1=10$　　　　　［错误运算］

巧合的条件是：或被乘数为1，如例（3）；或乘数为1，如例（4）；或除数
为1，如例（5）。而"父亲的父亲的父亲"两种切分为等值的巧合条件是：
指人的名词都是"父亲"，不论前后，"父亲的父亲"意思都是祖父。[12]

　　再看马真的自述——

　　现代汉语里有一个否定副词"别"，这大家都知道。目前所有的辞
书对副词"别"的注释基本与《现代汉语词典》大同小异。《现代汉语

词典》（第6版）的注释是：

　　别 圖❶ 表示禁止或劝阻，跟"不要"的意思相同：～冒冒失失的 | 你～走了，在这儿住两天吧 | ～一个人说了算。❷ 表示揣测，通常跟 "是"字合用（所揣测的事情，往往是自己所不愿意的）：约定的时间都 过了，～是他不来了吧？

那还是在上个世纪80年代，有一天吃早饭，有牛奶、面包、煮鸡蛋什么 的，孩子急着上学，吃得很快，他爸爸就提醒他说：

　　（1）吃慢点，别噎了！

听到这个话，我忽然想：这里面的"别"表示什么意思？显然不会是辞 书上所说的"表示禁止或劝阻"，更不会是"表示揣测"。那表示什么意 思？这也就是发现问题。正巧，过了不多久，我应邀去日本东京外国语 大学亚非语言研究所访问，并与桥本万太郎教授合作研究中国西南官 话。在访问期间，有一位日本汉语教师问了我这样一个问题：为什么 "别"修饰某些动词时，有带"了"、不带"了"两种格式（如："别吃 了！"、"别吃！"）；而修饰有的动词时，却只有带"了"一种格式（如： "小心，钥匙别丢了！"），没有不带"了"的格式（如不说："＊小心，钥 匙别丢！"）？他这一问就进一步引发我去思考与研究副词"别"以及 "别V（了）"格式。面对这一问题，我并没有只是就发现的那个具体的 例子来思考，而是马上从书刊报纸上搜集实例，同时开动"机器"，在 自己头脑里思索、寻找相关的语言事实，因为像上面提到的例子，在文 本里不一定能找到很多实例。[13]在此基础上，再来细细考虑、寻求所要 的答案。请看下面的例子：

　　（2）　　　甲　　　　　　　乙

　　　　　A. 别吃了　　　　　别吃

　　　　　　别去了　　　　　别去

　　　　　　别写了　　　　　别写

　　　　　　别看了　　　　　别看

　　　　　　别喝了　　　　　别喝

别参观了	别参观
别讨论了	别讨论
……	…… 〔A 的实例很多很多〕

B. 别掉了　　　　　　　　＊别掉

别丢（＝丢失）了　　　＊别丢

别忘了　　　　　　　　＊别忘

别烫了　　　　　　　　＊别烫

别噎了　　　　　　　　＊别噎

别呛了　　　　　　　　＊别呛

别裂了　　　　　　　　＊别裂

别皴了　　　　　　　　＊别皴

别病了　　　　　　　　＊别病

（鸡蛋）别挤破了　　　＊（鸡蛋）别挤破

……　　　　　　　　　＊……　　〔B 的实例不多〕

实例多了，就容易看出二者的差异来。细细比较分析，我们发现，否定副词"别"实际可以具体表示两个意思：

第一个意思是辞书上所说的"表示禁止或劝阻"，禁止或劝阻对方不要进行某种行为动作，如上面所举的例（2）的 A 组例子。

第二个意思则是"提醒听话人，注意防止发生不希望发生的事情"，如上面所举的例（2）的 B 组例子。

"别"在表示第一个意思时，后面可以有"了"，也可以没有"了"，带不带"了"意思当然不一样——带"了"，是对方已经在进行某种行为动作，或者计划中要进行某种行为动作，说话人劝阻或希望听话人中止这种行为动作，如"你别吃了"，就是叫对方中止吃某种东西的行为动作；而不带"了"，一般是劝对方不要进行某种行为动作。"别"在表示第二个意思时，即提醒对方注意防止不希望发生的事情发生，则后面一定要带"了"。比如，"慢点吃，别噎了"、"护照你别丢 [＝丢失] 了"、"鸡蛋别挤破了"不能说成"慢点吃，*别噎"、"*护照你别丢 [=丢失]"、"*鸡蛋别挤破"。通过这样的比较分析，我们就可以总结出一些规律来，就可以回答"为什么'你别吃了'、'你别吃'都可以说，而'你别掉了'、'别噎了'可以说，'*你别掉'、'*你别噎'却不能说"这个问题了。

然而，问题并没有到此为止。譬如说，"写错"也是属于不希望发生的事情或情况，那为什么既可以说"别写错了"，也可以说"别写错"呢？我又进行研究、分析，结果发现这关涉到动词是"自主、可控"的还是"非自主、非可控的"这样的问题。[14]上面所举的A组例子里的动词都属于"自主、可控"动词，而B组例子里的动词都属于"非自主、非可控"动词。"写错"表面看跟"挤破"类似，但"挤破"属于"非自主、非可控"的动词性词语，"写错"则属于"自主、可控"的动词性词语，所以可以跟"了"，也可以不跟"了"（当然，跟不跟"了"，意思有别）。"别写错了"里的"别"表示劝阻。[15]

现在我再举一个如何从语言生活或者说语言实践中发现问题，然后进一步去分析、解决问题的实例。大家知道，在现代汉语里有一种"比"字句，这种句子的基本格式是：

X + 比 + Y + 形容词性成分

一般将这个"比"字句格式说成：

X 比 Y 怎么样

例如：

（1）他比你聪明。

铁比水重。

今天比昨天暖和。

哈尔滨比北京冷多了。

去比不去好。

快（不一定）比慢好。

"比"字句主要表示比较，说明X和Y在性状、程度上的差别。我在"现代汉语虚词研究"课的备课过程中无意中发现，"飞机的速度比汽车的速度快"跟"木头的水桶比塑料的水桶贵"，虽然词类序列一样，都是：

名₁的名＋比＋名₂的名＋形容词性词语

但是介词"比"的宾语"名₂的名"部分可省略的情况并不相同——"飞机的速度比汽车的速度快"里的"汽车的速度"，如果要省略的话，得将"的速度"三个字都省去，说成"飞机的速度比汽车快"，不能只省去"速度"，即不能说"*飞机的速度比汽车的快"。可是，"木头的水桶比塑料的水桶贵"里的"塑料的水桶"，如果要省略的话，情况相反，只能省去"水桶"，说成"木头的水桶比塑料的贵"，不能将"的水桶"都省去，即不能说"*木头的水桶比塑料贵"。为使大家看得更清楚，我们不妨将以上所述例子对比列举如下：

（2）飞机的速度比汽车的速度快。

⟹* 飞机的速度比汽车的快。

⟹ 飞机的速度比汽车快。

（3）木头的水桶比塑料的水桶贵。

⟹ 木头的水桶比塑料的贵。

⟹* 木头的水桶比塑料贵。

这引发我去探究这个问题。结果发现，在实际的言语交际中，可以有四种不同的情况——

（4）A 我的马比你的马跑得快。

⟹ 我的马比你的跑得快。

⟹* 我的马比你跑得快。　［可说，但不是原先的意思了］

B 飞机的速度比汽车的速度快。

⟹* 飞机的速度比汽车的快。

⟹ 飞机的速度比汽车快。

C 我们的马比你们的马多。

⟹ 我们的马比你们的多。

⟹ 我们的马比你们多。

D 我的父亲比你的父亲健谈。

⟹ *我的父亲比你的健谈。

⟹ *我的父亲比你健谈。　［可说，但不是原先的意思了］

情况A，"名₂的名"，可以单省去"名"，但不能把"的"和"名"都省去；情况B，"名₂的名"，可以把"的"和"名"都省去，但不能单省去"名"；情况C，"名₂的名"，既可以单省去"名"，也可以把"的"和"名"都省去；而情况D，既不能单省去"名"，也不能把"的"和"名"都省去。这一现象引发我思考：是什么因素造成"名₂的名"的替换呈现不同的情况？内中有无规律可循？这就是发现问题。

为了对上述问题作出较好的回答，特别是要找出规律性的东西来，我做了两方面的工作——一方面是收集大量语料，也就是搜集大量例子；另一方面是仔细考察上述A、B、C、D四种情况分别要具备什么样的句法、语义、语用条件。经研究发现，造成不同替换的因素一共有五个：(一) 名词之间的不同语义关系；(二) 名词本身的不同性质；(三) 表示"怎么样"部分的词语的不同性质；(四) 社会心理；(五) 句子重音。而名词之间的不同语义关系，又可以分为八种：

1. 领属关系，指对事物的领有。例如"小张的铅笔"、"小王的衣服"、"我们的狗"等。

2. 亲属关系，包括师友和上下级关系等。例如"我的父亲"、"小张的姑妈"、"小红的老师"、"我的朋友"、"你们的司令员"等。

3. 隶属关系，即"名"为"名₂"的有机组成部分。例如"他的鼻子"、"小张的耳朵"、"狐狸的尾巴"、"桌子的腿儿"等。

4. 属性关系，即"名"为"名₂"所具有的属性，包括能力、性质等。例如"小李的脾气"、"他的本事"、"飞机的速度"、"螃蟹的味道"、"青年的兴趣"等。

5. 质料关系。例如"木头的桌子"、"的确良的衣服"、"尼龙的渔网"、"羊皮的大衣"等。

6. 时地关系。例如"昨天的报纸"、"现在的学生"、"今天的王刚"、

"北京的马路"、"新疆的西瓜"、"这儿的面条儿"等。

7．类属关系，即"名₁"或"名₂"指明"名"的类属特性。例如"红色的蜡烛"、"四个腿儿的桌子"、"粉格儿的外套"、"四万字的小说"、"四五十岁的干部"等。

8．准领属关系。像"他的篮球打得好"里的"他的篮球"，从表面看很像是领属关系，实际不是，这里的"他的篮球"意思相当于"他打篮球"，因此朱德熙先生称这里的定语为准定语。类似的例子有"你的围棋（下得不错）"、"你的老师（当得不错）"等。

上述各个因素具体如何影响不同的替换，有兴趣的读者可以参看我的《"比"字句内比较项Y的替换规律试探》一文[16]。这里只跟大家说说社会心理是如何影响不同替换的，因为这一现象太有意思了。试比较：

（5）我的姑妈比你的姑妈有经验。

　　$\Longrightarrow$ ＊我的姑妈比你的有经验。

　　$\Longrightarrow$ ＊我的姑妈比你有经验。

（6）你的女儿比我的女儿能干。

　　$\Longrightarrow$ 你的女儿比我的能干。

　　$\Longrightarrow$ ＊你的女儿比我能干。

例（5）里的"名""姑妈"是指长辈，只能采用D类替换；例（6）里的"名""女儿"指晚辈，就采用A类替换了。为什么呀？原来，一般我们不用"……的"这样的说法来称呼人，因为这样是不礼貌的。"理发师"、"理发的师傅"和"理发的"，"厨师"、"炒菜的厨师"跟"烧饭的/烧菜的"所指相同，但后面的说法显然是不礼貌的。因此对长辈绝不能用"……的"这种说法。下面再举一个有意思的例子：

（7）我的妻子比你的妻子年轻。

（8）我的丈夫比你的丈夫年轻。

表面看，"丈夫"、"妻子"属同辈的称呼，按说都可以采用A类替换。但长期以来丈夫在家庭居主导地位，为一家之主。这种社会心理决定了例（7）能采用A类替换，而例（8）不能采用A类替换，得采用D类替换。

请看：

 （7′）我的妻子比你的妻子年轻。

   $\Longrightarrow$ 我的妻子比你的年轻。

   $\not\Longrightarrow$ *我的妻子比你年轻。

 （8′）我的丈夫比你的丈夫年轻。

   $\not\Longrightarrow$ *我的丈夫比你的年轻。

   $\not\Longrightarrow$ *我的丈夫比你年轻。

下面的例子更有意思：

 （9）他的朋友比你的朋友大方。

   $\Longrightarrow$ 他的朋友比你的大方。

   $\not\Longrightarrow$ *他的朋友比你大方。

 （10）他的朋友比你的朋友小气。

   $\not\Longrightarrow$ *他的朋友比你的小气。

   $\not\Longrightarrow$ *他的朋友比你小气。

 （11）他的朋友比你的朋友更小气。

   $\Longrightarrow$ 他的朋友比你的更小气。

   $\not\Longrightarrow$ *他的朋友比你更小气。

例（9）是说"他的朋友比你的朋友大方"，言下之意"你的朋友小气"。这在说话者的心目中，暗含着对"你的朋友"有意见，甚至看不起。所以例（9）可以用A类替换。而例（10）是说"他的朋友比你的朋友小气"，言下之意"你的朋友"是比较大方的，所以不会去采用A类替换，因为前面说过A类替换所得的句子是一种不很礼貌的说法。例（11）则又可以用A类替换了，因为在说话人心目中，不管是"他的朋友"还是"你的朋友"，都是小气的，就又可以采用不礼貌的说法了。

  从上大家可以了解到，要能从语言实践中发现问题并深入研究，关键是四个字："有心，用心"。所谓"有心"，就是要有意识地培养自己对语言的敏感性，包括对某些奇特语言现象的敏感性，对偏误现象的敏感性。所谓"用心"，就是发现了问题，要进一步用心去查阅文献资料，用心去搜集语料，用心去思考，用心去探究"为什么"，用心去寻求满意的答案。

三、还需要注意几点

研究意识、研究素质、研究能力，汉语教师必须具备。同时在研究过程中，还需要注意这样几点：

首先，要留意学生提出的问题以及学生在练习里、作文中反映出来的语言上的问题和病句。这些问题和病句将为我们提供丰富的研究课题，是一份宝贵的资料。

其次，在对外汉语教学中，提出最多的还是词汇、语法方面的问题，特别是虚词方面的问题，要解决好这方面的问题，我们需要培养自己有这样一种本事——快速思索实例、独立进行分析研究；学会运用比较的方法。有了这些能力，掌握了这些方法，加之能做个有心人，就会从必然王国走向自由王国。

再次，研究尽可能从小处入手，从大处着眼——研究的问题尽可能小一点，具体一点，切忌选取大而无当的题目；研究时需站得高些，要有点儿理论意识，力求使研究所得有较高的科学含量。

最后，说说怎么将自己的研究成果很好地表达出来。这要记住下面三点——一是写文章心里要有读者，眼睛里要有读者，这跟教师心里、眼里要有学生一样。要考虑怎么一上来就能抓住读者的心，怎么让读者愿意看你的文章，愿意接受你的观点。为此必须考虑这样一些问题：怎么提出问题？从哪里切入为好？如何层层展开？最好在哪里使用对比说明以收到最佳效果？该举什么样的例子最有说服力？如何恰到好处地使用统计材料或图表？如何做到深入浅出，通俗易懂，将自己所要阐述的理论观点陈述得专家听了在理、外行听了也大致能明白？二是在写作中，能用两句话说清楚的，尽可能不要用三句、四句话，力求言简意赅。切忌自己写出来的文章，读者看了一两页还不知道你要说什么，更不要将本来比较简单的问题说得很复杂，反而让读者不清楚。三是牢记前辈学者的教导：文章不是写出来的，是改出来的！这要求我们一定要反复修改，力求使自己的文章成为高质量的优秀论文。

注释

1　参看林汉达：动词的连写问题，见中华书局编写出版的《汉语的词儿和拼写法》（第一集）114页，1955年。

2　参看杨欣安等编著：《现代汉语》（第三册），重庆人民出版社，1957年，第78—79页。

3　关于语助词"看"，详见陆俭明：现代汉语中一个新的语助词"看"，载《中国语文》1959年10月号。这篇习作发表后我才又发现，在张相（1877—1945）《诗词曲语辞汇释》（卷三）里已经谈到："看，尝试之辞，如云试试看。"

4　另三个经典例子是："台上坐着主席团"、"咬死了猎人的狗"、"王冕七岁上死了父亲"。

5　王士元教授，美籍华人，原先在加州大学伯克利分校任教，退休后应聘至香港城市大学任教，后又应聘在香港中文大学任教。

6　详见马真：说"也"，载《中国语文》1982年第4期。

7　《现代汉语词典》（第6版）还注意到了这样一点：加强否定语气的副词"并""略带反驳的意味"。

8　读者不妨测试一下，譬如，要举办一个联欢晚会，得有多个组织者来承担筹备工作，在分配任务时，一定用"去+VP"的说法，不会用"VP+去"的说法。

9　具体参看陆俭明：关于"去+VP"和"VP+去"句式，载《语言教学与研究》1985年第4期。

10　在语言研究中我们一般很少用"对"或"错"这样的说法，更多的是用"合理"或"不合理"这样的说法。

11　例见1984年9月8日《北京晚报》讽刺画《自报家门》。此讽刺画是用来讽刺跟名人拉关系的社会现象的。

12　具体参看陆俭明：由指人的名词自相组合造成的偏正结构，载《中国语言学报》

1985 年总第 2 期。当时还没有电脑，都是手工操作，譬如指人名词五五自相组合，按排列组合，可构成 7776 个不同结构，可是合法的（即能成立的）只有 540 个。当时从三三自相组合到五五自相组合，都是一个一个进行检验的。

13　要知道，我们的脑袋就是一个天然语料库，在语言研究中要充分利用它。当然对自己所想出来的例子一定要向他人咨询，以防止不合规范。

14　参看马庆株：自主动词和非自主动词，载《中国语言学报》1988 年第 3 期。

15　参看马真：语言研究的乐趣，见《现代汉语虚词研究方法论》（修订本）（商务印书馆，2016 年）的"代序"。

16　参看马真："比"字句内比较项 Y 的替换规律试探，载《中国语文》1986 年第 2 期。

第四章
汉语教师需要学习一点语言学理论

　　要使自己具备上面所说的知识结构、能力结构和基本功，就得有些理论基础，有一个创新的理性思维的头脑。那么怎么能有理论基础？怎么能具有创新的理性思维的头脑？就得勤思考、勤学习。

第一节　认真学习并掌握好三门基础课的内容

　　三门基础课，指的是各高校中文系普遍开设的"现代汉语"、"古代汉语"和"语言学概论"。这三门课及其所用的教材，都属于基础性课程和基础性教材。"现代汉语"课程注重现代汉语基础知识同汉语的实际运用能力的结合。开设该课程的目的是，给学生一些有关现代汉语语音、文字、词汇、语法、修辞等方面最基础或者说最基本的知识和最基本的分析方法，并能让学生运用这些知识指导自己的语言实践。"古代汉语"课程以讲授古代作品为主，辅之以基本的古代汉语语法、词汇知识和初步的音韵知识，以培养学生阅读古书的能力，并使学生能了解一些中国古代文化。"语言学概论"课程的任务是，阐明语言学的基本理论和基本概念，概述语言各个方面最基本的规律。开设该课的目的是，给学生一定的有关语言、语言的发展变化和语言研究的最基础或者说最基本的概念和理论知识，包括语言学研究的一些最基本、最必须了解的方法，为学习其他各门语言学方面的课程提供最必要的理论知识。这三门基础课程各有分工，但都为日后从事语言教学与研究打下一个基础。

　　作为一名汉语教师，必须学习并掌握好这三门基础课所讲授的基本知识和基本技能。来自其他院系的汉语教师必须通过专门培训补上这三门课，特别是"现代汉语"和"语言学概论"课，以便为自己在汉语言文字学和语言学基础理论方面打下比较好的基础，更好地从事汉语教学。

有关这三门课的内容大家都比较熟悉，在此不再赘述。此外，如果有兴趣、有时间能去了解一些我国传统小学如文字、音韵、训诂方面的知识，那就更好了。

第二节　有必要学好结构主义语言学理论

对于美国结构主义语言学理论必须学习了解。为什么？

我们知道，20世纪在语言学发展史上是一个让人振奋而又让人眼花缭乱的时代。20世纪初和20世纪中叶，有两部重要的语言学著作问世，一部是索绪尔（Saussure）的《普通语言学教程》（1916），一部是乔姆斯基（Chomsky）的《句法结构》（1957），这两部著作都具有革命性，都被誉为语言学领域划时代的著作。索绪尔的《普通语言学教程》开创了结构主义语言学的新天地；乔姆斯基的《句法结构》改变了语言研究的航向，开创了探索人类语言普遍语法的新天地，同时引发了功能语言学、认知语言学的产生与发展。要注意，后者是前者的发展，不是简单的替代。切不可以为结构主义语言学理论方法已经过时了，须知结构主义语言学理论为描写分析语言提供了最基本的理论方法，熟练运用结构主义语言学的层次分析、分布分析、替换分析、变换分析等理论方法，可以说是从事语言教学与语言研究所应有的基本素质，汉语教师需要具备这方面的基本功。

在国际语言学领域，索绪尔的结构主义语言学理论在20世纪上半叶一直居主导地位，特别是在美国本土发展起来的美国描写语言学理论。[1]语言研究实践告诉我们，美国描写语言学的那一套切分、等同、归类、组合的研究程序（或者说发现程序），以及替换分析、扩展分析、对比分析、分布分析、层次分析、变换分析等一系列分析理论，对于研究现代汉语语音、词汇、语法都很有用。学习掌握好美国描写语言学那一套语言分析理论与方法，就能使自己具备比较扎实的语法教学方面的基本功。大家知道，语言研究的目的与任务概括起来有三方面：一是努力挖掘、描写、探知语言事实或者说语言实情，以解决好"是什么？"的问题；二是对种种已经发现、描写的语言现象作出尽可能科学、合理的解释，以解决好"为什么？"的问题；三是让语言研究成果切切实实地为语言应用服务。语言研究要达到并完成第一个目的与任务，就不能不运用美国描写语言学所提供的那一套语言分析研究的理论方法。2014年8月由全国汉语方言学会、上海外国语大学语言研究院中国外语战略研究中心联合举办的"2014年汉语方言语法调查框架与莱比锡标注系统高级研修班"在上海外国语大学举行。开班的第一课就请专家学者专门介绍美国描写语言学有关语言分析研究的理论方法。

对于美国结构主义语言学，我们认为最重要的是要学习、掌握好以下几个方面的理论方法。

一、关于切分和等同的理论方法

就语法层面来说，切分（segmentation）考虑的是怎样将所面对的语言片段进行层层分割，譬如在构词层面分割、确定最小的组成成分"语素"，在句法层面分割、确定最小的组成成分"词"。这些最小的组成成分，可以统称为语言单位。等同（identification）考虑的是切分所得到的一个个语言单位，哪些可以看作是同一个语素或同一个词，哪些不能看作同一个语素或同一个词。通过"等同"这一程序，将个体语素概括为"概括语素"，将个体词概括为"概括词"。这里不妨举个实例：

这些医科大学$_1$的学$_2$生学$_{3a}$习都很好，而且学$_4$一科爱一科，无论生物学$_5$、数学$_6$、有机化学$_7$等，学$_8$习$_b$成绩都很好。

这个语言片段里有8个"学"，个体语素是有一个算一个，只要是最小的音义结合体。上面这8个"学"，都属于个体语素。那么这8个"学"该看作是8个不同的语素，还是可以看作同一个语素（假定说，都是"学习"的意思），或者应该概括为三个不同的语素——"学$_1$"是一个概括语素，是"学校"的意思；"学$_2$"、"学$_3$"、"学$_4$"、"学$_8$"可概括为一个语素，是"学习"的意思；而"学$_5$"、"学$_6$"、"学$_7$"可概括为另一个语素，是"学科"的意思？再有，这个语言片段里有两个"学习"——"学习$_a$"和"学习$_b$"，也就是说，有两个个体词"学习"，那么这两个"学习"是同一个词呢还是不同的两个词？这就是"等同"所要考虑和解决的问题。语言单位的"切分"与"等同"常常放在一起来考虑。

二、关于归类和组合的理论方法

归类（classifying），从另一个角度说就是分类，考虑的就是语言片段经过切分、等同处理之后，怎么把那一个个单位，如构词层面的语素、句法层面的词，分成不同的类或者说归成不同的类。这种分类/归类工作是绝对不可缺少的，因为在科学研究中没有分类就没有科学。给语素、给词分类/归类，目的是为了更好地开展语法研究。

组合（constituting）考虑的是分类后同一层面上的一个个语言单位，彼此怎样组合形成结构，发生什么样的关系。譬如，在构词层面，那一个个语素如何组合成词？一个词内部如果包含两个或两个以上的语素，这种词就称为"合成词"。合成词具体是怎么组合成的？各个语素组合成合成词，内部关系是否一样？如果不一样，会有几种不同的情况？再如，在句法层面，那一个个词如何构成各种不同的句法结构？词和词组又如何构成更复杂的句法结构？这都属于"组合"所要考虑、研究的内容。

三、关于层次分析和扩展分析的理论方法

层次分析，着眼于语言片段内部的结构分析，其客观依据就是语言构造的层次性；扩展分析，考虑的是一个结构怎么由简单变为复杂。层次分析和扩展分析关系紧密，所以得放在一起说。

层次分析的手续就是依次确定各个层面的直接组成成分及其彼此之间的结构关系。譬如，就句法层面来说，层次分析包括切分和定性两部分内容——切分是要解决"一个句法结构的某个层面如果其组成成分不止两个，那么该在哪里切分"这样的问题；定性是要解决"切分所得的直接组成成分之间该是什么句法关系"这样的问题。看一个简单的例子：

（1）张三喝绿茶。

对例（1）这个句法结构，切分考虑的是对该结构应该采用下面 a、b、c 三种切分中的哪一种？其根据是什么？

（2）a. 张三　喝　绿茶　　　b. 张三　喝　绿茶　　　c. 张三　喝　绿茶
　　　　　_1_　_2_　　　　　　_1_　2　　　　　　　1　2　3
　　　　　　　3　4　　　　　　　3　4

假如说，研究分析结果得出采用 a 切分，那么定性就是要分析确定"张三"和"喝绿茶"之间、"喝"和"绿茶"之间是什么句法关系。这种对一个语言结构切分、定性的分析手续，就称为"层次分析法"。"层次分析"是中国语法研究者的习惯用语，国际上称为"直接组成成分分析"（Immediate Constituent analysis，简称 IC 分析），因为所谓切分实质上就是要确定所分析的结构的直接组成成分，而所谓定性就是要分析确定直接组成成分之间的语法关系。

要对句法结构的层次性有一个深刻的认识，必须了解扩展（expansion）。就句法层面来说，扩展就是由简单变为复杂。我们将原先简单的那个语法单位称为"模型"，将变得复杂后的句法结构称为"扩展式"。合理的扩展得满足三个条件：

（a）扩展式在长度上超过模型。

（b）扩展式与模型相对应的某一位置上的成分之间有替换关系，而且语法性质基本不变[2]，因而扩展式与模型能在相同的语言环境中出现。

（c）模型包含在扩展式中。

例如：

模型	扩展式

（3）买房子　<u>通过替换</u>→　买一所房子　　［"一所房子"替换"房子"］

（4）洗衣服　<u>通过替换</u>→　洗干净衣服　　［"洗干净"替换"洗"］

就例（3）来说，扩展式"买一所房子"长度超过模型"买房子"；在相对应的宾语位置上，"房子"与"一所房子"有替换关系；"买房子"和"买一所房子"二者词性不变；模型"买房子"包含在扩展式"买一所房子"中。例（3）、例（4）合乎扩展要求。但下列例（5）、例（6）不合要求：

（5）他爱干净　<u>通过替换</u>→　*他爱干净的孩子

（6）吃面包　<u>通过替换</u>→　*吃面包的皮儿

例（5）"他爱干净的孩子"不能视为"他爱干净"的扩展式；例（6）"吃面包的皮儿"不能视为"吃面包"的扩展式。为什么？不妨请读者自己来细细思考、分析一下。

扩展主要关系到两个问题：

第一个问题是某个语法结构能不能扩展？如果能扩展，可以扩展到什么程度？扩展得遵循什么原则？在本书第一章第一节里，我们说汉语的构词规则与句法规则基本是一致的。之所以说"基本一致"就是因为合成词跟句法结构内部的紧密程度很不同，而这一点我们就可以通过扩展来加以验证——句法结构可以扩展，而且可以不止一次地扩展；而合成词一般不能扩展。有的合成词似乎勉强可以扩展，可是扩展很有限。正是根据这一点，我们可以在一定程度上利用扩展来区分合成词和句法结构。例如：

（7）a. 新苗　　老脑筋　　白菜　　　铁饼

　　　b. 新鞋　　老办法　　白碗　　　铁床

例（7）a 组各语法结构和 b 组各语法结构都是名词性的，而且内部语法关系相同，都是修饰关系；但是 a 组不能扩展，b 组可以扩展。请看：

（8）a. 新苗 →*新的苗

老脑筋 → *老的脑筋

白菜 → *白的菜

铁饼 → *铁的饼

b. 新鞋 → 新的鞋 → 新的那双鞋

老办法 → 老的办法 → 老的那套办法

白碗 → 白的碗 → 白的那个碗

铁床 → 铁的床 → 铁的那张床

由此可判定，例（7）a组是词，b组不是词，是句法结构。似乎也可以说"白的菜"，但"白的菜"与"白菜"，所指不同，不是一个概念，不是同一样东西。

第二个问题，扩展可以有哪些类型？语言事实告诉我们，句法学里的扩展可以有三种类型：

第一种是更迭性扩展（expansion by supersession）。这种扩展是模型里的某个序列被一个包含该序列但长度超过该序列的新的序列所代替，从而构成一个长度超过原模型的扩展式。例如：

（9）老师的衣服 →（我的老师）的衣服

老师很能干 →（数学老师）很能干　　　　　YZ →（XY）Z

做作业 →（做完）作业

（10）买房子 → 买（木头房子）

他去 → 他（去广州）　　　　　XZ → X（YZ）

马上说 → 马上（说清楚）

第二种是组合性扩展（expansion through the combination）。这种扩展是以模型作为一个整体跟另一个词的序列进行组合，从而构成一个长度超过原模型的扩展式。例如：

（11）去 →（我）去

书 →（新）书　　　　　Y →（X）Y

漂亮 →（很）漂亮

（12）批判 → 批判（康德学说）

　　　吃饱 → 吃饱（肚子）　　　　　　X→X（Y）

　　　唱红了 → 唱红了（北京城）

第三种是插入性扩展（expansion through the insertion）。这种扩展是在原模型中间插入另一个词的序列，从而造成一个长度超过原模型的扩展式。例如：

（13）看完 （"得／不"插入"看"和"完"中间） 看 得／不 完

区分这三种扩展是十分必要的。请看下面例（14）和例（15）中的两组例子：

（14）a. 皇冠汽车司机

　　　 b. 羊皮领子大衣

（15）a. 红色的木头房子

　　　 b. 土壤的钾盐含量

表面看，例（14）的a例"皇冠汽车司机"和b例"羊皮领子大衣"内部构造层次一样，都是层层"定–中"修饰，即：

（14′）a. 皇冠　　汽车　　司机

　　　　b. 羊皮　　领子　　大衣

　　　　　　　　1　　　　　2　　　　　1–2："定–中"结构

　　　　　　3　　　　4　　　　　　　　3–4："定–中"结构

同样，例（15）的a例"红色的木头房子"和b例"土壤的钾盐含量"内部构造层次一样，都是层层"定–中"修饰，即：

（15′）a. 红色的　　木头　　房子

　　　　b. 土壤的　　钾盐　　含量

　　　　　1　　　　　　2　　　　　　1–2："定–中"结构

　　　　　　　　3　　　　4　　　　　3–4："定–中"结构

但是，无论例（14）还是例（15），a例和b例都是有区别的——

　　例（14）a例，删去最前的修饰语"皇冠"，"汽车司机"仍能成立；而b例，删去最前的修饰语"羊皮"，"*领子大衣"就不能成立。

　　例 (15) a 例，删去中间的修饰语"木头"，"红色的房子"仍能成立；而 b 例，删去中间的修饰语"钾盐"，"*土壤的含量"就不能成立。

　　这是为什么？怎么解释这一现象？原来，所谓 a 例和 b 例内部构造层次相同，这是就静态状况说的，联系扩展来考虑，就不难发现 a 例和 b 例的差异，即它们由简单到复杂的扩展情况是不同的——

　　例 (14) 的 a 例"皇冠汽车司机"，是由"汽车司机"通过更迭性扩展（由"皇冠汽车"替换"汽车"）而来的，即：

　　（14″）a. YZ → (XY) Z，如：汽车司机 $\xrightarrow[\text{扩展}]{\text{更迭性}}$ （皇冠汽车）司机

可是例 (14) 的 b 例"羊皮领子大衣"，是由"大衣"通过组合性扩展（由"大衣"和"羊皮领子"进行组合）而来的。即：

　　（14″）b. Z → (XY) Z，如：大衣 $\xrightarrow[\text{扩展}]{\text{组合性}}$ （羊皮领子）大衣

　　例 (15) 的 a 例"红色的木头房子"，是由"红色的房子"通过更迭性扩展（由"木头房子"替换"房子"）而来的。即：

　　（15″）a. XZ → X (YZ)，如：红色的房子 $\xrightarrow[\text{扩展}]{\text{更迭性}}$ 红色的（木头房子）

可是例 (15) 的 b 例"土壤的钾盐含量"，是由"钾盐含量"通过组合性扩展（由"钾盐含量"和"土壤的"进行组合）而来的。即：

　　（15″）b. YZ → X (YZ)，如：钾盐含量 $\xrightarrow[\text{扩展}]{\text{组合性}}$ 土壤的（钾盐含量）

　　显然，区分更迭性扩展和组合性扩展是必要的。陆俭明的《由指人的名词自相组合造成的偏正结构》一文，其结论的获得在一定程度上也有赖于区分更迭性扩展和组合性扩展这种扩展理论的运用——由指人的名词自相组合造成的偏正结构，由简单变为复杂遵循的是组合性扩展，因此"父亲的父亲的父亲"切分为"父亲的父亲的 / 父亲"比较合理。[3]

　　提出语言中存在着插入性扩展，也是有必要的。陆俭明的另一篇文章《关于"他所写的文章"的切分》的结论就是运用插入性扩展理论所

获得的。具体说，"他所写的文章"不能切分为"他/所写的文章"，而宜切分为"他所写的/文章"；而"他所写"就是由主谓词组"他写"插入"所"扩展而来的。即：[4]

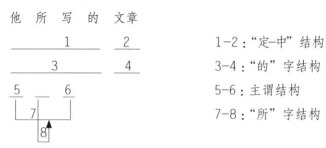

四、关于分布分析的理论方法

分布（distribution），是美国描写语言学里一个有特别含义的术语。分布是指一个语言单位在该语言中可能有的一切不同位置（包括可出现和不可出现的位置）的总和。语言单位的分布一般呈现三种情况：

一种是"等同分布"（coincident distribution，也叫"一致分布"，也有人称为"替换分布"），即两个语言单位分布等同。

一种是"对立分布"（contrastive distribution），即两个语言单位在分布上呈现完全对立的关系。

一种是"互补分布"（complementary distribution），即两个语言单位在分布上呈现互补关系。

通过考察一个单位的分布来研究、分析、确定这个单位的性质，这种分析手段就称之为分布分析。我们看到，朱德熙先生的《现代汉语形容词研究》一文，其核心内容就是将当时一般人所谓的形容词区分为性质形容词和状态形容词两类；《说"的"》一文，是将"X的"（包括书面上的"X的"和"X地"）分析为副词性的、形容词性的、名词性的三类，从而将"的"（含状语末尾的"地"）相应地分析为"的$_1$"、"的$_2$"、"的$_3$"三个。朱先生在这两篇文章里所运用的分析手段主要是分布分析法。[5] 词类的划分，两个句法结构不同语法性质的判定，一般都运用分布分析法。

五、关于替换分析的理论方法

替换（substitution），是描写语言学里最基本的一种分析方法。所谓替换就是在一个语言组合里，其中一个语言项目由另一个语言项目所替代。举例来说，假如有"AB"这样一个语言组合，我们把 B 抽掉，填上C，而AC成立；或者我们把 A 抽掉，填上D，而DB成立，那么这一抽一填的过程就是替换。"替换"这种分析方法，在语音研究中已被证明是用来确定音位最简便、有效的方法。在语法研究中，替换同样是不可缺少的分析手段，譬如说，我们确定词义很相近的"突然"与"忽然"不属于同一个词类，就用到了替换分析。具体来说，通过替换明确了二者在分布上根本不同——除了在状语位置上"突然"和"忽然"可以互相替换外，在其他语法位置上，"突然"都不能替换为"忽然"，从而确定二者分布不同，二者分别属于不同词类——"突然"是形容词，"忽然"是副词。

上述美国描写语言学的分析理论与方法对现代汉语语法研究来说，是可取的、有用的，也有助于汉语语法教学。当然，它也存在一定的局限性。局限不等于缺点。所谓局限，是说只能解决一定范围里的问题，解释一定范围里的语言现象，超出了它所适用的范围，就用不上了。美国描写语言学的分析理论与方法对挖掘、描写语言事实，解决"是什么"的问题很有用；但对于语言现象的解释，对于解决"为什么"的问题，就力不从心了。这就是美国描写语言学的主要局限。

注释

1 索绪尔开创的结构主义语言学内部后又发展分化为三个分支—— 一是以布龙菲尔德（Leonard Bloomfield，1887—1949）为代表的美国描写语言学派；二是以马泰休斯（Vilém Mathesius，1882—1945）为代表的自称"结构-功能学派"的布拉格学派；三是以耶姆斯列夫（Louis Hjelmslev，1899—1965）为代表的哥本哈根"结构语言理论"学派。其中以美国描写语言学派影响最大，成果也最显著。

2 "买房子"通过替换可扩展为"买一所房子"，但"一所房子"和"房子"，"买一所房子"和"买房子"，语法性质还是有所差别，所以只能说基本不变。

3 参看陆俭明：由指人的名词自相组合造成的偏正结构，载《中国语言学报》1985年总第2期。

4 参看陆俭明：关于"他所写的文章"的切分，载《语言学通讯》1989年第1—2期。

5 参看朱德熙：现代汉语形容词研究，载《语言研究》1956年第1期；说"的"，载《中国语文》1961年第12期。

第三节　也需要学一些当代语言学前沿理论

汉语教学实践同时表明，当代语言学前沿理论最好也能学一些，这对解决汉语教学里的一些难点问题有帮助。

一、"乔姆斯基革命"所引发的语言学领域的变化

大家知道，20世纪前半叶以布龙菲尔德为代表的美国描写语言学理论在国际语言学领域一直居主导地位。而从上个世纪50年代中期开始，整个语言学领域发生了值得重视的变化，这一变化始于50年代爆发的"乔姆斯基革命"，以乔姆斯基的《句法结构》问世为标志。乔姆斯基对语言提出了三大假设：一是人生来就有一个语言获得装置（language acquisition device），语言是人脑/心智的重要组成部分；二是人类语言千差万别，但遵循共同的组合原则，差异只是参数的不同，从而形成了"原则与参数"（principles and parameters)的理论；三是人类语言共同遵循的组合原则应该是极为简明的。乔姆斯基及其弟子为证实这些假设，对语言进行了不间断的有益探索。这种探索，加之人们对语言本体性质、对语言的功用的新认识[1]，改变了语言研究的航向，使整个语言学科发生了可喜的变化——

变化之一，在语言研究领域出现了形式派、功能派、认知派三足鼎立、百家争鸣、百花齐放的新局面；

变化之二，出现了重考察、重描写、重解释，进行多层面、多视角、多方位研究的新的研究思路；

变化之三，加强了语言应用研究。

形式语言学派强调语法的天赋性、自主性，着重探索人类语言的机制，探索人类语言的共性。特别是探索在以下三方面所共同遵守的原则：在句法运算系统上；在句法和语音的接口上；在句法和逻辑意义的接口上。同时探究各个语言的参数差异，即在探索人类语言共性的基础上探究各个语言的特点。

功能语言学派所说的"功能",是指语言的交际功能。功能学派的基本观点是,语言的交际功能既是语法研究的出发点,也是语法研究的归宿。功能学派所考虑的基本问题是:"How grammars come to be the way they are?"他们的答案是"由语言的交际功能所决定"[2]。于是,语言社会变异、语法化、话语语篇分析、语言类型及其语义地图、会话交际、话语信息结构等,都成为功能学派感兴趣的研究领域与研究课题。

认知语言学派认为,语言是心智/人脑和人的认知能力的重要组成部分;语言的基本功能是象征。语言世界不是直接对应于客观的物理世界,而是有一个主观的心理世界作为中介,这个主观的心理世界就是人的认知域。象征是语言结构被赋予认知内容的基本手段。各种语法结构的类型,都可以视为不同象征所造成的不同结构类型,并认为均有理据性,均可验证。于是,诸如象似性(iconic, iconicity, 也称临摹性)、范畴化与非范畴化(categorization & decategorization)、意象与图式(imagery & schemata)、主观性与主观化(subjectivity & subjectivisation)、隐喻与转喻(metaphor & metonymy)、有界与无界(bounded & unbounded)、构式(construction)、语言的行、知、言三域(three conceptual domains: acting, knowing, and uttering)等,均为认知派所关注、所研究的课题。

上述三大派语言学理论,研究的出发点、研究的期望值以及研究的理论背景都不完全相同,但彼此不能认为是对立的,而应认为是互补的。对我们来说,要去学习与了解这些理论,并善于吸取,为我所用。[3]下面我们只介绍配价语言学理论、"构式–语块"理论和语言信息结构理论对汉语教学的用处,以作示例。

二、示例之一:配价语言学理论的运用

配价语言学理论的提出者是法国语言学家特思尼耶尔(Lucien Tesnière,亦翻译为特尼耶尔、泰尼耶尔、特斯尼埃)。"配价"这一概念借自化学。化学中提出"价"(valence,亦称"原子价"或"化合价")这一概念为的是说明在分子结构中各元素原子数目间的比例关系。先设定氢

原子为一价，某种元素的一个原子能和多少个氢原子相化合，或者能置换多少个氢原子，那么该元素就是多少价。譬如说，水是由氢和氧化合成的，分子式是 H_2O，即水是由一个氧原子和两个氢原子化合成的，因此氧是二价。氢不能直接跟铁化合，但氧能跟铁化合为氧化铁，分子式是 Fe_2O_3，是由三个氧原子和两个铁原子化合成的。从水分子式 H_2O 知道氧是二价，既然氧化铁是 Fe_2O_3，可见铁是三价；但又有氧化亚铁，分子式是 FeO，可见铁还可以是二价。最早把化学中的"价"明确引入语法研究中的是特思尼耶尔。语法学中引进"价"这个概念，为的是说明一个动词能支配多少个属于不同语义角色的名词词组。配价语法理论的基本思想是：

（一）句法旨在研究句子，对于句子不仅要注意它所包含的词，更要注意它所隐含的词与词之间的句法关联。这种句法关联在句子表面是看不见的，但实际是存在的。

（二）动词是句子的核心，我们所要注意的句法关联就是动词与由名词性词语形成的行动元之间的关联。

（三）动词所关联的行动元的多少决定了动词的配价数目。

（四）行动元是指句子里在动词前充任主语、在动词后充任宾语的名词性成分。

（五）动词按配价分类。具体如下：

一个动词如果只能支配一个行动元，也就是说，这个动词后面不能带宾语，那它就是一价动词，一般记为 V^1；

一个动词如果能支配两个行动元，而且也只能支配两个行动元，也就是说，它能带一个宾语，而且也只能带一个宾语，那它就是二价动词，一般记为 V^2；

一个动词如果能支配三个行动元，也就是说，它后面能带两个宾语，那它就是三价动词，一般记为 V^3。

利用动词与不同性质名词之间的配价关系来研究、解释某些语法现象，这种研究、分析手段，就称之为"配价分析法"，或简称为"配价分析";由此而形成的语法理论就称为"配价理论"。[4]

在汉语学界,最早自觉运用配价观念来分析汉语语法现象的学者是朱德熙先生。[5]下面我们举一个用配价分析法解决实际语法问题的例子。

上个世纪80年代末,在"现代汉语语法研究"课上,有一位新加坡学生提出了这样一个问题:"喝啤酒的学生"和"喝啤酒的方式",它们的词类序列都是"动词+名词$_1$+的+名词$_2$",内部构造层次和语法结构关系也完全一样——

（1）a. 喝　　啤酒　的　　学生

　　　b. 喝　　啤酒　的　　方式

　　　　　＿＿1＿＿　（　）　＿2＿　　　1–2："定–中"偏正结构

　　　＿3＿　＿4＿　　　　　　　　3–4：述宾结构

可是,a 例的中心语"学生"有时可以省略,例如"喝啤酒的学生请举手",在一定语言环境下可以说成:

（2）喝啤酒的请举手。

而 b 例的中心语"方式",则在任何情况下都不能省略,例如"喝啤酒的方式有多种多样"不能说成:

（3）* 喝啤酒的多种多样。

这是为什么?

那位学生之所以会提出这样的问题,是因为原先他只学过层次分析法和变换分析法,而层次分析法不能帮他解释这个现象;变换分析法倒可以用,但是变换分析只能帮助证明"动词+名词$_1$+的+名词$_2$"确实可以分为 a、b 两种格式,不能解释为什么"喝啤酒的学生"的中心语"学生"有时可以省略,而"喝啤酒的方式"的中心语"方式"却不能省略。要解释 a 例和 b 例的差异,得运用配价语言学理论。

从配价的角度看,"喝啤酒的学生"和"喝啤酒的方式"是有区别的。区别在哪里呢?"喝"是二价动词,它的两个配价成分是"喝"的施事和受事。"学生"可以成为"喝"的施事,"啤酒"可以成为"喝"的受事。"方式"呢?"方式"既不能成为"喝"的施事,也不能成为

“喝”的受事，因此“方式”不可能成为“喝”的配价成分。“喝啤酒的学生”里的中心语“学生”之所以可以省略，就因为它是动词“喝”的配价成分；而“喝啤酒的方式”里的中心语“方式”之所以不能省略，就因为它不是动词“喝”的配价成分。

由此我们可以悟出一个结论：当由动词性词语加上“的”形成的“的”字结构作名词的定语时，那个作中心语的名词如果是该动词的配价成分，那么中心语在一定的上下文里就可以省略，否则就不能省略。请看实例：

（4）a. 喝啤酒的学生请举手。 ⟹ 喝啤酒的请举手。

[“学生”是“喝”的施事，是“喝”的配价成分，所以可以省略]

b. 小张喝的啤酒便宜。 ⟹ 小张喝的便宜。

[“啤酒”是“喝”的受事，是“喝”的配价成分，所以可以省略]

c. 喝啤酒的方式有多种。 ⇏ *喝啤酒的有多种。

[“方式”不能是“喝”的施事或受事，不能是“喝”的配价成分，所以不能省略]

（5）a. 开车的司机回来了吗？ ⟹ 开车的回来了吗？

[“司机”是“开车”的施事，是“开车”的配价成分，所以可以省略]

b. 开车的钥匙不见了。 ⇏ *开车的不见了。

[“钥匙”不能是“开车”的施事或受事，不能是“开车”的配价成分，所以不能省略]

（6）a. 卖菜的农民富裕了。 ⟹ 卖菜的富裕了。

[“农民”是“卖”的施事，是“卖”的配价成分，所以可以省略]

b. 张大爷卖的芦笋新鲜。 ⟹ 张大爷卖的新鲜。

[“芦笋”是“卖”的受事，是“卖”的配价成分，所以可以省略]

c. 张大爷卖芦笋的地方给占了。⟹ *张大爷卖芦笋的给占了。

[“地方”不能是“卖”的施事或受事，不能是“卖”的配价成分，所以不能省略]

（7）a. 参观钟表馆的游人很多。 ⟹ 参观钟表馆的很多。

　　［"游人"是"参观"的施事，是"参观"的配价成分，所以可以省略］

　　b. 小张参观的展览馆是钟表展览馆。⟹ 张参观的是钟表展览馆。

　　［"展览馆"是"参观"的受事，是"参观"的配价成分，所以可以省略］

　　c. 小张参观的时候人很多。 ⟹̸ *小张参观的人很多。

　　［"时候"不能是"参观"的施事或受事，不能是"参观"的配价成分，所以不能省略］

（8）a. 去昆明的旅客请举手。 ⟹ 去昆明的请举手。

　　［"旅客"是"去"的施事，是"去"的配价成分，所以可以省略］

　　b. 他们去的那个旅游城市是昆明。⟹ 他们去的是昆明。

　　［"旅游城市"可以作"去"的处所宾语，是"去"的配价成分，所以可以省略］

　　c. 去昆明的路线有两条。 ⟹̸ *去昆明的有两条。

　　［"路线"不可能是"去"的施事，也不能作"去"的宾语，不可能是配价成分，所以不能省略］

（9）a. 没有游泳的学生请举手。 ⟹ 没有游泳的请举手。

　　［"学生"是"游泳"的施事，是"游泳"的配价成分，所以可以省略］

　　b. 游泳的动作一定要正确。 ⟹̸ *游泳的一定要正确。

　　［"游泳"是一价动词，"动作"不可能是"游泳"的施事，不可能成为"游泳"的配价成分，所以不能省略］

　　上面说到，语法学里引入配价概念原是为了说明动词与名词之间的关联现象。后来发现，不只动词有配价的问题，形容词、名词也有配价问题。

　　根据已有的研究成果[6]，一般形容词都是一价形容词，在语义上都只要求有一种性质的名词性词语（作为形容词表示的性状的主体）与它相关联，像"大、漂亮、聪明、可恶、伟大"等就都是一价形容词。但是，也有少数形容词在语义上要求必须有两种不同性质的名词性词语与它相关联，这种形容词就称为"二价形容词"，像"热情"、"熟 [=熟悉]"、"严"、"耐心"、"友好"、"热心"等就都属于二价形容词。对二价形容词来说，"名词₁"是主体，"名词₂"是对象，因此二价形容词，以"热情"、"严"为例，其语义配置式可以用文字表述为"某人对某人/某事热情"、"某人对某人严"。"对……"这一介词结构能修饰形容词，而所修饰的形容词正是二价形容词。"对……"这一介词结构跟二价形容词在语义上正好相吻合，而这也正是介词结构"对……"能修饰二价形容词的语义基础。[7]

　　介词结构"对……"能作名词的定语，这是人所共知的。例如：

　　（10）对考试的意见 | 对祖国的感情 | 对身体的害处

例（10）是介词结构"对……"作名词定语的实例。但不是所有名词都能受"对……"这一介词结构修饰的。那么什么样的名词能受"对……"这一介词结构修饰呢？从配价理论的角度来观察，不光动词、形容词有配价问题，名词也有配价问题。[8]名词的配价表现为某个名词一定要求与另外的某个名词在语义上构成依存关系。譬如，我们说到"弟弟"这个名词，一定有"哥哥"或"姐姐"这个名词跟它相衬托，二者构成不可分离的依存关系。所谓"依存关系"，就是说二者各自均以对方为自己存在的先决条件。一个名词，如果不要求与另外的名词在语义上构成依存关系，这样的名词，称为"零价名词"，如"大海、天空、空气"等；一个名词，如果只要求与一种性质的名词在语义上与之构成依存关系，这样的名词，称为"一价名词"，如"哥哥、弟弟、叔叔、爸爸、爷爷、姑父"等亲属称谓名词和"质量、脾气、价格"等属性名词，以及"脚、手、锅盖、抽屉"等部件名词，等等；一个名词，如果要求与两种不同性质的名词在语义上与之构成依存关系，这样的名词，称为"二价名词"，二价名词都是抽象名词，如"意见、兴趣、态度、害处"

等。语言事实告诉我们，能受介词结构"对……的"修饰的名词正是二价名词。就拿例(10)里受介词结构"对……"修饰的名词"意见"、"感情"、"害处"来说，"意见"一定会涉及两方面的事物——意见的持有者和意见所针对者；"感情"也一定会涉及两方面的事物——具有某种感情者和感情所针对者；"害处"也一定会涉及两方面的事物——害处的产生者和害处的波及者。[9]有时，"对+名词$_1$+的+名词$_2$"会有歧义，例如"对校长的意见"，既可以理解为"意见"是由校长提出来的，也可以理解为"意见"是他人针对校长提的。相应地，在结构上可以作两种层次切分。请看：

(11)A. 对　校长的意见

　　　1　　　2　　　　　　1-2：介词结构

　　B. 对校长的　意见

　　　1　　　2　　　　　　1-2："定－中"偏正结构

为什么"对校长的意见"会有歧义呢？这是因为介词"对"的宾语"校长"在语义上既可以理解为"意见"的提出者，也可以理解为"意见"的针对者。类似的例子如：

(12)对儿子的感情

(13)对这篇文章的看法

(14)对这部电影的吸引力

(15)对美国的政策

三、示例之二：构式－语块理论的运用

　　存在句，通常是指下面这样的句子：

(1)沙发上坐着两位老奶奶。

(2)沙发上放着一支玫瑰花。

在汉语教学中，存在句虽然还不是一种教学难度很大的句式，但也有一些让外国学生疑惑不解的问题——第一，例(1)里的"两位老奶奶"明明是动词"坐"的施事（即动作者），怎么能跑到动词"坐"的

后面去作宾语啦？第二，例（1）也好，例（2）也好，句子里并没有表示"存在"义的动词，句子的"存在"义哪里来的？外国学生之所以会有这样的问题，是因为以往我们讲解存在句，一直使用传统的句法上"主-动-宾"、语义上"施-动-受"的分析思路。我们调查了颇受欢迎的六本教学语法参考书——卢福波的《对外汉语教学实用语法》（1996/2007）、房玉清的《实用汉语语法（修订本）》（2001）、刘月华等的《实用现代汉语语法（增订本）》（2001/2007）、朱庆明的《现代汉语实用语法分析》（2005）、张宝林的《汉语教学参考语法》（2006）、陆庆和的《实用对外汉语教学语法》（2006），除了房玉清、陆庆和的语法书之外，基本都是按照传统的句法上"主-动-宾"、语义上"施-动-受"的思路来分析存在句的。请看：

房玉清：处所短语＋动词短语＋名词短语

陆庆和：处所方位名词短语＋动词短语＋名词短语

卢福波：处所词＋谓语动词＋宾语

刘月华等：处所词语＋动词性谓语＋名词性宾语

朱庆明：处所词语＋动词＋着＋宾语

张宝林：主语＋述语＋宾语

要解读存在句，要给学生讲解好存在句，使学生不产生困惑，汉语教师最好能学习、了解一些当代的构式语法理论，运用构式理论与语块理论相结合产生的"构式-语块"句法分析法来重新分析存在句。

构式语法（construction grammar）理论是上个世纪80年代末逐渐兴起、90年代逐步形成的一种新的语法分析理论。这种理论发端于美国加州大学伯克利分校的菲尔墨（Charles Fillmore），后由普林斯顿大学的Adele Goldberg正式形成完整的理论。自上个世纪末张伯江将这种理论引介到我国汉语语法学界之后，立刻引起大家的关注和重视。构式语法理论的基本观点是（Goldberg，1995、2006、2009）[10]：

　i. 构式是形式、意义（含功能）的匹配；

　ii. 构式本身能表示独特的语法意义，自身有独特的语义配置方式

（即独特的语义结构关系）；

　　iii. 构式的形式、意义都不能从其组成成分或其他构式推知。

　　构式最主要的是告诉我们：(a) 构式本身能表示独特的语法意义；(b) 其形式和意义都不能从其组成成分或其他构式推知。这里我们还要补充说明的是，构式义来自认知域的意象图式。具体说，构式源于人通过感觉器官所感知并形成的直感形象或直觉；而此感知形成的直感形象或直觉在人的认知域内进一步抽象成为意象图式；该意象图式在认知域内借助内在语言进一步形成具体的概念框架；该具体的概念框架投射到外在语言，寻找最能表示该概念框架的具体的表达格式——可能已有的句法格式能用来表达，也可能跟已有的句法格式发生碰撞，产生新的"修辞构式"，并呈现为具体的句子；这种按"修辞构式"呈现的句子多次反复运用，并进一步抽象概括，便分别在内在语言和外在语言形成相应的、稳定的语义框架和新的语法构式。[11]

　　语块理论 (chunk theory) 则是由缪勒的短时记忆理论演化而来的。[12]国内外二语教学界和自然语言处理与研究学界已经广泛使用这种理论来为教学、为自然语言处理服务。我国目前在二语教学界对"语块"这一术语的使用，更多的还是从词汇角度来考虑的，"语块"的含义大致相当于英语里的formulaic language。我们这里所使用的"语块"、"组块"术语，其含义分别相当于英语的chunk 和 chunking。语块理论的核心内容是，根据心理实验所提供的数据，大脑运用语言进行组码（即编码）也好，解码也好，能容纳的离散块的最大限度是七块左右（即 ±7），关注范围是四块左右（即 ±4）；这样，一个经过组块 (chunking) 而成的语句表面看是由若干个语素或者说若干个词组合成的，但实际的组成单位是语块 (chunk)。陆丙甫教授指出，语块是"人类信息处理能力的实际运用单位"。[13]

　　按照构式理论与语块理论，语言中的句子或句法结构，既不是像传统的语法分析所认识的那样，都框定在"主-谓-宾"、"施-动-受"这样的范围内；也不是如乔姆斯墓所认为的那样——凡是以某个动词为核心的句法结构都是由这个动词的论元结构转化来的。可以这样假设，语言中存在的是各种各样的构式，而某个语言中的各种构式都是人的认知域里的意象图式、概念框架投射到该语言而形成的。按上面的假设，从语块的角度看，每个构式都由语块构成，语块是构式的构成单位。构式内部语义配置的每一部分语义，都以一个语块的形式来负载。通过整合构式语法理论和语块理论，陆俭明在2009年明确提出了"构式—语块"句法分析研究思路，逐渐形成了"构式—语块"句法分析法。

　　按照"构式—语块"句法分析法，上面说到的存在句就是一种存在构式，可以分析为三个语块，不管包含多少词语（为说明语块分析不考虑包含词语的多少，下面特举长度不等的存在句）。请看：

存在处所　—　存在方式　—　存在物

（3）a. 沙发上　　　　　　坐着　　　两位老奶奶

　　　靠墙那床上　　　　躺着　　　一位患急性肺炎的病人

　　b. 台上　　　　　　　放着　　　玫瑰花

　　　她那卧室的窗台上　放着　　　一盆她朋友从新加坡寄来的兰花

对存在句可作如下分析说明：

　　（一）存在句属于存在构式；

　　（二）其独特的构式义是表示存在，表静态；

　　（三）其语义配置是"存在处所—存在方式—存在物"；

　　（四）存在构式由三个语块构成语块链，该语块链从语义上看，是"存在处所—存在方式—存在物"；就各个语块的词性来说，是"处所成分—动词性成分—名词性成分"；

　　（五）存在构式，作为存在处所的处所成分语块通常是个方位结构，作为存在方式的动词性语块是"动词+着"，作为存在物的名词性语块通常带有数量成分。

　　以上对存在构式的描述可综合表示如下：

（4） 门口　　　　坐着　　　　三个人

　　墙上　　　　挂着　　　　两幅画

存在处所 — 存在方式 — 存在物　　　　　　语义语块链

处所短语 — 动词语 — (数量)名短语　　　　词性语块链

NP$_L$　　　V+ 着　　　NP　　　　　　　　码化格式

[表示存在，表静态]　　　　　　　　　　　　构式义

　　存在句包含三个语义块：存在物、存在处所、存在方式。从信息传递的视角看，它是以存在处所为话题，以存在物为信息焦点，同时指明存在方式的一种构式。因此，当我们要以存在处所作为话题，传递给听话人"是什么样的存在物"这样的新信息（即信息焦点），同时要说明存在物存在的方式时，就使用这种存在句。至于那三个语块之间是什么语法关系——是"主–谓–宾"关系，还是"状–述–宾"关系，根本无须考虑，因为不管采用哪一种分析都对理解存在句的意思没有什么帮助。换句话说，对于存在构式的各个语块之间的关系不必按照传统的句法分析法来进行分析。陆丙甫、蔡振光他们的一句话很值得我们重视："语法研究很多内容，往往带有很强的'名词术语之争'的性质，如语法中一个热门题目是如何定义和判断'主语'等语法成分，但是一个完全不懂语法成分术语的普通人也能理解句子。看来，'主语'等概念是否是研究语言所必需的也值得打个问号。"[14] 那么，每一个语块如果是一个复杂的句法结构要不要作进一步的分析？如果要分析，是作句法关系分析还是作语义关系分析？这都要根据研究分析的目的与需要来定，不作硬性规定。下面再举两个实例。

　　语言研究和语言教学实践表明，构式语法理论有用。最明显的一点，它能用来解释运用传统的句法上"主–谓–宾"、语义上"施–动–受"这样的句法分析思路难以解读与解释的语法现象。举例来说——

（5）张三高。

（6）张三高李四一个头。

例（5）好说，是一个很普通的形容词谓语句。对于例（6）"张三高李

四一个头"这个句子，按先前的语法理论可以有三种分析与解释：

第一种，结构主义的分析法——只作层次分析：

（7）张三　　高　　李四　　一个头。

1	2		1-2：主谓结构
	3	4	3-4：述宾结构
	5	6	5-6：述宾结构

但有个问题："高"是形容词，怎么能带双宾语呢？"高"带双宾语的机制是什么？难以说清楚。

第二种，用生成语法学派的轻动词理论来分析——底层结构/深层结构是"张三$V_{[比]}$李四高一个头"，那"$V_{[比]}$"是一个具有"比"的语义内容而没有"比"的语音形式的轻动词（light verb）；而轻动词有一个很强的特征，那就是它不能独立存在，得依附于某个实义谓词身上。由于在$V_{[比]}$之前没有谓词，在它之后有个谓词"高"，于是凭着$V_{[比]}$所具有的强特征，便把"高"拉上来，让轻动词$V_{[比]}$黏附在"高"身上，于是就成了我们所看到或听到的"张三高李四一个头"这样的句子。具体如下：

（8）张三高李四一个头。

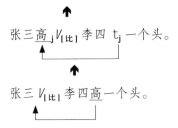

这一解释要优于第一种解释，但同样有上面的问题："高"是形容词，怎么能带双宾语呢？"高"带双宾语的机制是什么？还是难以说清楚。

第三种，用生成语法学派的"增元"说或"变价"说来解释。"高"原是一元谓词或者说一价形容词，如："张三高。"而在"张三高李四一个头"这个句子里，"高"由一元谓词/一价形容词"增元"/"变价"为三元谓词/三价形容词。这个解释看来很漂亮，但问题是："增元"/"变价"的动因是什么?"增元"/"变价"的机制是什么?也很难说清楚。更大的问题是:会出现循环论证——在"张三高李四一个头"这个句子里,"高""增元"/"变价"为三元谓词/三价形容词了。请问:你怎么知道这里的"高""增元"/"变价"为三元谓词/三价形容词了?回答:因为谓词"高"前后出现了三个论元。请问:"高"原是一元谓词/一价形容词,怎么能允许前后出现三个论元呢?回答:因为它"增元"/"变价"为三元谓词/三价形容词了。

按照"构式–语块"句法分析思路,上面所举的例(6)与例(5)不同。例(5)"张三高",这是一种"事物–性状"构式,说明某事物具有某种性状。这种构式除了谓词"高"之外,只需一个论元,"张三高"已成为一个自足的构式。这种构式由两个语块构成:一是表事物的语块(如"张三"),一是表性状的语块(如"高")。而例(6)"张三高李四一个头"则是一种"事物性状比较"构式,这个构式除了谓词"高"之外,需要三个论元——性状主体"张三"、比较对象"李四"和比较结果(比较差量)"一个头"。这种构式由四个语块构成:一是指明性状主体的事物语块,通常由一个名词性成分(如"张三")来表示;二是表事物所具有的性状语块,常见的是由形容词(如"高")来表示;三是比较对象语块,通常也是由一个名词性成分(如"李四")来表示;四是指明比较结果的语块,由一个数量成分(如"一个头")来表示。

上述"构式–语块"分析思路也为我们的修辞研究,特别是为我们研究"修辞构式"提供了一个新的视角。这里不妨举个实例:

(9)他不停地在房间里走来走去。

例(9)里的"走来走去",运用传统的分析思路很容易分析为由"走来"和"走去"这两个"动趋式"构成的连动结构。可是下面例(10)里的"吃来吃去"呢?传统的分析思路就难以对付:

(10)吃来吃去,还是黄瓜馅儿饺子好吃。

例(10)里的"吃来吃去"在意思上与"走来走去"大不相同。我们显然不能再按传统的分析方法将它分析为由"吃来"和"吃去"这两个"动趋式"构成的连动结构，因为现代汉语里根本就不单独存在"吃来"和"吃去"这样的说法。"吃来吃去"实际就是一个"修辞构式"。上面所说的"构式–语块"句法分析法对此很容易加以处理和解读。原来，"吃来吃去"这样的结构实际是由"走来走去"这种原有的语法构式通过隐喻并仿造发生变异而演化出来的一种"修辞构式"，它被泛化而且为人们频频使用，例如：

（11）a. 喝来喝去还是龙井茶对我的口味。

　　　 b. 挑来挑去还是那条裙子最好看。

　　　 c. 住来住去最后还是觉得住乡下最舒服。

　　　 d. 听来听去我还是最喜欢《梁祝》小提琴协奏曲。

　　　 e. 穿来穿去还是那件衣服穿着舒服。

　　　 f. 吃来吃去没有一个菜好吃的。

　　　 g. 扒拉来扒拉去没有一个姑娘合老太太心意的。

　　　　 ……

在频频使用中，这种"修辞构式"逐渐固化为一种与"走来走去"同形的新的语法构式。这一构式的构式义是："在行为动作所能涉及的诸种事物中，反复掂量主观认为（要数某事物较为/最为合意，或者哪个都不合意）"。这一构式只包含一个语义块"V来V去"，其形式特征是，前后两个动词相同，前一个动词后带上动词"来"，后一个动词后面带上动词"去"。

四、示例之三：语言信息结构理论的运用

　　这里想具体运用语言信息结构理论来分析一下"把"字句。为什么要专门谈论"把"字句呢？我们知道，"把"字句在现代汉语中是一种很重要的句式，使用频率比较高（"把"在字频统计中，列74位；在词频统计中，介词"把"列28位）。无论在汉语句法研究中还是在汉语教学中，"把"字句一直是一个比较受重视的句式。可是，教学实践告诉我们，外国学生在做"把"字句的造句练习时，一般都能造出符合老师

所讲的句法规则的"把"字句来；但在实际说话、写作中，老是用不好"把"字句。普遍的毛病是，不该用"把"字句的地方用上了"把"字句，而该用"把"字句的地方却又不用。本书第一章第一节"对汉语要有这样的认识"的第六点认识"汉语是语用强势语言"里曾举了一个不该用"把"字句而用了"把"字句的实例，这里不妨再举一个该用"把"字句而不用的实例。请看：

（1）* 玛丽是个勤快的孩子，每天都是她最早起来。等我们起床，早饭已经被她准备好了，屋子也已经被她整理得干干净净。

例（1）就一个个小句孤立来看，都合语法，但是例（1）的后一句是具体描述说明玛丽的勤快的，按上下文的意思，这里宜用表示积极处置的"把"字句，不该用"被"字句，可学生用了"被"字句。该句宜改为：[15]

（1'）玛丽是个勤快的孩子，每天都是她最早起来。等我们起床，她已经把早饭准备好了，还已经把屋子也整理得干干净净。

汉语教学实践告诉我们，"把"字句对教师、对外国学生来说，一直是会带来极大挫败感的一种句式。那么为什么外国学生老是用不好"把"字句呢？问题的症结在哪里呢？不妨先大致了解一下目前"把"字句的教学内容。

在汉语教学中，有关"把"字句所讲授的内容，基本都按照汉语本体研究所获得的结论来讲。讲授内容大致如下：

（一）"把"字句的基本格式：

X 把 Y 怎么样了

甲把乙怎么样了

名词语$_1$+ 把 + 名词语$_2$+ 动词性词语

（二）"把"字句的主语（即X/甲/名词语$_1$），通常是"怎么样"这部分里的动词所表示的行为动作的施事，所以通常由指人的名词语充任。

（三）"把"的宾语（即Y/乙/名词语$_2$），通常是"怎么样"这部分的动词的受事，而且要求是有定的、已知的。

（四）"怎么样"部分，也就是"动词性词语"部分，通常是复杂的，而且动词有一定限制，特别是不能用不及物动词。

（五）句子中如果要用到助动词（即能愿动词）或否定词，不能直接放在动词头上，得放在"把"字前边。

（六）对"把"字句内部各个词语之间的语义关系的描写与解释，通常都运用"施-动-受"这一传统的思路。

（七）"把"字句表示的语法意义，一般会讲到这么四种："处置"义、"致使"义、"主观认同"义、"不如意"义等。表示"处置"义的，如：

（2）刘老师把词典放在书架上。

（3）姐姐把我们的衣服都洗干净了。

例（2）是说通过"处置"，结果是受处置的事物发生位移；例（3）是说通过"处置"，受处置的事物性质发生了一定变化。表示"致使"义的，如：

（4）孩子把爷爷哭醒了。

　　（＝孩子哭，使爷爷醒了）

（5）那几个孩子把她折腾坏了。

　　（＝那几个孩子好会折腾，使她受不了）

表示"主观认同"义的，如：

（6）小芳把"磊"读成"石"的音了。

（7）王教授把研究工作看成自己生命的一部分。

例（6）表示"误认"，例（7）表示"确认"。表示"不如意"义的，如：

（8）我把我们家的大门钥匙落办公室了。

（9）他把那事儿忘了。

以上就是我们对外国学生所讲的有关"把"字句的内容，这也大致反映了汉语语法学界有关"把"字句的描写性研究成果。

可是外国学生使用"把"字句总是出现大量偏误，这反映了我们以往"把"字句研究与教学的不足。不足在哪里呢？说"把"字句表示"处置"义、表示"致使"义、表示"主观认同"义、表示"不如意"义等，这从表面看似乎很符合实际情况，可是没考虑和认识到，这些语法意义并非"把"字句的"专利"，不是只有"把"字句才能表示这些语法意义的。请看：

[处置-位移]

（10）刘老师放了本词典在书架上。　　　[连动句]

那本词典刘老师放书架上了。　　　[主谓谓语句]

那本词典被刘老师放书架上了。　　　["被"字句，含"不合意"之义]

[处置-变化]

（11）我们的衣服姐姐都洗干净了。　　　[主谓谓语句]

我们的衣服姐姐给洗干净了。　　　[带"给"的主谓谓语句]

衣服洗干净了。　　　[受事主语句]

[致使]

（12）爷爷被孩子哭醒了。　　　["被"字句]

孩子哭醒了爷爷。　　　[施事宾语句]

[主观认同]

（13）我认他做我的干儿子。　　　[递系句/兼语句]

[不如意事情的发生]

（14）我们家的大门钥匙落办公室了。　　　[受事主语句]

我们家的大门钥匙被我落办公室了。　　　["被"字句]

我们家的大门钥匙我给落办公室了。　　　[带"给"的主谓谓语句]

既然如此，就有一个问题："把"字句跟其他句式，诸如主谓谓语句、受事主语句、"给"字句、"被"字句、兼语句等，在表达上的差异具体在哪里？

　　真要让学生掌握好"把"字句，并会使用"把"字句，就得给外国学生讲清楚"把"字句跟其他一些相关句式的差异。而要做到这一点，语言信息结构理论对我们会有帮助。

语言信息结构理论是当今的一种前沿语言学理论。大家知道，语言是一个声音和意义相结合的变动的符号结构系统，有其自身的结构规则；同时我们更需明了，语言又是人类千万年来通过遗传所逐渐形成而与生俱来的信息"编码－解码"系统，或者说信息"表达－接收"系统，它与人的呼吸系统、消化系统、血液循环系统同等重要。语言只是载体，传递的是信息。语言自成系统，有其自身的结构系统、结构规律；语言所传递的信息也自成系统，也有其自身的结构系统、结构规律。语言信息结构可分为句子信息结构和篇章信息结构两大类。就汉语来说，句法研究首先关注的是句子结构；研究语言信息结构首先关注的当然就是句子信息结构，虽然某些句法现象的圆满解读或解释还得从篇章信息结构的角度来看。句子信息结构是传递信息的最基础的信息结构。那么句子信息结构该是什么样的信息结构呢？大多接受并采用"主位－述位"结构的观点。"主位－述位"结构能更全面地概括句子信息结构。"话题－述位"结构是句子信息结构中的一类，是最典型的句子信息结构。[16]句子信息结构的关注点是：

（一）句子一共包含多少信息单元？

（二）在包含的信息单元中，哪个/哪些是主位？哪个/哪些是述位？各有无标记？如果是"话题－述位"结构，以什么为话题？有无标记？

（三）以什么为焦点？是什么性质的焦点？有无标记？

（四）主位或述位是已知信息还是未知信息？

（五）如果存在多个已知信息单元，那么哪个已知信息量大，哪个已知信息量小？

（六）如果存在多个未知信息单元，那么哪个未知信息量大，哪个未知信息量小？如何确定信息量大小？

（七）是前景信息，还是背景信息？

（八）句子信息结构遵循什么样的准则？

就汉语来说，句子信息结构似得遵循以下准则——

准则一：作为一个句子信息结构，必定含已知信息与未知信息；二者通常形成"话题—陈述（评论）"信息结构。如：

（15）<u>张三</u>　　　<u>去上海了</u>。
　　　话题　　　　陈述（评论）

　　已知信息　　　未知信息

准则二：在句子信息结构中，已知信息成分可以省去，但未知信息成分不能省去。例如：

（16）老师：好哇，你考上浙江大学了！萧云考上哪个大学啦？

　　　王平：Ø[萧云]考上北京大学了。[旧信息"萧云"省去]

准则三：一个已知信息单元作了话题之后，要求述位部分必须传递新的未知信息。如果不是这样，一定有某种特殊的"传信"功能［见下文对"X是X（了）"句式表"让步"义的解释］。

准则四：在句子信息结构中，未知信息单元一般位于已知信息单元之后成为信息结构的常规焦点，如果位于已知信息单元之前，必须有标记。常见的标记是对比重音。例如：

（17）′萧云昨天在王府井花两千元买了件大衣。

　　　萧云′昨天在王府井花两千元买了件大衣。

　　　萧云昨天在′王府井花两千元买了件大衣。

　　　萧云昨天在王府井花′两千元买了件大衣。

　　　萧云昨天在王府井花两千元′买了件大衣。

其标记也可以是词语"是"。例如：

（18）是萧云昨天在王府井花两千元买了件大衣。

　　　萧云是昨天在王府井花两千元买了件大衣。

　　　萧云昨天是在王府井花两千元买了件大衣。

　　　萧云昨天在王府井是花两千元买了件大衣。

　　　萧云昨天在王府井花两千元是买了件大衣。

易位形式也可以视为一种标记。例如：

（19）问：你喝点儿什么？

　　　答：啤酒吧，我就。　　　　［"啤酒"是焦点］

（20）快出来吧，你们！　　　　［"快出来吧"是焦点］

（21）到家了吧，他大概。　　　　［"到家了吧"是焦点］

准则五：核心动词后如果出现多个信息单元，未知信息量大的居于未知信息量小的之后。例如：

（22）a. 我教了婆婆三天。

　　　b. * 我教了三天婆婆。

（23）a. * 她教了外国人三天。

　　　b. 她教了三天外国人。

例（22）、例（23）动词"教"之后都有一个对象宾语（"婆婆"/"外国人"）和一个时量成分（"三天"），它们都属于未知信息单元。但是，例（22）a句能接受，b句不能接受；而例（23）相反，b句能接受，a句不能接受。这是为什么？怎么解释？原来，从信息量上来说，就未知程度而言，"三天"的信息量大于"婆婆"，而小于"外国人"。为什么？人对时量很敏感，说到"三天"听话人马上能理解，然而相对于亲属称谓"婆婆"而言，对听话人来说，"婆婆"的未知程度还是要小于"三天"；而普通的指人名词"外国人"，由于可以有许多对比项，所以其未知程度要大于"三天"。显然，例（22）a句、例（23）b句符合准则五，而例（22）b句、例（23）a句则不符合准则五。

准则六：核心动词前如果出现多个信息单元，作话题的信息单元之外，其余信息单元，已知信息量大的居于已知信息量小的之前。例如：

（24）a. 汪萍昨天在那超市买了一件上装。

　　　b. * 汪萍在超市昨天买了一件上装。

（25）a. 昨天汪萍在超市买了一件上装。

　　　b. * 昨天在超市汪萍买了一件上装。

（26）a. 在超市汪萍昨天买了一件上装。

　　　b. * 在超市昨天汪萍买了一件上装。

句中动词前有三个信息单元："汪萍"、"昨天"、"超市"，它们都可以作话题。"汪萍"是专有名词，"昨天"的对比项只有"今天"一个，而"超市"的对比项可以不止一个，因此从信息量的已知程度来说，三者信息量的已知程度显然是：

汪萍 > 昨天 > 超市

这样，说话者一旦选定其中某一个为话题，那么按照准则六，例（24）—例（26）里的 a 句能接受，b 句不能接受，就很可以理解了。

准则七：在句子信息结构中，如果有背景信息，那么背景信息居于前景信息之前。例如：

（27）你们吃了饭看电视。

（28）你们看了电视吃饭。

例（27）"吃了饭"是背景信息，所以居"看电视"之前；而例（28）"看了电视"是背景信息，所以居"吃饭"之前。

准则八：问句答话的信息焦点与问话的疑问点在句中位置一致。例如：

（29）问：谁告诉你的？

　　　答：姐姐告诉我的。

（30）问：你想吃什么？

　　　答：我想吃饺子。

（31）问：你什么时候回去？

　　　答：我明天回去。

以上举的都是特指问句，选择问也遵循此准则。例如：

（32）问：是小敏还是小红考上了北京大学数学系？

　　　答：是小红（考上了北京大学数学系）。

（33）问：她吃的馒头还是面包？

　　　答：她吃的面包。

（34）问：你准备明天去上海还是后天去上海？

　　　答：我准备后天去上海。

准则九：说话者所传递的新信息要大于听话者对该新信息所拥有的信息量。例如：

（35）我很冷。

（36）他很冷。

（37）＊你很冷。

"冷"是属于"感受"性质的形容词。例（35）、（36）能说，因为符合准则九；例（37）不能说，因为不符合准则九。

现在我们就从语言信息结构的视角来重新审视一下"把"字句。[17]下面仅就含有"处置"义的"把"字句来跟其他也含有"处置"义的各种句子加以比较。[18]请看实例：

（38）a. 姐姐洗干净了所有的衣服。　　　　　　　["主－谓－宾"句]

　　　 b. 所有的衣服姐姐都洗干净了。　　　　　　 [主谓谓语句]

　　　 c. 所有的衣服都给姐姐洗干净了。　　　　　 ["给"字句]

　　　 d. 所有的衣服都被姐姐洗干净了。　　　　　 ["被"字句]

　　　 e. 所有的衣服都洗干净了。　　　　　　　　 [受事主语句]

　　　 f. 姐姐把所有的衣服都洗干净了。　　　　　 ["把"字句]

很清楚，例（38）这六个句子实际代表了现代汉语中六种句法格式。这些都是现代汉语里常用的句法格式。这六个句子表示的基本意义一样："所有的衣服""都洗干净了"；谁洗干净的？是"姐姐"洗干净的（只有 e 句未指明是谁洗干净的）。可是它们在表达上，也就是它们所传递的信息，是各有区别的。区别在哪里呢？就在语言信息结构上。请看：

a 句"姐姐洗干净了所有的衣服"，是"主－谓－宾"句，或者说"主－动－宾"句。这种句子格式以"姐姐"为话题，以"所有的衣服"为信息焦点；它只是客观陈述"姐姐洗干净了所有的衣服"这一事实，凸显"'姐姐'洗干净的是'所有的衣服'而不是别的"这一层意思。

b 句"所有的衣服姐姐都洗干净了"是主谓谓语句，也是陈述客观事实。但跟 a 句不一样，它以"所有的衣服"为话题，以"洗干净了"

或"姐姐洗干净了"为信息焦点，凸显"所有的衣服'洗干净了'"这一层意思。

c句"所有的衣服都给姐姐洗干净了"是"给"字句，就话题与信息焦点看，与b句一样，但用了介词"给"，信息结构的性质跟b句不一样了。除了陈述事实外，施动者"姐姐"通过介词"给"的引介，更清楚地指明洗干净衣服的是"姐姐"而不是别人，即凸显处置者"姐姐"。

d句"所有的衣服都被姐姐洗干净了"是"被"字句，就话题与信息焦点看，与b句、c句一样，但用了介词"被"，信息结构的性质跟b句不一样，跟c句也不一样了，增添了不如意的"遭受"之义，含有"不想让姐姐洗干净"之意。

e句"所有的衣服都洗干净了"是受事主语句，它跟b、c、d句特别跟b句有相同之处——都以"所有的衣服"为话题，以"洗干净了"为信息焦点；但它跟它们又有不同——不关心"是谁洗干净的"问题，也不含有主观色彩，只是客观陈述"所有的衣服洗干净了"这一事实。

f句"姐姐把所有的衣服都洗干净了"就是我们所关注的"把"字句。"把"字句的特别之处是——

跟a句，即"主-谓-宾"句或者说"主-动-宾"句相比较，虽然都以"姐姐"为话题，但是a句以"所有的衣服"为句子的信息焦点，而"把"字句则以"洗干净了"为句子的信息焦点。

跟b、c、d、e各句相比较，虽然都以"洗干净了"为信息焦点，但是b、c、d、e各句都以"所有的衣服"为话题，而"把"字句则以"姐姐"为话题。

从以上两点我们已经大致可以体会到，从语言信息结构的视角看，无论就话题来说，还是就信息焦点来说，"把"字句跟a、b、c、d、e句式都有差异，有其自身的信息特点——它以处置者为话题，以处置方式和处置结果为常规信息焦点。

现在有个问题：在言语交际中，当说话人要让处置者作话题，要让处置方式和结果为常规信息焦点，而同时要让处置对象也在句中出现，那么处置对象该放在哪里？我们认为答案只有一个：只能安放在话题之后、信息焦点之前。[19]拿"姐姐洗衣服"这一事件来说，"洗"的结果通常是"衣服"由脏变干净；现在要将"姐姐"作为话题，要将处置方式及其结果"洗干净"作为焦点，那么处置对象"衣服"如果要在句中出现，只能放在"话题与信息焦点之间"，说成：

（39）姐姐　　衣服　　洗干净了。
　　<u>主</u>　　　　<u>谓</u>
　　　　　　<u>主</u>　　　<u>谓</u>

可是语言事实告诉我们，例（39）作为主谓谓语句，它起码要受到两方面的限制——

一是在语义上要受到限制——小主语"衣服"只能被理解为是大主语"姐姐"的领有物，即话题处置者所指"姐姐"领有处置对象"衣服"。类似的主谓谓语句都是如此，请看例（40）：

（40）姐姐衣服洗干净了。

老张自行车修好了。

小明苹果吃完了。

……

例（40）各句的"姐姐"与"衣服"，"老张"与"自行车"，"小明"与"苹果"，都分别暗含着领属关系。这就意味着如果"姐姐"所洗的不是自己的衣服，而是别人的衣服，就不能采用这种主谓谓语句式。实际情况也确实如此，请看实例：

（41）a.姐姐棉布的衣服都洗干净了。

b.*姐姐<u>全班的衣服</u>都洗干净了。

c.*姐姐<u>弟弟的衣服</u>都洗干净了。

例（41）a句可以说，且在理解上都会认为"棉布的衣服"跟"姐姐"有领属关系；b句、c句则都不说，因为"全班的衣服"、"弟弟的衣服"都跟"姐姐"没领属关系。[20]

二是要受到长度的限制。所谓"要受到长度的限制"，是说即使处置对象"衣服"是"姐姐"自己的，也要求表示处置对象的那个成分在长度上要比较短；如果长了，句子就不能成立。请看：

（42）a. 姐姐衣服洗干净了。

　　　b. 姐姐棉布的衣服洗干净了。

　　　c. *姐姐棉布的、脏得不像话的衣服洗干净了。

　　　d. *姐姐全是油腻脏得不像话的衣服洗干净了。

（43）a. 弟弟杯子打了。

　　　b. ?弟弟<u>最漂亮的</u>杯子打了。

　　　c. *弟弟<u>最漂亮的用来喝咖啡的那两个</u>杯子打了。

　　　d. *弟弟<u>最漂亮的带有金边的用来喝咖啡的那两个</u>杯子打破了。

根据我们的问询调查，例（42）的c、d句，例（43）的b、c、d句都不被接受。

　　这样，必然会提出一个新问题：假如处置对象一定得在句中出现，而且非得置于话题与信息焦点之间，而又得克服上述那两方面的条件制约，是否有别的办法呢？有，其中之一就是用"把"一类介词来引介。[21]请看：

（42′）a. 姐姐把衣服洗干净了。

　　　b. 姐姐把棉布的、脏得不像话的衣服洗干净了。

　　　c. 姐姐把<u>全是油腻脏得不像话的</u>衣服洗干净了。

（43′）a. 弟弟把杯子打了。

　　　b. 弟弟把<u>最漂亮的</u>杯子打了。

　　　c. 弟弟把<u>最漂亮的用来喝咖啡的那两个</u>杯子打了。

　　　d. 弟弟把<u>最漂亮的带有金边的用来喝咖啡的那两个</u>杯子打破了。

这就是说，介词"把"的作用是可以自由地将处置对象引入句内——不论处置对象与话题所指之间是否存在所属关系，也不论表达处置对象的语言形式有多长。

　　至此，我们基本可以了解为什么要用"把"字句。那就是当我们要让处置者作话题，要让处置结果成为信息焦点，而且又得让处置对象自由进入句子，放在话题和信息焦点之间时，就要采用"把"字句。

然而，"把"字句的表达作用还不限于此，它还能使整个句子具有"强影响性"[22]（张伯江）和"处置的主观认定性"[23]（沈家煊），从而凸显处置的结果。这也就是为什么"把"字句能给人以强烈的"处置"感的原因所在。这一点从下面例 (44)、例 (45) 中看得更清楚：

（44）a. 去年<u>张三骗了李四</u>，可李四没有上当。["主-动-宾"句]

　　　b. * 去年<u>张三把李四骗了</u>，可李四没有上当。["把"字句]

（45）a. 张三用力砸了那铁锁，可是没有砸开。["主-动-宾"句]

　　　b. * 张三用力把那铁锁砸了，可是没有砸开。["把"字句]

例 (44) a、b 两句意思明显有别—— a 句的前一小句采用"主-动-宾"句式，只是客观而又明确地陈述了张三对李四实施了欺骗行为这一事实，至于李四是否受骗，并未明确交代说明，所以后面可以跟上"可李四没有上当"这一小句；可是 b 句采用"把"字句，就凸显了李四受了骗这一结果，所以后面就不能跟上"可李四没有上当"这一小句。例 (45) a 句的前一小句采用"主-动-宾"句式，只是客观而又明确地陈述了"张三用力砸了那铁锁"这一事实，但并未明确交代铁锁是否被砸开了，所以后面就可以跟上"可是没有砸开"这一小句；可是 b 句采用"把"字句，铁锁被砸开的意思十分明显，因为"把"字句具有"强影响性"和"处置的主观认定性"，从而凸显了"铁锁被砸开"这一处置结果，所以后面就不能跟上"可是没有砸开"这一小句。

至此，我们大致可以看出，从语言信息结构的角度看，表示"处置"义的"把"字句存在三个明显的特点：

一是要让"处置者"为话题；

二是要让"处置结果"作为信息焦点，以起到凸显传递并认定"处置结果"这一信息的作用；

三是运用介词"把"，以便自由地将"处置对象"引入句子内，同时表示"处置"的强影响性和说话者的主观认定性。

前面我们在本书第一章第一节"对汉语要有这样的认识"第六点认识"汉语是语用强势语言"里说到汉语语法对语篇有很大的依赖性时，

举了一个使用"把"字句的偏误句，即例（2），对那个偏误句作了分析与修改，将其中的"把"字句改成了"被"字句。前面对那个偏误句的指误、分析与修改是正确的。但是，如果人们要追究：为什么例（2）用了"被"字句就使前后文气协调、连贯了？对于这样的深究，如果运用语言信息结构理论就可以回答得比较圆满一些。那是因为从更本质的视角看，例（2）使用"把"字句不符合汉语信息结构所应遵守的原则。为什么这样说呢？例（2）上文是说"眼前是一片不好的景象"，下文是来具体描述洪水过后那"不好的景象"的，这就不能让"洪水"来作话题，而应让遭受洪水之害的事物来作话题。要让遭受洪水之害的事物来作话题，那当然宜采用"被"字句。这样一来，更增强了遭受不幸的意味。

如果我们将"把"字句内部的语义配置情况和"把"字句的表义特点告诉学生，又将"把"字句在语言信息结构上与其他句式的差异都清清楚楚地告诉外国学生，将会有助于让汉语教学走出"把"字句教学的困境。我们虽不敢说外国学生就不会错用"把"字句了，但肯定会使他们大大减少"把"字句使用不当的偏误。

上面举了用语言信息结构理论来进一步解读/解释"把"字句的实例。下面再举些例子。

[实例一] 关于表"让步"的"X是X（了）"小句句式

"X是X（了）"是让步转折复句中居前的小句，例如：

（1）"那衣服漂亮，买吧。""<u>漂亮是漂亮</u>，就是太贵了。"

（2）"小芳这孩子真聪明。""<u>聪明是聪明</u>，就是太贪玩儿了。"

（3）"那文章看了吗？""<u>看是看了</u>，但我没有看懂。"

（4）"昨天去庙会玩儿了吧？"

"<u>去是去了</u>，可是到那儿一看人太多，我就回来了。"

语法学界都认为，前面的小句"X是X（了）"表示"让步/容让"。那"X是X（了）"小句为什么能表示"让步/容让"的意思？过去百思不得其解。现在上面所讲的[准则三]为我们提供了解释的理据——在"X是X

（了）"小句里边，前面那个X（如各例中的"漂亮"、"聪明"、"看"和"去"）是承接上一句 [如例（1）的"那衣服漂亮，买吧"，余者类推] 而来的，实际是一个话题，它表示的是旧信息。按前面所说的[准则三]语言信息结构理论，既然"X"作了话题，后面的陈述中应提供新信息，可是"是X"所提供的并不是新信息，只是重复了话题所说的内容。从信息传递的角度说，这等于是"在原地踏步"；而"在原地踏步"意味着"让步/容让"。（此例是张伯江先生提供的）

[实例二] 与易位句有关的一个现象

请先看个实例：

（1）他们都走了。

例（1）是有歧义的。按《现代汉语八百词》对"都"的分析，例（1）可分别理解为（为便于说明，我们不妨将"都"分化为"都$_1$"、"都$_2$"、"都$_3$"三个）：

　　（1′）a. 他们′都$_1$走了。　　　[≌他们全走了]

　　　　　b. 他们都$_2$′走了。　　　[≌他们已经走了]

　　　　　c. ′他们都$_3$走了。　　　[≌甚至他们也走了]

值得注意的是，相当于"已经"的时间副词"都"可以易位，即可以说成例（2）b′：

　　（2）b′. 他们′走了，都$_2$。

而例（1′）a 句和 c 句里的"都"都不能易位，即不能说成例（3）a′句、c′句：

　　（3）a′. *他们走了，′都$_1$。　　　[≌他们全走了]

　　　　　c′. * ′他们走了，都$_3$。　　　[≌甚至他们也走了]

这是为什么？怎么解释？前面所说的[准则四]可以帮助解释。原来，口语里的易位现象，不论是前面的句法成分向后的易位现象（如"他们下棋呢，在。"），还是后面的句法成分往前的易位现象（如"他回来了，我听说。"），从语言信息结构的视角看，本质上是一致的，都是焦点成分在前，非焦点成分在后。或者说，后一部分都是非焦点成分，句子的焦点成分都一定在前紧挨着。a 句里的"都[全]走了"是焦点成分,"都"得重读,当然不能易位,因为居后的易位成分必须轻读。b 句里的"都[已经]",并非焦点,得轻读,"走了"是信息焦点,所以"都"可以易位。c 句信息焦点是"他们",实际是隐含"连"字的表示量级序位化并进行极性强调的句式;"都"虽不是重音之所在,但由于"走了"并不是全句的信息焦点,所以"都"不能易位——易位的前提是,后移成分之前必须是焦点。

[实例三] 请看下面一问一答:

(1)问:你刚才喝什么了?

　　答:(a)我刚才喝了一杯咖啡。

　　　　(b)*咖啡我刚才喝了。

(2)问:咖啡呢?

　　答:(a)咖啡我喝了。

　　　　(b)*我喝了一杯咖啡。

无论例(1)还是例(2),a 句可取,b 句不可取。可是 b 句不论从句法上说还是从语义结构关系看都没问题,为什么不可取?就在于 b 句违反了前面所说的[准则八]——问句答话的信息焦点与问话的疑问点在句中位置一致。

　　上面所谈的有关用配价语法理论分析一些语句的内容,用"构式–语块"语法分析法分析存在句的内容,以及从语言信息结构角度分析"把"字句的内容,我们不能照搬到汉语教学课堂上就这样给外国学生讲。一定得将上述研究成果转化为教学内容,而且得用深入浅出、通俗易懂的教学语言来给学生讲解。

　　我们强调汉语教师需要学习语言学理论,不是要汉语教师在课堂上给学生直接讲这些语言学理论,而是为了让老师在汉语教学中游刃有余,更得心应手,更好地提高教学质量与水平。

注释

1　上个世纪50年代中期之前，对语言的认识，基本上一直停留在四句话上："语言是音义结合的符号系统"；"语言是人类最重要的交际工具"；"语言是思维的物质外壳"；"语言是人类文化的载体"。第一句是就语言本体性质而言的，后三句是就语言功用而言的。对语言这样认识并无不妥之处。上个世纪50年代之后，随着认知科学、心理学的发展，随着语言学领域内"乔姆斯基革命"的爆发，对语言本体的性质有了新的认识——首先要看到语言是存在于人的心智/大脑中的自然客体，是心智/人脑的重要组成部分。基于这样的认识，乔姆斯基将可看作存在于人的心智/大脑中的自然客体的语言称为"内在语言"（Internal language，简称I-language）；相对地，将先前人们视为声音和意义相结合的符号系统的语言称作"外在语言"（External language，简称E-language），（Chomsky N. Language and Mind: Current Thoughts on Ancient Problems，*Pesquisa Linguistica* 3,4. Paper presented at the anniversary of Generativism on Internet, 1997）。而随着社会的发展，从上个世纪末开始，对于语言的功用也有了新的认识——语言不仅具有工具性，还具有资源性、情感性。

2　转引自张伯江：《功能语法与汉语研究》，见刘丹青主编《语言学前沿与汉语研究》，上海教育出版社，2005年。原话出自Paul J. Hopper, Emergent Grammar（动态呈现语法）. *Berkeley Linguistics Society 13*。

3　关于我们汉语语法研究如何吸收、运用当今三大派语言学理论，陆俭明尝试作了些探讨，具体参看陆俭明：《现代汉语语法研究教程》（第四版），北京大学出版社，2013年。

4　特思尼耶尔的配价理论是他所建立的从属关系语法的重要组成部分。他认为，句法旨在研究句子，而句子是一个有组织的整体，它的构成成分不只是表面所看到的一个个词，更重要的是词与词之间的"关联"（connexion），这是句子的生命线。他举了这样一个例子：Alfred parle.（阿尔弗雷德说话。）特思尼耶尔认为，这个句子除包含Alfred（阿尔弗雷德）和parle（说话）这两个词之外，还有一个表面上看不到的但更为重要的成分，那就是Alfred和parle之间的句法关联。"关联"对思想表达来说是必不可少的，它赋于句子以有机性和生命力。"关联"如同化学中的化合，氢和氧化合成一种化合物——水，水的性质既不同于氢，也不同于氧。为什么水会不同于氢也不同于氧呢？这其中就是化合起了决定性的作用。句法上的"关联"建立起了词与词之间的从属关系。这种从属关系由支配词（regissant）和从属词（subordonne）联结而成。上面所举句子中的parle（说话）是支配词，Alfred（阿尔弗雷德）则是从属词，parle是支配Alfred的。特思尼耶尔又认为，动词是句子的中心，它支配着别的成分，而它本身则不受其他任何成分的支配。直接受动词支配的有名词词组和副词词组，其中名词词组形成"行动元"（actant），副词词组形成"状态元"（circonstants）。从理论上说，状态元是无限的，而行动元不得超过三个，这三个就是句子中的主语、宾语$_1$、宾语$_2$。动词的价就决定于它所支配的行动元的数目。动词可比作带钩的原子，它能钩住（即支配）几个行动元，那它就是几价动词。

5　参看朱德熙："的"字结构和判断句，《中国语文》1978年第1、2期连载。朱先生用的术语不是"价"，而是"向"。现在我们一般所说的"一价动词"、"二价动词"、"三价动词"，朱先生称为"一向动词"、"二向动词"、"三向动词"。

6　参看日本学者奥田宽：论现代汉语形容词的强制性联系和非强制性联系，载《南开学报》1982年第3期；刘丹青：形名同现及形容词的向，载《南京师大学报》（社会科学版）1987年第3期。

7　二价形容词，根据其具体意义的不同，大致可分为以下四类：（一）情感态度类，如"好、严、气愤、恐惧、麻木、生气、友好、热情、友善、热心、冷淡、客气、耐心、不孝、不在乎"等；（二）经验认知类，如"内行、在行、精、精通、熟、熟悉、陌生"等；（三）有用无益类，如"有用、有害、有利、有数、有效、有益、无用、无害、无数、无效、无益、不利"等；（四）公平平等类，如"公平、不公、平等"等。

8　参看袁毓林：现代汉语名词的配价研究，载《中国社会科学》1992年第3期。

9　二价名词可分为四类：（一）情感、态度类。这类二价名词都是表示人或感情动物对人或事物的感情、态度的。它们的两个配价成分分别是"情感、态度的持有者"和"情感、态度所针对者"，介词"对"引介情感、态度所针对者。（二）见解、论点类。这类二价名词都是表示人们对人或事物的见解、看法、印象的。它们的两个配价成分分别是"见解、论点的持有者"和"见解、论点所针对者"。介词"对"用来引介见解、论点所针对者。（三）作用、意义类。这类二价名词都是表示人或事物对其他人或其他事物的作用、意义的。它们的两个配价成分分别是"起作用者"和"受作用者"。介词"对"用来引介受作用者。（四）方针、政策类。这类二价名词都是表示人们针对某个方面所采取的工作方针、政策的。它们的两个配价成分分别是"方针、政策的制定者"和"方针、政策的针对者"。介词"对"引介方针、政策的针对者。具体分别参看李小荣：从配价角度考察介词结构"对于……"作定语的情况，见沈阳主编《配价理论与汉语语法研究》，语文出版社，2000年。袁毓林：现代汉语名词的配价研究，载《中国社会科学》1992年第3期。

10　Goldberg, A. E.: *Construction Grammar Approach to Argument Structure*. Chicago and London: The University of Chicago Press,1995；*Construction at Work: The Nature of Generalization in Language*. Oxford: Oxford University Press, 2006；Constructions work. *Cognitive Linguistics*, 20. 1. 201—224, 2009.

11　参看陆俭明：构式与意象图式，载《北京大学学报》（哲学社会科学版）2009年第3期。

12　参看Miller, G. A.: The Magical Number Seven, Plus or Minus Two: Some Limits on Our Capacity for Processing Information. *Psycological Review* 63,1956.

13　参看陆丙甫：直系成分分析法——论结构分析中确保成分完整性的问题，载《中国语文》2008年第2期。

14　参看陆丙甫、蔡振光："组块"与语言结构难度，载《世界汉语教学》2009年第1期。

15　参看马真：在汉语教学中要重视词语使用的语义背景，见蔡建国主编《中华文化传播：任务与方法》，上海人民出版社，2008年，第196—208页。

16　依据主位的不同性质，将句子信息结构分为三大类：

（一）"话题主位-述位" 结构。例如（画线的是主位，下同）：

（1）<u>我们女人</u>哪就是倔。　　　（2）<u>那场大火啊</u>，幸亏消防队来得早！

这是最典型的句子信息结构。

（二）"人际主位-述位" 结构。人际主位是表明说话人语气、态度的信息单元。例如：

（3）<u>最好啊</u>，谁也别欠谁的情。　　　　　（4）<u>不如啊</u>，开个会商量商量。

（三）"篇章主位-述位" 结构。篇章主位起呈现句与句之间的连接、关系的作用。例如：

（5）<u>其实呀</u>，他并不傻。　　　（6）<u>一上这小楼啊</u>，特舒心！

"'主位-述位'结构"之说，能更全面地概括句子信息结构。"话题-述位" 结构只是句子信息结构中的一类，虽然它可以说是最典型的句子信息结构。

17　语言信息结构理论对语法现象解释的有效性，参看陆俭明：试说语言信息结构，载《学术交流》2014年第6期；消极修辞有开拓的空间，载《当代修辞学》2015年第1期。

18　"处置" 义，一定会包含四个语义要素：处置者、处置对象、处置方式、处置结果。在句中的位置是：处置者，居于句首，就是 "把" 字句格式中的X/甲，也就是 "名词语$_1$"。处置对象，居于介词 "把" 后，就是由 "把" 引介、作 "把" 宾语的Y/乙，也就是 "名词语$_2$"。处置方式，处于 "怎么样" 部分，就是 "动词性词语" 部分的主要动词所表示的行为动作。处置的结果，也处于 "怎么样" 部分，通常以补语的身份出现在句中。例如：

（1）刘老师　　[把] 词典　　　放　　　在书架上了。
　　　处置者　　　处置对象　　处置方式　　处置结果

（2）姐姐　　　[把] 我们的衣服　　都洗　　干净了。
　　　处置者　　　处置对象　　　　处置方式　　处置结果

处置结果常常可以隐含。请看：

（3）弟弟把我的杯子打了。|妈妈把衣服洗了。

19　为什么处置对象只能安放在作为话题的 "处置者" 和作为句子自然信息焦点的 "处置方式及其结果" 之间？请读者自行思考。

20　例（41）b句、c句不能说不是因为 "衣服" 前有一个由 "的" 字结构（"全班的"、"弟弟的"）充任的定语，因为a句 "衣服" 前也有一个由 "的" 字结构（"棉布的"）充任的定语。

21　克服那限制条件还有另外一种办法，那就是采用话题后停顿（包括带上某个语气词）的办法。例如：

（1）a. 姐姐衣服洗干净了。

b. 姐姐（呀/呢），棉布的、脏得不像话的衣服洗干净了。

c. 姐姐（呀/呢），全是油腻脏得不像话的衣服洗干净了。

（2）a. 弟弟杯子打了。

b. 弟弟（呀/呢），最漂亮的杯子打了。

c. 弟弟（呀/呢），最漂亮的用来喝咖啡的那两个杯子打了。

22　参看张伯江：论 "把" 字句的句式语义，载《语言研究》2000年第1期。

23　参看沈家煊：如何处置 "处置式"？——论把字句的主观性，载《中国语文》2002年第5期。

第四节　关于专业论著的阅读

要了解、学习语言学理论，必须加强语言学专业论著的阅读。阅读专业论著可以让自己增长新知，扩大视野，提高理论水平。

阅读专业论著时要力求达到以下三个目的：

第一个目的是，了解内容，即了解自己不知道的新知识。这是读书最起码的要求。为达到这一目的，要力戒"不求甚解"和"仅求一知半解"的不良习惯。

第二个目的是，从论著中吸取营养，并努力把论著的内容转化为自己头脑里的知识。一个人的知识之所以能不断增长、不断更新，就在于能"转化"。转化不等于认同论著的观点。

第三个目的是发现问题。这里所说的问题，包括——

要求回答、解释的问题= question；

需进一步解决的矛盾、疑难= problem；

论著的重要、关键之点= key；

论著存在的毛病、失误= flaw, slip-up。

如何能实现转化？如何能发现问题？关键在于：要勤于思考。要时时边读边思考：为什么？怎么样？这样行吗？这样合适吗？是否会有例外？是否可以作另外的思考？同时，不要盲从，更不要迷信。不要以为书上说的、课堂上讲的一定都是对的，也不要以为对权威、大家所说的看法与结论不能说一个"不"字。做学问，不虚心学习前人意见，不很好地继承前人的研究成果，这不可取；但是，如果对前人的研究成果，或者对一些专家学者的理论观点一味盲从，甚至到了迷信的地步，这也是不对的。要知道，第一，客观事物是极其复杂的，一个人再有能耐也不可能对研究的对象都研究无遗；第二，老师也好，学者专家也好，权威大家也好，他们也都是人，不是神；第三，任何学者专家都不可避免地要受到多方面的制约——时代科学水平的制约，自己研究视角、研究兴趣、研究目的的制约；第四，一个人在研究上难免会存在某些疏漏与缺憾。

2 下 编

第五章　关于汉语教学法——以汉语语法教学法为例

第六章　汉语语法教学中常常会面临的问题

第五章
关于汉语教学法——以汉语语法教学法为例

教学法是"三教"[1]之中的"一教",强调要有较好的、具有针对性的、行之有效的教学模式、教学方法。

第一节 怎么看待教学法？

教学法，现在时常成为汉语教学界的一个热门话题，甚至为此举行专门的研讨会。大家关心教学法，应该说是个好事。我们在汉语教学中是需要注意教学法的问题，可是我们更要明了这样一点——方法是这里能用那里不一定能用、这里好用那里不一定好用、对这个老师来说好用对那个老师来说不一定好用、对这样的学生适用对那样的学生不一定适用的一种教学技巧和艺术而已。现在大家又都在热议"后方法"。2014年7月19日至20日在银川市举行了"第十一届对外汉语国际学术研讨会"，研讨会主题就是"后方法理论视野下的对外汉语教学研究"。"后方法"语言教学理论，是美国库玛（Kumaravadivelu）提出来的。[2]其基本精神是什么呢？在银川研讨会上，孙德坤教授认为，"后方法"语言教学理论是指有效的语言教学必须因地制宜，即必须因时、因地、因人、因现有条件而确定教学目标，实施教学手段，因此没有一个放之四海而皆准的"最佳"教学法。中国人民大学张璐教授指出，后方法语言教学理论是主张语言教学不应该拘泥于某一种固定的教学方法，而应该将各种教学方法灵活地运用于教学实践中，从而达到最佳的教学效果。北京语言大学崔永华教授在报告中则补充说，"后方法"语言教学理论要求教师树立正确的教学理念，建立自己的教学策略系统。他们三位对"后方法"语言教学理论的基本精神都阐释得很好。总结起来一句话："后方法"就是强调不要拘泥于某一种教学方法，要因人、因时、因地、因条件采用有针对性的教学手段。然而这不就是我们的先师孔夫子早就教导的"因材施教"吗？不就是我们前辈老师所总结的"教有定则，教无定法"之说吗？

我们觉得，教学法是很重要，在实际汉语教学中需要注意教学法，但是作为一名汉语教师必须明了，有比教学法更重要的两样东西必须具备，那就是——

第一样东西，要有高度的教育责任心。这里不妨给大家讲一个真实的故事。高校中文系的现代汉语语法课，不少教师觉得不好讲，认为语法本身就枯燥无味，不容易引起学生的兴趣。可是我们的老师朱德熙先生，在上个世纪50年代给中文系尚未分专业的一年级学生讲授现代汉语语法，他能讲得大家都爱听，没有人缺课的，大家甚至觉得听朱先生的语法课"是一种艺术享受"。这是什么原因？起初都认为这是朱先生的教法好。1960年我们毕业留校任教以后，才明白这不是根本原因，根本原因是朱先生有高度的教育责任心。记得当年我们毕业任教后去向朱先生请教教学的诀窍，朱先生淡淡一笑，说"哪有什么诀窍"，停了一下，语重心长地说了那么一句话："要多从学生的角度考虑。"听了朱先生这句话，我们回想朱先生给我们上课的情景，体会到朱先生每一堂课都经过精心思考——如何跟上一节课衔接，怎么提出问题，怎么切入，问题怎么展开，举什么样的例子，等等；甚至板书的安排，他都很讲究。这一切的出发点就是怎样让学生能够更好地接受。朱先生这句话充分体现了一名老教师高度的教育责任感。在几十年的教育、研究生涯中，我们总记着朱先生这句话，也努力这样去做；后来写文章时我们也时时以此为要求——教书心里要有学生，写文章也得心里有读者。总之，高度的教育责任心是教好课的关键所在，具体来说就是心里要有学生，眼睛里要有学生。课程是教学计划所规定的，但是该讲什么内容，所讲内容前后该怎么安排，在具体讲解时又该怎么开头、怎么提出问题，该从哪里切入，该怎么展开，说明问题时最好举什么样的例子，上课时怎么利用好板书，最后该出什么样的练习，都要求老师要多从学生的角度考虑——考虑怎么能让学生更好接受、更好理解、更好掌握。有了这种教育责任心，就会根据经验，针对不同教学对象、不同教学内容，设计出不同的教学方法。

第二样东西，自己肚子里要有东西。这也就是我们常讲的"要给学生一碗水，自己就要有一桶水"。作为一名教师，必须具有扎实而又较为广博的专业基础知识和一定的研究能力。就汉语教师来说，由于汉语教学最直接的目的是要让外国学生学习、掌握好汉语，所以必须具备扎实的汉语言文字学等方面的功底和一定的研究能力。这样才能做到针对不同的教学对象，灵活自如地组织教学内容，采用不同的教学方法。

总之，"教有定则，教无定法"。好的教学法，都是老师在教学中用心创造出来的。作为一名汉语教师，首先要有高度的教育责任心，同时自己肚子里要有东西，要有深厚的汉语言文字学等方面的知识。具备了这两个条件，在教学中就会游刃有余，就会有创造性，就能针对不同的对象、根据不同的教学内容琢磨出有针对性的好的教学法；也只有这样，才能较好地吸取、运用别人提出的好的教学法。

下面我们仅以汉语语法教学法为例，来具体说说该用什么样的教学法，该怎么进行语法教学。

注释

---

1 "三教"是简称，具体指：（一）高素质的教师队伍；（二）高质量、成系列的汉语教材；（三）有针对性的、行之有效的教学模式、教学方法。陆俭明于1999年在德国汉诺威举行的"第六届国际汉语教学讨论会"（1999年8月8日—12日）全体大会上所作的题为"关于开展对外汉语教学基础研究之我见"的报告中，就谈到了后来一般所说的"三教"问题。报告中的原话是："要保证对外汉语教学质量不断提高，需要有多方面条件的支持。除大环境外，重要的是需要有一支高素质的教师队伍，需要有一整套高质量的汉语教材，需要有高效率的教学模式和教学方法。而这都有赖于对外汉语教学的基础研究。"报告后发表于《语言文字应用》1999年第4期，标题改为"关于开展对外汉语教学基础研究之管见"；后收录在陆俭明《作为第二语言的汉语本体研究》，外语教学与研究出版社，2005年。

2 具体参看Kumaravadivelu, B.: *Beyond Methods: Macrostrategies for Language Teaching*，中译本《超越教学法：语言教学的宏观策略》（陶健敏译），北京大学出版社，2013年。

第二节　怎么进行语法教学？

在汉语教学中怎么进行语法教学？这个问题以往国内外许多学者专家已经发表过不少意见。在这里我们只想强调以下三点：

一、坚持随机教学

在汉语教学的初级、中级阶段都不宜系统地、全面地讲解语法，而得采取"随机教学"法；到高级阶段，可以适当地进行带总结性的又有一定针对性的"巩固基础语法"（consolidating basic grammar）教学。

什么叫"随机教学"？大家知道，汉语教学中的语法教学，先前大致有两种路子——

一种路子是在语音教学阶段过去之后就开始系统地向学生讲解汉语语法知识。上个世纪 50 年代北京大学外国留学生汉语教材编写组编写的《汉语教科书》（1958）就是这样做的——先讲授现代汉语各个词类，接着讲授句子和句子成分，而后讲授一些常用的句式。它构建了对外汉语教学语法的基本框架，一直沿用至上个世纪 90 年代初，虽不断有所调整，但总体格局未变。

另一种路子是在语音教学阶段结束之后，以课文为纲，每篇课文后附有该课文语法点的讲解。上个世纪90年代以来的汉语教材大多是这样做的。最早向老的语法教学路子提出挑战的是当时在北京语言学院任教的吕文华教授。她于1994年出版了《对外汉语教学语法探索》一书，吕必松教授在为该书所写的序文中指出："如何改革对外汉语教学的语法体系，早就成了我国对外汉语教学界乃至世界汉语教学界普遍关心的问题。吕文华先生的新著《对外汉语教学语法探索》率先对这一问题作了全面、系统的研究，为对外汉语教学语法体系的改革立下了开创之功，读后令人振奋。"[1]

前一种语法教学路子的出发点是为了"使同学掌握基本的语法知识，以便发展说话和听话的能力，并且为培养阅读的能力打下基础"，[2]

所以很注意实用性和针对性。但是，汉语教学实践证明，这种语法教学路子实际教学效果不是很好。因为这种教学路子的语法教学量过大，难点太集中；再说，对一个外国留学生来说，汉语语法知识的获取与掌握，必须以一定数量的语言材料为基础，而且他最好已对汉语有点儿语感。而外国学生在初级阶段，即使到中级阶段，汉语水平还很低，说话看书都还有困难，不可能掌握足够的语言材料，更不用说对汉语有什么语感了。在这种情况下，去给他们系统讲授汉语语法知识，效果当然不会好。后一种路子将语法点化整为零，分散学习。这种教学路子就带有"随机教学"的性质。

因此，所谓"随机教学"是说在学习汉语的初级和中级阶段，汉语语法知识得通过课文学习、通过练习、通过讲解学生在练习或作文中出现的偏误，进行有针对性的讲授，给以潜移默化的影响。不过我们还需注意掌握三点：

其一，课文的选用和编排不能片面地取决于课文要教的内容，而是应该按教学计划中需要教给学生的字、词、语法点来编写和安排课文。换句话说，课文中语法点的安排要有讲究。要知道，隐蔽在课文、练习或阅读材料中的语法项目形成一条暗线；讲究的教材，这条暗线也能形成系统，不知不觉中，为高级阶段明确的语法系统讲解打下良好的基础。

其二，讲解设定的、必要的语法点时，只需点到为止，不必也不要展开来细讲，而相应的练习要跟上，使学生潜移默化地感受到一些语法规则和某些词语或句法格式的用法特点，为今后进入高级阶段的学习培养语法意识。

其三，由于编写课文的需要，课文内的语法点常常会出现某些越出教学计划所设定的语法点的现象。对于这样的语法点，可采取"暂时回避"的教学策略，也就是先不讲。[3]

可见，"随机教学"决非"随意教学"。

到一定教学阶段，特别是到了高级阶段，有必要进行带总结性的、

并有一定针对性的"巩固基础语法"教学，以便让学生能将以往所学
到的零碎的语法知识连贯起来，使之系统化；而讲解时最好能注意跟学
生的母语进行适当的对比分析。据我们了解，设在北京清华大学的"清
华大学IUP中文中心"（Inter-University Program for Chinese Language Studies of
Tsinghua University）就是这样做的。我们曾与出任过美方主任的凌志韫
女士（Vivian Ling）当面交流，她介绍说，他们开设的"高级中文语法"
课，既有一定的系统性，又不面面俱到，有一定的针对性，并注意突出
重点；讲解中注意进行必要的中英语法对比讲解。她说这门课的教学效
果很好。我们也跟他们的学生（都是美国学生）交谈、了解过，学生普遍
很欢迎这种系统教学法，觉得很有收获。据我们了解，现在越来越多的
高校，如北京语言大学、暨南大学、苏州大学等，也注意进行这样的语
法教学，成效不错。

二、采取点拨式教学法

　　在具体语法教学中，必须采取点拨式教学法。什么叫"点拨式教学
法"？不妨先举个例子。我们曾分别在不同的班上让英语区的学生把下
面的英语句子翻译成汉语：

　　（1）Today it's a lot cooler than yesterday.

　　（2）John is much younger than Tony.

也让日本同学翻译下面的句子：

　　（3）北京 の 天気は　大阪よりずっと寒い。

　　　　　Pekin no tenki wa osaka yori zutto samui.

　　　　（北京　　天气　　大阪 比　多　寒冷）

结果很多学生翻译成：

　　（1′）* 今天比昨天很冷。｜* 今天比昨天非常冷。

　　（2′）* 约翰比托尼非常年轻。｜* 约翰比托尼年轻极了。

　　（3′）* 北京的天气比大阪非常冷。｜* 北京的天气比大阪冷极了。

这当然错了。这种错误，在英语区学生和日本学生中带有普遍性，我们

需要在适当的时候结合这种偏误来给学生讲讲在"比"字句中表示程度的词语如何正确使用的问题。

怎么讲？汉语教学的实践告诉我们，"比"字句一般在汉语教学的初级阶段就出现了。而"比"字句中错用表程度的词语的偏误现象，在各个学习阶段都可能发生。不同的教学阶段，采取的教学策略与讲法不一样。

在最初的阶段，可能出现的"比"字句尚属于越出教学计划所设定的语法点。在这一阶段，如果有学生在练习或小型作文中，超前出现了在"比"字句中错用程度副词的偏误，可以暂时不管，给以改正就是。

在初级阶段，碰到上面所讲的偏误情况，只需简单纠正，告诉学生在"比"字句里，只能用程度副词"更"，不能用程度副词"很"、"非常"，也不能采用"～极了"这种说法。同时让学生做适量的简单的练习或操练，给以潜移默化的影响，以便让学生留下一定的印象。这就是说，在初级阶段不必讲"为什么"的问题，即不必给学生讲为什么只能用程度副词"更"，不能用程度副词"很"、"非常"等，也不能采用"～极了"这种说法。

到了中级阶段特别是高级阶段，如果碰到这类偏误现象，而且具有普遍性，就有必要给讲一点道理，但还是不能大讲理论。关于"比"字句中可以用什么样的表示程度的词语，不能用什么样的表示程度的词语，马真在《程度副词在表示程度比较的句式中的分布情况考察》一文中作了详细的说明。[4] 但我们不能也没必要按马真文章所讲的内容把有关"比"字句里使用表示程度的词语的规则全部给学生讲一遍。"倾盆大雨"学生受不了，弄不好反而会把学生搞糊涂了。这里只需要"就事论事"进行点拨。具体是否可以这样讲授：

> 同学们，你们翻译的句子，都用了"比"字句，这是对的；但是，有的同学在句子里形容词"冷"、"年轻"的前边用了"很"、"非常"，有的同学在形容词"冷"、"年轻"后边用了"极了"等词语，来说明"冷"、"年轻"的程度，这就不合适了。为什么这样说呢？你们要知道，你们所用的"比"字句都属于"X 比 Y + 形容词"这

样的"比"字句，这在汉语普通话里是很常用的。例如：

　　[1] 北京比旧金山冷。

　　[2] 我比他高。

　　[3] 他比他姐姐聪明。

　　[4] 今天比昨天暖和。

这种"比"字句都是用来表示两种事物（包括人在内）之间在某种性质上的程度差别的。如果需要在"比"字句里的形容词前面或后面加上表示程度深的词语，那么前面只能加"更"或"还"，不能加"很"、"挺"或"十分"、"非常"等；后面呢，或只能带上"多了"，不能带上"极了"，或只能通过"得"带上"多"（～得多），不能通过"得"带上"很"或"不得了"等。例如：

　　[5] a. 北京比旧金山更冷。　　*北京比旧金山很/挺冷。

　　　　 b. 北京比旧金山还冷。　　*北京比旧金山十分/非常冷。

　　　　 c. 北京比旧金山冷多了。　*北京比旧金山冷极了。

　　　　 d. 北京比旧金山冷得多。　*北京比旧金山冷得很。

　　　　 e.　　　　　　　　　　　*北京比旧金山冷得不得了。

　　[6] a. 我比他更高。　　　　　*我比他很/挺高。

　　　　 b. 我比他还高。　　　　　*我比他十分/非常高。

　　　　 c. 我比他高多了。　　　　*我比他高极了。

　　　　 d. 我比他高得多。　　　　*我比他高得很。

　　　　 e.　　　　　　　　　　　*我比他高得不得了。

　　[7] a. 他比他姐姐更聪明。　　*他比他姐姐很/挺聪明。

　　　　 b. 他比他姐姐还聪明。　　*他比他姐姐十分/非常聪明。

　　　　 c. 他比他姐姐聪明多了。　*他比他姐姐聪明极了。

　　　　 d. 他比他姐姐聪明得多。　*他比他姐姐聪明得很。

　　　　 e.　　　　　　　　　　　*他比他姐姐聪明得不得了。

　　[8] a. 今天比昨天更暖和。　　*今天比昨天很/挺暖和。

　　　　 b. 今天比昨天还暖和。　　*今天比昨天十分/非常暖和。

　　　　 c. 今天比昨天暖和多了。　*今天比昨天暖和极了。

　　　　 d. 今天比昨天暖和得多。　*今天比昨天繁华得很。

　　　　 e.　　　　　　　　　　　*今天比昨天繁华得不得了。

为什么形容词前后只能用"更"、"还"和"多了"、"～得多"，不能用"很"、"挺"、"十分"、"非常"和"～得极了"、"～得不得了"呢？因为"更"、"还"和"多了"、"～得多"能用于比较，而且也都只用来说明两项事物之间的比较；而"很"、"挺"、"十分"、"非常"和"极了"、"～得很"、"～得不得了"都不含有跟别的人或事物比较的意味，所以不能用于"比"字句来表示程度深。

这里，大家还要注意一点，那就是形容词后面带上"多了"或"～得多"跟形容词前面加"更"或"还"，在意思表达上还有些区别：如果强调 X 和 Y 都具有形容词所表示的性质，但 Y 在程度上要超过 X，那么就在形容词前面加上"更"或"还"；如果只强调 X 具有形容词所表示的性质，并不强调 Y 也具有那种性质，那么就采用在形容词后面带上"多了"、"～得多"的办法来表示程度深。拿例［6］来说，a 句和 b 句在形容词"高"前面加"更"或"还"，意思是说，"我"和"他"都属于高的，但相比之下，"我"在程度上要超过"他"；而 c 句和 d 句在形容词"高"后面带上"多了"、"～得多"，意思则是说"我"高，而且在程度上超出"他"许多，但是"他"是高是矮，没有说明，不作肯定。其他例子也是这样。

现在我们再来看英语的那两个句子。例（1）只是强调今天天气冷，而且在程度上要大大超过昨天，而没有肯定昨天也冷，换句话说，昨天是不是也冷，并没有肯定。例（2）只是强调约翰年轻，而且在程度上要大大超过托尼，而没有肯定托尼也年轻，换句话说，托尼是不是也年轻，并没有肯定。所以，应把英文的译文例（1′）和例（2′）修改为下面的例［9］和例［10］：

　　［9］a. 今天比昨天冷得多。

　　　　 b. 今天比昨天冷多了。

　　［10］a. 约翰比托尼年轻得多。

　　　　　b. 约翰比托尼年轻多了。

同样道理，应把日文的译文例（3′），修改为下面的例［11］：

　　［11］a. 北京的天气比大阪冷得多。

　　　　　b. 北京的天气比大阪冷多了。

上面这样的讲法就是"点拨式教学法"。这种点拨式的讲解，深入浅出，通俗易懂，学生很容易接受，符合汉语教学需要。

　　总之，在汉语教学中，特别是在初级汉语教学和中级汉语教学阶段，不要大讲语法，特别是不要一条一条地大讲语法规则，不要面面俱到，而要善于点拨。这对一个汉语教师来说，要求不是低了，而是高了。首先要求汉语教师要善于发现并抓住学生在学习汉语过程中出现的带普遍性的语法偏误，给以改正；同时要求汉语教师要善于分析学生出现某种语法偏误的原因，要善于确定解决学生某方面语法偏误的突破口，要善于针对学生中出现的某种语法偏误运用已有的研究成果来作出明确的说明。而讲解、说明时，得尽可能做到深入浅出，通俗易懂。显然，要做到这些，不仅要求汉语教师要有比较扎实的汉语语法基础知识，而且要求汉语教师自己要具有一定的研究、分析汉语语法的能力，具有较好的语文表达能力。

三、讲解时要善于运用比较的方法

　　讲解时，要善于运用比较的方法。在上面的讲授里，既含有程度副词"更/还"与"很/挺/十分/非常"，以及"～多了/～得多"与"～极了"的比较分析，还含有形容词前加"更/还"与形容词后带"～多了/～得多"这两种说法在表意上的对比分析。下面再举个实例——介词"除了"能表示"补充"和"选择"的语法意义吗？

　　介词"除了"在汉语教学中常碰到的问题是：在使用"除了"的句子中，"除了"在句中到底表示什么语法意义？要解决这个问题，最好用语言事实说话，运用比较的方法，进行具体分析。

　　介词"除了"表示排除，即表示由介词"除了"所引介的事物或情况不计算在内。这是很容易认识的。例如：

　　（1）我们班上，除了汪晓月大家都戴上了眼镜。

　　（2）除了下雪天，他天天坚持户外锻炼。

　　（3）这道数学题，我想除了夏老师谁也解不了。

例（1）—例（3）里的"除了"表示排除的意思很清楚。

可是有些高年级的学生看到有的专门讲解虚词的工具书上说"除了"还可以"表示补充"、"表示选择"。"表示补充"的例子是：

（4）陈老师除了教初级班汉语口语，也教高级班汉语写作。

"表示选择"的例子是：

（5）那时，早餐除了红薯就是土豆儿，每天如此。

这到底该怎么看哪？

学生有这样的问题，老师有责任给以解答。而在讲解时最好运用比较的办法，即通过比较来解决学生的问题。

先分析例（4）——其中的"除了"是不是"表示补充"？在讲解前先给学生再举一些类似例（4）的例子［为便于分析，将例（4）也列出］：

（4）陈老师除了教初级班汉语口语，也教高级班汉语写作。

（6）约翰除了学汉语，还学日语。

（7）王大妈可热情了，昨天我们去她家，她除了给大伙儿拿饮料，又给大家拿苹果、萨其马什么的，弄了许多好吃的。

我们不妨进行如下两种"有无比较"——

一是将例（4）、例（6）、例（7）各句，分别跟删去"除了"后的例（4′）、例（6′）、例（7′）各句进行比较：

（4）陈老师除了教初级班汉语口语，也教高级班汉语写作。

［含"除了"］

（4′）陈老师教初级班汉语口语，也教高级班汉语写作。

［删"除了"］

（6）约翰除了学汉语，还学日语。　　　　［含"除了"］

（6′）约翰学汉语，还学日语。　　　　　　［删"除了"］

（7）王大妈可热情了，昨天我们去她家，她除了给大伙儿拿饮料，又给大家拿苹果、萨其马什么的，弄了许多好吃的。　［含"除了"］

（7′）王大妈可热情了，昨天我们去她家，她给大伙儿拿饮料，又给大家拿苹果、萨其马什么的，弄了许多好吃的。　［删"除了"］

通过比较不难发现，删去"除了"，句子仍含有"补充"含义。这说明什么？请大家先考虑一下。

二是将例（4）、例（6）、例（7）各句分别跟删去后续小句里的副词"也"、"还"、"又"后的例（4″）、例（6″）、例（7″）各句进行比较：

（4）陈老师除了教初级班汉语口语，也教高级班汉语写作。

[有"也"]

（4″）陈老师除了教初级班汉语口语，教高级班汉语写作。

[删"也"]

（6）约翰除了学汉语，还学日语。　　　　　　　[有"还"]

（6″）约翰除了学汉语，学日语。　　　　　　　　[删"还"]

（7）王大妈可热情了，昨天我们去她家，她除了给大伙儿拿饮料，又给大家拿苹果、萨其马什么的，弄了许多好吃的。　[有"又"]

（7″）王大妈可热情了，昨天我们去她家，她除了给大伙儿拿饮料，给大家拿苹果、萨其马什么的，弄了许多好吃的。　[删"又"]

也不难发现，如果删去后续小句里的副词"也"、"还"、"又"，介词"除了"就可以一直管辖后面所有事件，这样一来句子就站不住了，给人的感觉是话没完，当然也就不含"补充"的意义了。

通过上面两方面的"有无比较"，我们便会清楚地看到，例（4）、例（6）、例（7）确实有"补充"之义，但这"补充"之义跟副词"也"、"还"、"又"的关系更密切。事实上，确切地说，那"补充"之义是由"除了……也/还/又……"这一句法格式所表示的，而不是单纯由"除了"表示的。"除了"在句中仍然表示"排除"之义。

现在分析例（5）——其中的"除了"是不是"表示选择"？在讲解前也先给学生再举一些类似例（5）的例子［为便于分析，将例（5）也列出］：

（5）那时，早餐除了红薯就是土豆儿，每天如此。

（8）他呀，除了吃就是睡，活像个猪！

（9）我50年代来北京的时候，冬天蔬菜很少，除了萝卜就是大白菜，没有别的蔬菜。

也可以进行类似上面所用的比较——删去"除了"，我们立刻发现删去

"除了"后句子都站不住了。请看：

（5'）＊那时，早餐红薯就是土豆儿，每天如此。

（8'）＊他呀，吃就是睡，活像个猪！

（9'）＊我 50 年代来北京的时候，冬天蔬菜很少，萝卜就是大白菜，没有别的蔬菜。

而如果删去后面的"就是"，句子也站不住，请看：

（5"）＊那时，早餐除了红薯土豆儿，每天如此。

（8"）＊他呀，除了吃睡，活像个猪！

（9"）＊我 50 年代来北京的时候，冬天蔬菜很少，除了萝卜大白菜，没有别的蔬菜。

大家更要注意的是，例（5）、例（8）、例（9）如果将"除了"换成"不是"，变为例（10）— 例（12），句子意思基本一样，也是"表示选择"的意思。请看：

（10）那时，早餐不是红薯就是土豆儿，每天如此。

（11）他呀，不是吃就是睡，活像个猪！

（12）我 50 年代来北京的时候，冬天蔬菜很少，不是萝卜就是大白菜，没有别的蔬菜。

可是从来没有哪位学者认为例（11）、例（12）的"选择"义是由"不是"表示的。由此可见，例（5）、例（8）、例（9）的"选择"义也不能认为是由"除了"单独表示的。事实上，确切地说，"选择"（表示"由不得你的选择"）之义是由"除了……就是……"这整个格式表示的，"除了"仍然表示"排除"之义。

通过上面的比较也让我们看到这样一点：在虚词研究与虚词教学中，一定要注意避免将句法格式所表示的意义错误地归到某个词语身上的情况。[5]

注释

1　参看吕文华：《对外汉语教学语法探索》，语文出版社，1994年。

2　参看周祖谟：教非汉族学生学习汉语的一些问题，载《中国语文》1953年第7期。

3　这一点，是北京语言大学副教授田靓博士建议增加的。

4　参看马真：程度副词在表示程度比较的句式中的分布情况考察，载《世界汉语教学》1988年第2期；又见马真：《现代汉语虚词研究方法论》（修订本）第叁部分三，商务印书馆，2016年。

5　参看马真：说"也"，载《中国语文》1982年第4期。又见《现代汉语虚词研究方法论》（修订本）第贰部分二，商务印书馆，2016年。

第三节 语法教学示例：汉语存在句的教学法

语法怎么教？上面第二节谈到的针对"比"字句里使用程度副词出现的偏误所作的讲解以及关于"除了"是否能表示"补充"、"选择"这样的语法意义的讲解，就是一种示例。这里我们再作一个教学示例——现代汉语存在句教学法。

一、目前对存在句的一般讲法

现代汉语存在句最常见的是这样一种句法格式：

处所成分 + 动词 + 着 + 名词语

用符号可以表示为：

NP_L + V + **着** + NP（NP_L代表处所成分，V代表动词，NP代表名词性词语）例如：

（1）　　　　　　A　　　　　　　　　　　　　B

台上坐着两位老人。　　　　　　台上放着玫瑰花。

门口站着许多孩子。　　　　　　墙上挂着两幅画。

沙发上睡着一只猫。　　　　　　花瓶里插着郁金香。

床上躺着一个病人。　　　　　　门上贴着一副对联。

　……　　　　　　　　　　　……

在前面我们曾指出，目前一般都是按照传统的句法上"主-动-宾"、语义上"施-动-受"的句法分析法来进行分析的。具体是这样讲解的——

1. 存在句的格式是：

处所短语 + 动词 + 着 + 名词语

或用符号表示为：

NP_L + V + 着 + NP

2. 存在句表示存在，表静态。

3. *存在句*，在句法上按传统分析法，分析为：

处所短语 动词＋着 名词语

台上　　　坐着　　　主席团

台上　　　放着　　　玫瑰花

主　—　谓　—　宾

状　—　谓　—　宾[1]

按层次分析法，分析为：

NP_L　　　V着　　　NP

a. 台上　　　坐着　　　主席团

b. 台上　　　放着　　　玫瑰花

　1　　　　　　2　　　　　　1-2：主谓结构／"状—中"

　　　　　　　　　　　　　　　　　偏正结构

　　　　　　3　　　4　　　　3-4：述宾结构

4. 在语义上分析为：

a 组：处所—动作—施事

b 组：处所—动作—受事

按这样的讲法，说实在的，确实无法解读存在句，难怪外国学生对存在句会有困惑。

二、外国学生对存在句的困惑

存在句在汉语教学中是让外国学生有困惑感的一种句式。困惑在哪里？前面说到一些，这里更全面、具体地说说。外国学生感到困惑和不解的是：

第一，例（1）无论A类句还是B类句，没有任何表示存在义的词语，怎么知道这种句子表示存在？换句话说，这些句子的存在义是哪里来的？

第二，"两位老人"、"许多孩子"、"一只猫"、"一个病人"都是谓语动词"坐"、"站"、"睡"、"躺"的施事（即动作者），而"坐"、"站"、"睡"、"躺"都是内动词，按理"两位老人"、"许多孩子"、"一只猫"、

"一个病人"应出现在动词前，为什么例（1）A组句子里动词的施事却跑到动词后面去了？

第三，例（1）B组句子里的动词"放"、"挂"、"插"、"贴"都是及物动词，它们的受事在动词后作宾语，但是，为什么动词的施事没有出现，而且也不能出现？

第四，有老师曾对我们说，述宾结构，如果宾语的语义角色不同，那述宾结构所表示的语法意义就会有差异。例如：

（2）a. 吃苹果　　　［宾语为受事］

　　 b. 吃大碗　　　［宾语为工具］

　　 c. 吃食堂　　　［宾语为方式，一说处所］

　　 d. 吃环境　　　［宾语为目的］

　　 e. 吃父母　　　［宾语为凭借］

例（2）a—e各述宾结构所表示的语法意义各异。可是，存在句里宾语的语义角色明明不一样——例（1）A组句子的宾语为施事，例（1）B组句子的宾语为受事，A、B两组句子所表示的语法意义却是一样的，都表示存在，表静态，这又是为什么？该怎么解释？

外国学生对存在句感到困惑与不解，是可以理解的，因为以往我们在汉语教材和汉语教学中，一般都是按照传统的分析思路来介绍、讲解存在句的。

句法上的"主-动-宾"、语义上的"施-动-受"，这都是传统的句法分析思路。语言研究实践表明，这一分析思路有用，所以至今广为运用。但是，语言是复杂的，一种分析思路很难包打天下。这种分析思路用来分析汉语的存在句就不是很合适。如果用来分析下面这样的句子更不合适：

（3）十个人吃不了一锅饭。

（4）一锅饭吃不了十个人。

汉语教学中当然不会教这样的句子。但是万一哪个外国学生在哪里听到或看到这样的句子，其中每个词的意思他都能懂，但不知道整句话是什么意思，他就会来问我们。如果我们按传统的分析思路告诉学生：

例（3）、例（4）都是"主-动-宾"句，不同的是在语义上

例（3）是"施-动-受"关系，例（4）是"受-动-施"关系。

外国学生必然茫然，不会知道这两个句子到底表示的是什么意思。

三、对存在句是否可以这样教法

对于现代汉语里的存在句，重要的是要告诉学生：这是现代汉语里一种不同于一般的特殊句式，由三部分组成，最前面是个处所成分，表示人或事物存在的处所，最后面是个名词短语，表示存在物，中间那部分是一个链接成分；整个句子表示"存在"的语法意义。对于存在句，不同教学阶段，具体教学内容与教学方法不一样。

在初、中级阶段，主要教学生认读下面这样的存在句：

存在处所	动词"有"	存在物
名词性处所成分	"有"	名词性成分
书架上	有	一本词典
桌上	有	一个茶杯
墙上	有	一幅画
暖壶里	有	水
门口	有	两个老奶奶
门外	有	一群孩子
屋里	有	人

这是现代汉语里最基本的存在句。在让学生认读这些存在句的同时，可以运用造句、词语连接、实况描述等办法引导学生做一定数量的有关这种存在句的练习和操练，但基本不讲。

到了高级阶段，一方面得引入"沙发上坐着两个人"、"墙上挂着一幅画"这一类由"动词+着"作为链接成分的存在句，并告诉学生，如果要同时让听话人知道存在物是以什么方式存在的话，链接成分就不用"有"，得用"动词+着"；另一方面，同时得酌情对存在句作必要的

讲解，重要的是要让学生明白，存在句的"存在"意思是由整个句法格式表示的，这如同英语里的"Everyone can't be a NP."（Everyone can't be a professor. 不是每一个人都能成为教授）这种句式一样，这种周遍性否定意义是由这个句式所表示的，而不是由哪一个词表示的。至于是否要对存在句作句法分析倒是无关紧要。

面对外国学生，同时考虑他们都是成人（起码是中学生），对于存在句，具体可以这样教，可能会更有成效：

同学们请看黑板上／屏幕（如果使用 PPT 的话）上所举的例子：

　　［1］门口站着许多孩子。

　　　　床上躺着一个病人。

　　　　沙发上坐着两位老太太。

　　　　墙角立着个小女孩儿。

　　　　墙上挂着两幅画。

　　　　门上贴着一副对联。

　　　　花瓶里插着一束玫瑰花。

　　　　黑板上写着两行字。

　　　　头上戴着一顶皮帽子。

　　这是现代汉语中表示存在的句子。说到存在，大家可以想到，一定会有一个存在物，一定会有存在的处所。在现代汉语里，如果我们要拿存在的处所作为话题，就将它放在句子的头上，而把存在物就放在句子的末尾，在存在处所和存在物之间通常要安上一个链接成分——最常见的链接成分是表示存在义的"有"。例如：

　　［2］门口有许多孩子。

　　　　床上有一个病人。

　　　　沙发上有两位老太太。

　　　　墙角有个小女孩儿。

　　　　墙上有两幅画。

　　　　门上有一副对联。

　　　　花瓶里有一束玫瑰花。

　　　　黑板上有两行字。

头上有一顶皮帽子。

如果要同时说明存在物存在的方式，通常就使用"动词 + 着"的说法，就像一开始所举的例［1］那些句子那样。

我们大家一起来分析一下，这种存在句是由几部分组成的？［可先请学生发表意见］大家说得很对，由三部分组成：

（a）存在的处所，如"门口"、"墙上"等；居于句首，通常由方位词组充任。

（b）存在物，如"许多孩子"、"两幅画"等；放在句尾，是个名词性词语，往往含有数量成分。

（c）存在物和存在处所之间的链接,如例［1］里的"站着"、"挂着"等以及例［2］里的"有"，处在句子中间。

注意，不管句子有多长，整个句子总是由上面三部分组成的。请看：

存在处所	—	存在方式	—	存在物
a. 　床上		躺着		孩子
b. 靠房间北墙的那张床上		躺着		一个患急性肺炎老是咳嗽不止的孩子
a. 　窗台上		放着		兰花
b. 她那卧室南边的窗台上		放着		一盆她朋友从新加坡托人带来的兰花

整个句式表示存在，表静态，所以这种句子称为"存在句"。句子的存在的意思，就是由这种特殊的句法格式表示的。

这样讲授，实际上既教了存在句的形式，也就是存在句的句子格式，同时又将存在句的意义以及句子内部各部分的语义配置状况也告诉了他们；而且也将用"动词+着"连接的存在句跟用动词"有"连接的存在句之间的异同，也连带告诉了他们。在上面的讲解中，实际上隐含着一定的语言学理论，如构式语法理论、语块理论，但并没有使用这些语言学理论术语。这种教学法的基本精神在于：通过激活学习者自身具有的人类认知的共性，把他们引导到学习、理解、掌握汉语中带有汉语个性特点的存在句句式上来。

教学实践表明，在讲解、分析存在句这类句式时，这种教学法优于传统的语法分析讲解思路。[2]

注释

1　对于存在句句首的处所成分，早先分析为状语的比较多，现一般分析为主语，但也有教师仍说成是状语。这种不同看法无关紧要，不存在对错的问题。

2　参看苏丹洁：试析"构式-语块"教学法——以存现句教学实验为例，载《汉语学习》2010年第2期；构式语块教学法的实质——以兼语句教学及实验为例，载《语言教学与研究》2011年第2期。

第六章
汉语语法教学中常常会面临的问题

在汉语教学中，汉语教师常常会遇到这样那样的问题。下面所举的问题都来自实际汉语教学中，主要都是语法方面的问题。每个问题我们都试着作了回答，其内容谨供参考。在行文上虽然我们尽量考虑汉语教学的需要，力求深入浅出、通俗易懂，但不能就拿它来作为教学内容。如何将它转化为教学内容，还得请各位汉语老师依据实际情况研究决定。

第一节　具体词语的归属和辨析问题

"词语的归属问题"有多种含义——一是指某个词语归属哪个词类；二是指话语中的某个词语该归属哪种句法成分；三是指话语中的某种句法结构该归属哪种句法结构；四是指某话语中的某个词语该属于哪类语法单位。"词语的辨析问题"就是通常所谓的"同义词语的辨析"。下面所列问题都可以属于具体词语的归属和辨析问题。

1. "自动"和"高速"属于哪个词类？

"自动"和"高速"属于哪个词类？提出这个问题是有原因的，因为这两个词的语法功能很特别。

它们都既能作定语，又能作状语，不能作其他句法成分，而作定语或作状语在词义上没有什么区别。例如：

	作定语	作状语
自动	自动阳伞	自动打开
	自动步枪	自动放弃
高速	高速列车	高速发展
	高速公路	高速前进

从表面看，"自动、高速"跟"合法、积极"一类形容词一样，都既能直接作名词的定语，又能作状语。例如：

作定语	作状语
自动：自动阳伞	自动打开
高速：高速公路	高速前进
合法：合法商人	合法经营金银首饰
积极：积极态度	积极参加社会活动

但其实不一样——第一，"合法、积极"能受"不"和"很"的修饰，如："不合法 | 不积极"、"很合法 | 很积极"，可是"自动、高速"都不能受"不"和"很"的修饰，我们不说"*不自动 | *不高速"、"*很自动 | *很高速"。第二，"合法、积极"能作谓语中心，如："这很合法 | 他一直很积极"；能带补语，如："表面看他们的做法合法极了 | 他一直积极得很"；能作补语，如："这做得合法 | 你得表现得积极才能给你奖赏"；"自动、高速"除了作定语、状语外，都既不能作谓语中心，也不能带补语、不能作补语。显然，"自动、高速"的语法功能是很特别的，现代汉语里的哪一类词它们都归不进去。怎么办呢？比较合理的处理办法是，将它们看作兼类词，兼区别词（也称为"非谓形容词"）和副词——作定语时，是区别词的用法；作状语时，是副词的用法。

2．"突然"和"忽然"属于同一类词还是属于不同的词类？

"突然"和"忽然"意义差不多，都能作状语，不少人都将它们看作副词。但其实它们属于不同的词类——"忽然"的确是副词，因为它只能作状语，不能作别的句法成分；而"突然"是形容词，它虽然可以作状语，但它可以受"很"修饰，还可以作定语、主语、宾语、谓语、补语等。例如：

    a．这事情很突然。   [受"很"修饰]

    （*这事情很忽然。）

    b．突然事件   [作定语]

    （*忽然事件）

　　c. 突然是很突然，但也有征兆。　　［作主语］

　　　（＊忽然是很忽然，……）

　　d. 这事情让人感到突然。　　　　　［作宾语］

　　　（＊这事情让人感到忽然。）

　　e. 事情突然，来不及商议，……　　［作谓语］

　　　（＊事情忽然，……）

　　f. 事情来得突然！　　　　　　　　［作补语］

　　　（＊事情来得忽然！）

类似"突然"和"忽然"的，如：

词项	经常	常常	偶然	偶尔	凑巧	恰巧	确实	的确
形容词	＋	－	＋	－	＋	－	＋	－
副　词	－	＋	－	＋	－	＋	－	＋

　　从上我们可以了解到，区分词类不能光根据意义，一定得根据词在造句中的功能，也就是一般所说的"词的语法功能"，或者说"词的语法分布"。

3. "很阳光"中的"阳光"是名词还是已经变成形容词了？理由呢？

　　汉语中的名词是不能受"很"修饰的，如我们不能说"＊很弟弟、＊很桌子、＊很馒头"。能受"很"修饰的，主要是形容词和少数表示心理活动的动词，如"很香、很美、很干净、很谦虚"和"很喜欢、很害怕"等。但近二十年来出现了不少"很＋名词"的说法。例如：

　　（1）很阳光　｜　很青春　｜　很贵族　｜　很农民

　　（2）很西方　｜　很淑女　｜　很女人　｜　很德国

这里的名词好像已经变成形容词了，但目前汉语语法学界一般还不这么认为。这些词跟"很科学"、"很牛"里的"科学"、"牛"还有些区别。为什么？两个原因：

　　一是能进入这些说法的名词是很有限的，只有很少一部分。如能说

"很农民",但跟"农民"同类的"工人、教师、医生"等却还没见到有下面的说法：

（3）*很工人 ｜ *很教师 ｜ *很医生

二是"阳光、贵族、青春、农民、德国、淑女"等，除了可以前面加"很"之外，还不具备形容词的其他特点，如不能受"不"修饰，不能带补语，不能作补语等。

所以，目前将"很阳光、很贵族、很青春、很农民、很德国"里的"阳光、贵族、青春、农民、德国"还是看作名词，将"很阳光、很贵族、很青春、很农民、很德国"看作是一种新出现的特殊格式。

对这种新出现的特殊格式倒确实也值得注意，因为"很+名词"这类结构中，并不凸显名词指称的事物，而是凸显在一定社会文化背景下该事物的某一个典型特性，如"很贵族"凸显的是"贵族的优雅、有品味"这样的特性；"很农民"凸显的是"农民的憨厚和淳朴"或"农民的愚昧和无知"这样的特性。这种说法还没有固定下来，还不能很自由地跟其他类的词组合，但很值得跟踪研究，特别是注意对这些名词意义的分析研究。

4."衣服干/湿了"里的"干/湿"是形容词还是动词？

"衣服干/湿了"里的"干/湿"是形容词，不是动词。我们不要以为形容词一加上"了"就变成动词了。要知道，"衣服干/湿了"里的"了"跟"吃了一个苹果"里的"了"性质不同。"吃了一个苹果"里的"了"表示行为动作的完成或实现，"衣服干/湿了"里的"了"是表示"新情况的出现"[1]。在现代汉语里能带这个"了"的词语，不限于动词；不仅形容词也可以带，甚至名词也可以带。例如：

（1）他已经大老板了！

（2）他都大学生了！

（3）老夫老妻了，还离什么婚哪！

例（1）—例（3）里的"大老板、大学生、老夫老妻"都是名词性词语。

5. "看三次"、"看三天"里的"三次"、"三天"是补语还是宾语?

汉语里的数量词有三类:

A. 由名量词组成的数量词,如"三本、五张、两个"等;

B. 由动量词组成的数量词,如"三次、五回、两遍"等;

C. 由时量词组成的数量词,如"三天、五秒、两年"等。

动词后的数量词如果是由名量词组成的,如"看三本",大家都认为这里的数量词是作宾语,是因为这类数量词具有指代性,"看三本"可以理解为"看三本书",所以"三本"还可以视为"看"的支配对象;可是当动词后面出现的是由动量词组成的数量词,如"看三次",或由时量词组成的数量词,如"看三天",就有不同意见了——早期更多的人认为"三次"、"三天"是补语,现在更多的人认为"三次"、"三天"是宾语。为什么会有这样的分歧呢? 主要是考虑的角度不同。

认为是补语,那是更多地从意义上考虑的。从意义上来说,作为动词的补语,都是补充说明动词的结果、情状、程度量的;"看三次"和"看三天"里的"三次"、"三天"也都是来补充说明行为动作的量的,而不像"看三本"里的"三本"那样是来说明动词所支配的对象的量的,所以分析为补语。

认为是宾语,那是更多地从形式上考虑的。从形式上来说,"看三次"、"看三天"跟典型的、公认的动宾结构"看三本"存在着平行的变换情况。请看:

看电影

⟹ 看了 / 过电影　　　　　　　　　　　［插入"了 / 过"］

⟹ 电影也不看 / 电影也没看(过)　　　［变换为含周遍义的

受事主语句］

看三个电影

⟹ 看了／过三个电影　　　　　　　　［插入"了／过"］

⟹ 一个电影也不看／一个电影也没看（过）［变换为含周遍义
　　　　　　　　　　　　　　　　　　　的受事主语句］

看三本

⟹ 看了／过三本　　　　　　　　　　［插入"了／过"］

⟹ 一本也不看／一本也没看（过）　　［变换为含周遍义的
　　　　　　　　　　　　　　　　　　受事主语句］

看三次

⟹ 看了／过三次　　　　　　　　　　［插入"了／过"］

⟹ 一次也不看／一次也没看（过）　　［变换为含周遍义的
　　　　　　　　　　　　　　　　　　受事主语句］

看三天

⟹ 看了／过三天　　　　　　　　　　［插入"了／过"］

⟹ 一天也不看／一天也没看（过）　　［变换为含周遍义的
　　　　　　　　　　　　　　　　　　受事主语句］

　　大家一定会问："那么到底该把'三次'、'三天'看作宾语呢，还是看作补语呢?"这里大家一定要明了，分类有一定的相对性。实际上，"三次"、"三天"归到补语，也该看作补语里一个特殊的小类；归到宾语，也该看作宾语里一个特殊的小类。正因为这样，我们看到，先前将它们归入补语的学者，将它们称为"数量补语"，认为是补语中特殊的一小类；同样，将它们归入宾语的学者，将它们称为"准宾语"，认为是宾语中特殊的一小类。对大家来说，认识到刚才讲的这一点是更重要的。所以在实际教学中，看作补语或者宾语都可以，但是一定要跟学生交代清楚，它们是补语或宾语中特殊的一个小类。

6."学习认真"、"清除干净"在构造上都是"动词+形容词"，它们是主谓结构还是述补结构？理由呢？

"学习认真"、"清除干净"虽然在构造上都是"动词+形容词"，但二者结构性质不同——前者是主谓结构，后者是述补结构（或称"动补结构"）。那么如何断定"学习认真"、"清除干净"是主谓结构还是述补结构呢？检测办法有二：

一是看能否插入"是不是"构成反复问句，能插入"是不是"构成反复问句的，是主谓结构。

二是看能否插入"得"或"不"构成可能式述补结构，能插入"得"或"不"构成可能式述补结构的，是述补结构。

"学习认真"中间可以插入"是不是"，不能插入"得"或"不"。例如：

（1）学习认真 ⟹ 学习是不是认真？ ［主谓］

学习认真 ⟹ *学习得认真学习不认真？

"清除干净"中间不能插入"是不是"，但能插入"得"或"不"。例如：

（2）清除干净 ⟹ *清除是不是干净？

清除干净 ⟹ 清除得干净清除不干净？ ［述补］

显然，"学习认真"是主谓结构，不是述补结构；"清除干净"是述补结构，不是主谓结构。

7."解释清楚"是跟"学习认真"一样，还是跟"清除干净"一样呢？

"解释清楚"也是"动词+形容词"组合，但它是有歧义的。

事实上，"解释清楚"既可以看作主谓结构，如在下面的评论里：

（1）刘工程师对大家所提出的问题一一作了解释，而且解释清楚，立论有据，大家口服心服。

例（1）在"解释"和"清楚"之间可以插入"是不是"，构成反复问句，即：

（2）解释清楚 ⟹ 解释是不是清楚？

因此例（1）里的"解释清楚"是主谓结构。

"解释清楚"也可以看作述补结构，如在下面的问话里：

（3）这些问题他能解释清楚吗？

例（3）在"解释"和"清楚"之间可以插入"得"或"不"，构成表示可能的述补结构，即：

（4）解释清楚 ⟹ 解释得清楚解释不清楚？

因此例（3）里的"解释清楚"是述补结构。

可见，"解释清楚"是个歧义结构——既可以看作主谓结构，也可以看作述补结构，二者意思有别。

8. 那么"解释很清楚"呢？是不是也跟"解释清楚"一样？

"解释很清楚"跟"解释清楚"的情况不一样。"解释很清楚"只能看作主谓结构，不能看作述补结构。这用前面所说的测试办法一测试就知道了。请看：

（1）解释很清楚 ⟹ 解释是不是很清楚？ ［主谓］

（2）*解释得很清楚解释不很清楚？

问题是我们需要进一步知道"为什么"。

要知道，带结果补语的述补结构，有两个明显的特点：一是不用助词"得"；二是作补语的成分得是简单的，即只能是一个词，不能是一个句法结构。"解释很清楚"虽然不含助词"得"，但动词"解释"后面的成分"很清楚"是个"状－中"偏正结构，不是词。所以，"解释很清楚"跟"解释清楚"不一样，不是述补结构，是主谓结构。

"解释很清楚"似乎也可以插入"得"或"不"，例如：

（3）解释得很清楚

（4）解释不很清楚

但是，跟"清除干净"中间插入"得"或"不"的情况不同，例（3）、例（4）都不属于带可能补语的述补结构，都不含"可能"之义。一比较就看出来了——

（5）a. 清除干净 ⟹ 清除得干净清除不干净？

b. 解释<u>很</u>清楚　⟹　*解释<u>得</u>很清楚解释<u>不很</u>清楚？

事实上，例（3）"解释得很清楚"是属于带状态补语的述补结构，例（4）是主谓结构。

9. "觉得很好"是述宾结构还是述补结构？理由呢？

"觉得很好"是述宾结构，其中的"觉得"是动词，"很好"是宾语。

为什么有人会搞不清楚呢？那是因为其中的"得"把人搞糊涂了。我们常常说，述补结构的形式特点就是有"得（de）"或能插入"得（de）"。现在"觉得很好"里有"得（de）"，而且也读轻声，所以有人就以为"觉得很好"是述补结构了。这里重要的是要知道，"觉得"是一个词，不是动词"觉"加"得"形成的述补结构，因为"觉"这个语素根本就不能单独构成词。

既然"觉得"是一个词，"觉得很好"就不可能是带"得"的述补结构了。

那么能不能认为"觉得很好"是动词"觉得"带结果补语呢？也不能。前面我们说了，充任结果补语的成分必须是简单的。现在"觉得"后带的成分是"很好"，这是一个"状–中"偏正结构，不是一个词，所以"觉得很好"显然不可能是带结果补语的述补结构。再说，"觉得很好"跟其他述宾结构一样，可以形成"V不VO"疑问式（V代表动词，O代表宾语），例如：

那么这电视你<u>觉得不觉得很好</u>？

由此可见，将"觉得很好"分析为述宾结构是合理的。

10. "继续学习汉语"里的"继续+学习汉语"是"状–中"偏正结构还是述宾结构？

我们要判定"继续学习汉语"是"状–中"偏正结构，还是述宾结构，最好先判定"继续"的词性。

根据我们划分汉语词类的依据与过程[2]，"继续"可以受"不"的修饰，可以带数量宾语（或说"数量补语"），例如：

（1）因为风大，比赛暂停，不继续了。

（2）大雨继续了三昼夜。（引自《现代汉语词典》）

由此可以肯定，"继续"不是副词，是动词。据此完全可以判定"继续学习汉语"是述宾结构，不是"状–中"偏正结构。[3]

11. 口语中存在这样的对话："谁？""我。"这里的"谁"和"我"分析为语素还是词还是句子？

要回答这个问题，得分不同层次来说——

从语素这一层面来看，"谁"和"我"都是语素，因为它们是最小的音义结合体。

从词这一层面来看，"谁"和"我"又都是词，因为它们能成为最小的、独立运用的音义结合体。

从句子这一层面来看，"谁？"和"我。"又都是句子，因为它们都处于单说地位，都附有一个完整的句调，都能表示一个相对完整的意思。

12. "大"属于什么词性？"大大"（如"大大提高人民群众的生活水平"）属于什么词性？"大大de"（如"大大de眼睛"、"他把字写得大大de"、"她眼睛大大de"、"把她大大de表扬了一番"）属于什么词性？

从分布上来看，"大"、"大大"、"大大de"很不相同，请比较：

	大	大大	大大de
受"不/很"修饰	不/很大	-	-
直接修饰名词作定语	大房子	-	大大de房子
作谓语	房子大	-	房子大大de
作状语	大闹天宫	大大提高生活水平	大大de表扬一番

	大	大大	大大 de
作补语		放大	–	把字写得大 大 de
带补语	大得不得了	–	
构成"的"字结构	大的	–	–

根据它们的分布，很显然，"大"是形容词；"大大"是副词，因为只能作状语；"大大de"是状态词。作为状态词的"大大de"，在作状语时，de写作"地"，在非状语位置上，即在其他句法位置上，一律写作"的"。例如：

（1）小叔叔把她大大地夸耀了一番。　　　　　［作状语］

（2）他眼睛大大的，特好看。　　　　　　　　［作谓语］

（3）她故意把自己的名字写得大大的。　　　　［作补语］

（4）他呀，那大大的脚板走起路来像飞似的。　［作定语］

13. 作状语时的"突然"和"忽然"在意义表达上有区别吗？区别在哪里？

"突然"和"忽然"不仅在词性（即"词类性质"）上有区别，即使都处于状语位置上，二者在表意上也有区别。因此，有的句子，"突然"、"忽然"可以互换，意思可以说一样。例如：

（1）突然/忽然电话铃响了。

（2）午饭刚过，突然/忽然电闪雷鸣，大雨倾盆而下。

（3）不知怎么搞的，他突然/忽然变了一个人，动不动就发脾气。

例（1）—例（3）"突然"与"忽然"都可以用，只是色彩上略有差异。可是有的句子只能用"突然"，不能用"忽然"。例如：

（4）注意，当你们俩走到舞台中央，得突然各自左右转身相对而视……

（5）夜里一点前，你们尖刀班必须在敌人指挥部西边的小山包后面潜伏好，一点十分你们就突然向敌人指挥部发起偷袭，而我们同时……

（6）我看，还是采用突然袭击的方式比较好。

例（4）—例（6）里的"突然"就不能换用"忽然"，不能说成：

（4'）注意，当你们俩走到舞台中央，得忽然各自左右转身相对而视……

（5'）夜里一点前，你们尖刀班必须在敌人指挥部西边的小山包后面潜伏好，一点十分你们就忽然向敌人指挥部发起偷袭，而我们同时……

（6'）我看，还是采用忽然袭击的方式比较好。

原因就在于"忽然"只能用来描述客观事件、客观情况的突发性，而"突然"还能用来命令或要求对方或他人采取某种突发性行为。

14.《现代汉语词典》说，介词"对"和"对于"的用法差不多，但是"对"所保留的动词性较强，因此有些用"对"的句子不能改用"对于"。请问：介词"对"和"对于"在用法上到底有哪些不同？

"对"和"对于"都是表示对待关系的介词，都能用来引入行为动作或事件关涉的对象。例如：

（1）对于她的经历，我一点儿也不了解。

（2）对于这个问题，我们还需深入研究。

（3）这对于他的学生提出了更高的要求。

例（1）"她的经历"和例（2）"这个问题"，都分别是"了解"和"研究"的对象；例（3）"他的学生"是"提出更高要求"这一事件所关涉的对象。例（1）—例（3）里的"对于"都可以换成"对"，都可以说成：

（1'）对她的经历，我一点儿也不了解。

（2'）对这个问题，我们还需深入研究。

（3'）这对他的学生提出了更高的要求。

但是二者确有区别——

第一，"对"有"向"的意思，这是"对于"所不具有的。例如：

（4）有什么想法，你就对大家说！

（5）他对我笑了笑，没有说话。

例（4）、例（5）里的"对"是"向"的意思，都可以换成"向"，说成：

（4′）有什么想法，你就向大家说！

（5′）他向我笑了笑，没有说话。

第二，"对"和"对于"都有"对待"的意思。例如：

（6）这是我们对 / 对于科学应有的态度。

（7）对 / 对于老人要有礼貌。

例（6）、例（7）都含有明显的"对待"的意思，甚至可以直接用"对待"去替换。请看：

（6′）这是我们对待科学应有的态度。

（7′）对待老人要有礼貌。

但是，在具体用法上有区别。介词结构"对……"可以用在副词或能愿动词（或说"助动词"）后边，"对于……"则不能。例如：

（8）a. 孩子们对老人很有礼貌。

　　　b. 孩子们都对老人很有礼貌。

（9）a. 他们对你很放心。

　　　b. 他们会对你很放心。

例（8）、例（9）a 句里的"对"可以换成"对于"，但是 b 句里的"对"则不能换成"对于"，因为在"对……"之前有副词"都"和能愿动词"会"。请看：

（8′）a. 孩子们对于老人很有礼貌。

　　　b. * 孩子们都对于老人很有礼貌。

（9′）a. 他们对于你很放心。

　　　b. * 他们会对于你很放心。

15. 时间副词"就"和"才"的区别到底在哪里？

关于时间副词"就"和"才"的区别，有的论著认为"才"用于过去，"就"用于未来。其实并不是这样。请看：

（1）a. 他昨天下午就来了。

　　　b. 他昨天下午才来。　　　　　　［用于说过去的事］

（2）a. 他今天就铺地板了。

　　 b. 他今天才铺地板。　　　　[用于说现在的事]

（3）a. 他明天上午就来了。

　　 b. 他明天上午才来。　　　　[用于说未来的事]

　　那么时间副词"就"和"才"到底区别在哪儿呢？关于这个问题，详见本书第三章第三节"二、应有的研究能力"[实例三]。

16. 时间副词"往往"和"常常"的区别到底在哪里？

　　《新华字典》将"往往"注释为"常常"，会让外国学生误以为二者意义、用法相同，从而造成使用"往往"的偏误句，例如：

　　（1）* 她往往去香港玩儿。

　　（2）* 韩金泰往往说谎。

事实上，"往往"和"常常"是有区别的。关于时间副词"往往"和"常常"的具体区别，详见本书第三章第三节"二、应有的研究能力"[实例五]。

17. 程度副词"很"、"更"、"最"的区别到底在哪里？

　　"很"、"更"、"最"都是表示程度深的程度副词，但三者的语法意义和用法有区别。

　　首先，"很"跟"更"、"最"有比较明显的区别。"很"属于"绝对程度副词"，无所比较，泛言事物所具有的某性质程度之高；"更"、"最"属于"相对程度副词"，表示不同事物所具有的某种性质程度的高低是相比较而言的。[4]因此在用法上，"更"和"最"可用于比较，而"很"不能用于比较。请看：

　　（1）这个房间很大。　　　　　[非比较句]

　　（2）* 比较起来，这个房间很大。　　[比较句]

　　（3）比较起来，这个房间更大。　　[比较句]

　　（4）比较起来，这个房间最大。　　[比较句]

例 (1) 是"非比较句"，可以用"很"。例 (2) —例 (4) 都是"比较句"，例 (2) 用"很"，句子就不成立；例 (3) 用"更"、例 (4) 用"最"，句子都成立。

"更"和"最"都能用于比较，但它们也还有区别——"更"只用于两两比较，即相比较的只限于两项，因此能用于"比"字句；"最"则不能用于两两比较，因此不能用于"比"字句，只能用于多项比较。请看：

（5）a. 这个房间比那个房间更大。　　　　　　["比"字句]

　　　b. * 这个房间比那个房间最大。　　　　　["比"字句]

（6）a. 在这个小区里，这个房间最大。　　　　[非"比"字句，小
　　　　　　　　　　　　　　　　　　　　　 区里有好多房间]

　　　b. * 在这个小区里，这个房间更大。　　　[非"比"字句，小
　　　　　　　　　　　　　　　　　　　　　 区里有好多房间]

根据以上所述，程度副词"很"、"更"、"最"三者的异同可列表比较如下：

程度	例词	用于比较	用于"比"字句
	很	−	−
深	最	+	−
	更	+	+

这里附带要指出，"比"字句中，用不用"更"，意思有差别——用"更"，二者是同基础的比较。例 (5) a 句用了"更"，是说两个房间都大，只是相比之下"这个房间"的面积超过"那个房间"，比"那个房间"还大。如果不用"更"，说成：

（5′）a. 这个房间比那个房间大。

那么二者不一定是同基础的比较，只是说"这个房间"的面积超过"那个房间"，至于"那个房间"是大是小，句子本身未加说明，未作结论。

18. 程度副词"很"、"挺"、"怪"、"老"、"蛮"有区别吗？区别在哪里？[5]

"很"、"挺"、"怪"、"老"、"蛮"都属于表示程度深的绝对程度副词，但它们在所表示的语法意义和用法上，都分别有细微的差异，而这也正是它们能在现代汉语里并存的原因。

首先，色彩不同。"很"是通用词，书面语、口语都用，而"挺"、"怪"、"蛮"、"老"是口语词。试比较（所修饰的形容词都是典型的书面语词，只能用"很"修饰）：

（1）很悲愤｜*挺悲愤｜*怪悲愤的｜*老悲愤｜*蛮悲愤

很聪颖｜*挺聪颖｜*怪聪颖的｜*老聪颖｜*蛮聪颖

很寒冷｜*挺寒冷｜*怪寒冷的｜*老寒冷｜*蛮寒冷

很审慎｜*挺审慎｜*怪审慎的｜*老审慎｜*蛮审慎

其次，感情色彩不同。"很"、"挺"不带感情色彩。而"怪"、"老"、"蛮"都带有较强的感情色彩。

"怪"带有亲昵、爱抚和满意的感情色彩。例如：

（2）这孩子怪可爱的。

（3）那嘎子怪机灵的。

（4）这孩子怪招人喜欢的。

有时还表示一种说不出的、没法形容的心理感受，并带有俏皮的感情色彩。例如：

（5）这我可怎么说啊？怪难为情的。

（6）当时，我心里怪难受的，说不出是什么滋味儿。

程度副词"怪"用在下面的句子里，语义上就显得不和谐：

（7）*忽然，张县长的态度变得怪严肃的。

（8）*那毒枭怪残酷的。

值得注意的是，例（7）"怪严肃的"如果出现在下面例（9）那样的语境里，就可以说了，因为例（9）含有亲昵、满意、爱抚、俏皮的感情色彩。请看：

（9）妈妈一边看，一边说："你看那冬冬，平时可淘气了，今天在戏台上演老师，还怪严肃的。"

"蛮"来自方言，在普通话里带有说话人喜爱的感情色彩，所以不用它来说不好的、不喜欢的事物。下面的例子很说明问题：

（10）这块肉好，蛮瘦的。　　　　　　［说话人愿意买瘦肉］

（11）这块肉好，蛮肥的。　　　　　　［说话人愿意买肥肉］

下面的例子，例（12）可说，例（13）不可说：

（12）这姑娘蛮漂亮。| 这儿蛮干净（的）。| 那电影蛮好看的，我不骗你。

（13）*这儿蛮脏的。| *那个电影蛮不好看。

因为"蛮"也跟"怪"一样带有说话人喜爱的感情色彩，所以有时句子里的"怪"也可以用"蛮"来替换，当然，由于"蛮"来自方言，二者在色彩上会有细微的区别。例如上面所举的例（2）—例（4）可以说成：

（2'）这孩子蛮可爱的。

（3'）那嘎子蛮机灵的。

（4'）这孩子蛮招人喜欢的。

但是"蛮"不含有"怪"所表示的那种俏皮的感情色彩，更不含有"怪"所表示的那种说不出的、没法形容的心理感受这样的感情色彩。所以上面所举的例（5）、例（6）里的"怪"就不能换成"蛮"。请看：

（5'）[?]这我可怎么说啊？蛮难为情的。⁶

（6'）[?]当时，我心里蛮难受的，说不出是什么滋味儿。

"老"则常常带有说话人不喜爱的感情色彩。例如：

（14）那地方老远的，我不想去了。| 老长的胡子，留着干吗？| 这球鞋老沉的，我不要。| 这被子老厚的，热死我了。

下面的例子说的都是喜爱的或合意的事情，不能用"老"：

（15）*这姑娘眼睫毛老长的，十分好看。| *你看这根绳子老粗的，可以了吧？

此外，还有两点值得注意：

第一点，"很/挺"有时不表示程度。例如：

（16）"您看，这样安排怎么样？""可以吧，很／挺好。"

（17）"孙老师，您看我那文章写得怎么样？""嗯，你的文章很／挺好。"

例（16）、例（17）里的"很/挺"不能重读，都不表示程度深。这里的"很/挺"在句中只起某种语法作用——不让句子含有对比性。这是怎么回事儿呢？原来，在汉语里，形容词直接单独作谓语，有对比性。例如：

（18）"你觉得小王和小李谁能干？""小李能干。"

（19）北方干燥，南方潮湿。

如果一方面要让形容词直接作谓语，一方面又不希望句子含有对比的意思，那怎么办呢？有一个办法，那就是在形容词前加"很/挺"。例（16）、例（17）就是这样的用法。"很/挺"在例（16）、例（17）里的用法，一般称之为"'很/挺'的弱化用法"。"怪"、"老"、"蛮"没有这样的用法。注意，如果答话人真觉得好，就会这样说：

（16′）"您看，这样安排怎么样？""好！真的很／挺好。"

（17′）"孙老师，您看我那文章写得怎么样？""好，你的文章写得很／挺好！"

这时"很/挺"得重读。

第二点，用程度副词"怪"时，要求后面有"的"与之呼应，构成"怪……的"，如上面所举的例（2）—例（6）。如果删去"的"，句子就都站不住。请看：

（2″）＊这孩子怪可爱。

（3″）＊那嘎子怪机灵。

（4″）＊这孩子怪招人喜欢。

（5″）＊这我可怎么说啊？怪难为情。

（6″）＊当时，我心里怪难受，说不出是什么滋味儿。

19. 范围副词"净"到底相当于"都"还是相当于"只"？理由呢？

　　学生之所以会提出这个问题，是因为《现代汉语八百词》在谈到"净"时，既认为"净"相当于"光、只"，举的例子是：

　　（1）净顾着说话，忘了时间了。

　　　　［＝只顾着说话，忘了时间了。］

　　（2）前排票已经卖完了，净剩下后排的了。

　　　　［＝前排票已经卖完了，只剩下后排的了。］

又认为"净"相当于"全、都"，举的例子是：

　　（3）书架上净是科技书刊。

　　　　［＝书架上都是科技书刊。］

　　（4）这一带净是稻田。

　　　　［＝这一带都是稻田。］

　　实际情况到底如何？到底怎么认识和把握"净"的语法意义？请参看本书第三章第三节"二、应有的研究能力"［实例二］。

20. 我在作文里写了这么一个句子："玛沙干得比谁都卖力，这一次我想老师准会表扬他，谁知老师反而没有表扬他。"老师说，这里不能用"反而"，得用"却"。可是《现代汉语词典》上说"反而""表示跟上文意思相反或出乎预料和常情"，我这里用"反而"有什么不对呀？

　　这名学生这个句子里的"反而"确实用得不合适，得改用"却"或"并"；然而这个句子里用"反而"也确实没违反《现代汉语词典》对"反而"的注释。《现代汉语词典》对"反而"的释义很难说一定有错，但它只注释了"反而"的基本意思，没有说明"反而"的具体用法，以致让读者误以为只要句子前后意义上含有相反的意思或含有"出乎预料和常情"的意思就可以用"反而"。语言事实告诉我们，使用"反而"必须具有一定的语义背景。为使大家明了，我们不妨先对比两个实例：

（1）今天午后下了一场雷阵雨，原以为天气可以凉快一些，可是并没有凉下来，却更闷热了。

（2）我以为她不喜欢游泳，她却很喜欢游泳。

例（1）里的"却"可以换成"反而"，句子意思基本不变。请看：

（3）今天午后下了一场雷阵雨，原以为天气可以凉快一些，可是并没有凉下来，反而更闷热了。

可是例（2）里的"却"则不能换说成"反而"，不能说：

（4）＊我以为她不喜欢游泳，她反而很喜欢游泳。

这是为什么呢？原来，使用副词"却"只要求"句子的前后意思相反或出乎预料和常情"就行，但是使用副词"反而"还得具有一定的语义背景。仔细分析一下使用"反而"的例（3），我们会发现，例（3）实际包含了四层意思：

A 甲现象或情况出现或发生了；

B 按说（常情）／原想（预料）甲现象或情况的出现或发生会引起乙现象或情况的出现或发生；

C 事实上，乙现象或情况并没有出现或发生；

D 倒出现或发生了与乙现象或情况相悖的丙现象或情况。

上面所说的 A、B、C、D 这四层意思，也就是"反而"使用的语义背景。请看：

（3′）（A）今天午后下了一场雷阵雨，（B）原以为天气可以凉快一些，（C）可是并没有凉下来，（D）反而更闷热了。

要注意的是，在实际话语交际中，这四层意思不一定都说出来。请看：

（5）（A）今天午后下了一场雷阵雨，（C）可是天气并没有凉下来，（D）反而更闷热了。（省去 B 意）

（6）（A）今天午后下了一场雷阵雨，（B）原以为天气可以凉快一些，（D）可是反而更闷热了。（省去 C 意）

（7）（A）今天午后下了一场雷阵雨，（D）天气反而更闷热了。（省

去 B、C 两层意思）

D 意是"反而"所在的语句，当然不能省去。A 意是使用"反而"的前提条件，因此也不能省去。有时，这四层意思甚至可以压缩在一个单句里。例如：

（8）（A）今天午后那场雷阵雨（D）反而使天气更闷热了。

A 意成了句子的主语，D 意成了句子的谓语。

但是，不管是例（5）、例（6）、例（7）还是例（8）在语义上都总是包含这四层意思的。至此我们可以从中概括、抽象出"反而"使用的语义背景：

> 当某一现象或情况的出现，没有导致理应出现的结果，却出现了相悖的结果，这时就用"反而"来引出这相悖的结果。

我们可以将使用"反而"的语义背景融入到它的释义中去，副词"反而"所表示的语法意义就可以这样注释：

> 反而：表示实际出现的情况或现象跟按常情或预料在某种前提下理应出现的情况或现象相反。

这里特别要注意"理应出现"这四个字。这四个字告诉我们，只有在出现了跟"理应出现"的情况或现象相反的情况或现象的情景下才能使用"反而"。问题中学生作文里使用"反而"的偏误句和例（4）偏误句，都不含有"理应出现"的意思，所以可以用"却"，不能用"反而"。[7]

21. 汉语教材上说得很清楚，"否则"就是"如果不这样"的意思，可是学生还常常用不好"否则"，这是怎么回事？

提问者向我们提问的同时，给我们提供了学生使用"否则"的两个偏误句：

（1）*你得带把伞，否则如果下雨，你就回不来了。（学生用生词"否则"所造的句子）

（2）*什么事都要先想好了才去做，否则要是想得不周到，往往会好心办坏事。（学生用生词"周到"所造的句子）

这两个句子，"否则"都使用不当。可是如果将"否则"改为"如果不这样"，句子就可以说了。请看：

（1′）你得带把伞，如果不这样，如果下雨，你就回不来了。

（2′）什么事都要先想好了才去做，如果不这样，要是想得不周到，往往会好心办坏事。

这该怎么解释呢？

大家知道，汉语教材上对"否则"的注释一般来自辞书。《现代汉语词典》对"否则"的注解就是："连词，如果不是这样"，但这样注释是有缺憾的，"否则"实际并不完全等同于"如果不这样"。

连词"否则"的作用在于对上文的意思直接作假设性的否定，紧接着就引出根据这假设性否定所推出的结果，由此来反衬、强调上文的意思。"否则"引出的分句可以用陈述句式，也可以用反问句式。例如：

（3）对错误不能迁就，更不能隐瞒，否则，以后会犯大错误的。

（4）他是从不失约的，看来一定是出现了什么新的情况，否则，他怎么会不按时来呢？

就例（3）、例（4）看，"否则"似乎相当于"如果不这样"的意思，我们都可以用"如果不这样"来替换句中的"否则"。请看：

（3′）对错误不能迁就，更不能隐瞒，如果不这样，以后会犯大错误的。

（4′）他是从不失约的，看来一定是出现了什么新的情况，如果不这样，他怎么会不按时来呢？

但是，如果我们观察一下在言语交际中包含"如果不这样"的句子，就会发现二者的不同。请看：

（5）我们必须要有创新意识，要重视知识经济，如果不这样，经济就难以持续发展。

（6）领导班子内部必须搞好团结，如果不这样，如果领导班子内部闹不团结，工作肯定搞不好。

（7）厂领导一定要深入生产第一线，如果不这样，如果只是坐在办公室里听汇报、发号令，肯定指挥不好生产。

例 (5) 句中的"如果不这样"可以用"否则"替换，说成：

（5′）我们必须要有创新意识，要重视知识经济，否则经济就难以持续发展。

可是例 (6)、例 (7) 句中的"如果不这样"就不能用"否则"替换，不能说成：

（6′）*领导班子内部必须搞好团结，否则，如果领导班子内部闹不团结，工作肯定搞不好。

（7′）*厂领导一定要深入生产第一线，否则，如果只是坐在办公室里听汇报、发号令，肯定指挥不好生产。

这是为什么呢？

上面我们说了，连词"否则"的作用在于对上文的意思直接作假设性的否定，紧接着就引出根据这假设性否定所推出的结果，由此来反衬、强调上文的意思。这里我们要注意"紧接着"三个字，这三个字告诉我们，"否则"后面必须紧接着出现表示结果的分句，而不能再出现表示条件或原因之类的分句。上面举的偏误句例 (1)、例 (2) 在连词"否则"后出现的"如果下雨"和"要是想得不周到"，显然不是表示结果的分句，而是表示条件或原因的分句，所以全句成为偏误句。而"如果不这样"没有这样的限制——例 (5) 在"如果不这样"后面出现的"经济就难以持续发展"，是表示结果的分句；例 (6)、例 (7) 后面出现的"如果领导班子内部闹不团结"和"如果只是坐在办公室里听汇报、发号令"，则是表示条件的分句。这就是说，"如果不这样"后面可以出现与之平行的、在意思上与它一致的表示条件的分句。这样看来，将"否则"简单地注释为"如果不这样"并不恰当。似宜注释为："连词，意思相当于'如果不这样，那么'。"因为有"那么"，就意味着在"否则"后面不可能再出现表示条件或原因的分句。

这里附带还要说明一点，"否则"前后的分句在意思上不能构成一个推论关系。例如："你一定得去，否则他会生气的。""你一定得去"和"他会生气的"不存在推论关系，所以可用"否则"连接。下面使用

"否则"的句子都不符合这个要求：

（8）＊关键是要转变经营机制，旧的经营机制不转变，旧的管理体制不改革，否则国营企业就不能适应整个国家经济发展的需要。

（9）＊国家为我们准备了那么好的学习条件，我们再不学好，否则就对不起国家和人民。

（10）＊小陈埋怨地说："应该昨天就把水泥、沙子这些料备齐，否则今天一上班就可以拌料施工了。"

例（8）—例（10）都违反了这个规则。拿例（8）来说，"否则"前后的分句"（如果）旧的经营机制不转变，旧的管理体制不改革"和"（那么）国营企业就不能适应整个国家经济发展的需要"，存在着明显的推论关系，所以这个"否则"用得不合适，宜将"否则"删去。如果要保留"否则"，就得将"否则"前面的两个分句改为肯定句"一定要转变旧的经营机制，改革旧的管理体制"，全句改为：

（8′）关键是要转变经营机制，旧的经营机制得／要转变，旧的管理体制得／要改革,否则国营企业就不能适应整个国家经济发展的需要。

例（9）也是或删去"否则"，或将"我们再不学好"改为"我们一定得学好"。例（10）"否则"前后分句之间也是假设推论关系，宜将"否则"改为"这样"。

22. 怎么区分"的"、"地"、"得"？

"的"、"地"、"得"只是书面上的区分，实际语音是一样的，都是轻声"de [tə]"。书面上之所以要写成不同的汉字，为的是帮助区分汉语里的定语、状语和补语。具体地说，"的"标示"～的"在偏正结构里是定语，在谓语位置上是谓语，在补语位置上是补语；"地"标示"～地"在偏正结构里是状语；"得"黏附在动词或形容词之后，标示动词或形容词要带上补语。例如：

（1）她今天穿了一件很漂亮的衣服。｜要进行认真的思考。

（2）他很认真的。

（3）她看得<u>很认真的</u>。

（4）她一直<u>很认真地</u>学习，很<u>努力地</u>工作，从不懈怠。

（5）他<u>学得</u>很认真。| 那细菌<u>小得</u>肉眼都看不见。

例（1）里的"～的"是定语，例（2）里的"～的"是谓语，例（3）里的"～的"是补语；例（4）里的"～地"是状语；例（5）里的"得"标示动词"学"、形容词"小"要带上补语。

从另一个角度说，也可以这样告诉学生：在"状－中"偏正结构"～de"中"de"写成"地"；在述补结构里处于述语位置上的"～de"，"de"写成"得"；其他句法位置上的"～de"，"de"一律都可以写成"的"。

23.　一部分单音节形容词可以作状语，但是它们作状语时绝对不能带"地"，这是为什么？

现代汉语中的形容词可以作状语，较多的是双音节形容词，例如：

（1）要<u>认真</u>学习！| 我一定<u>努力</u>学习。| 这个情况要<u>仔细</u>调查。| 他<u>详细</u>说明了自己的观点。| 必须<u>准确</u>领会"以民为本"的精神。| 大家<u>热情</u>接待新同学！

单音节形容词只有一小部分能作状语。例如：

（2）注意<u>轻</u>放！| 对制造、生产、出售假冒伪劣食品的商人应该<u>重</u>罚！|这玩意儿只能<u>远</u>看，不能<u>近</u>看。| 他<u>紧</u>拽着绳子不放。| 你<u>慢</u>走！| 你<u>快</u>离开这里吧！

值得注意的是，双音节形容词作状语时，在上下文语境允许的情况下可以带上de（书面上写作"地"）。例（1）可以说成：

（1′）要<u>认真地</u>学习！| 我一定<u>努力地</u>学习。| 这个情况要<u>仔细地</u>调查。| 他<u>详细地</u>说明了自己的观点。| 必须<u>准确地</u>领会"以民为本"的精神。 | 大家<u>热情地</u>接待新同学！

可是，单音节形容词作状语时，在任何情况下都不能带上de（书面上写作"地"）。例（2）就不能说成：

（2′）*注意<u>轻地</u>放！ | *对制造、生产、出售假冒伪劣食品的商人应该<u>重地</u>罚！ | *这玩意儿只能<u>远地</u>看，不能<u>近地</u>看。| *他<u>紧地</u>拽着绳子不放。| *你<u>慢地</u>走！ | *你<u>快地</u>离开这里吧！

这是为什么呢？是不是跟音节数有关？语言事实告诉我们，这跟音节数没有直接的关系，还是跟句法规则有关。

根据朱德熙先生的研究，双音节形容词带上de，由此形成的"形容词 [双] de"，虽然可以形成"的"字结构（这时de在书面上写作"的"），但也可以形成副词性的结构（这时de在书面上写作"地"）。可是单音节形容词带上de，由此形成的"形容词 [单] de"，只能是具有指代功能的名词性"的"字结构，而名词性"的"字结构是不能作状语的。[8]因此，双音节形容词作状语时只要语境允许，可以带上de（书面上写作"地"），而单音节形容词作状语时绝对不能带上"地"（实际语音跟"的"一样）。

24. "吗"和"呢"在用法上有哪些不同？

"吗"和"呢"主要用在疑问句句尾，表示某种疑问语气，所以称为"疑问语气词"。但有时，它们也用在句中表示停顿。它们用法上的不同，也就可以分两方面来说：

（一）用于疑问句末尾

"吗"只用于是非问句末尾，不用于特指问句、选择问句、反复问句的末尾；而"呢"正相反，只用于特指问句、选择问句、反复问句的末尾，不用于是非问句末尾。二者正好形成互补的局面。请看：

	是非问句	特指问句	选择问句	反复问句
吗	＋	－	－	－
呢	－	＋	＋	＋

有个问题："他的手机呢？"、"明天下雨呢？"是"是非问句"还是"非是非问句"？是"非是非问句"，具体地说，是"非是非问句"的缩略形式。[9]请看：

（1）a."你手机在哪里买的？"

　　　"在王府井百货大楼买的。"

　　　"他的手机呢？"

　　　[＝他的手机在哪里买的呢？]　　　　　　　　　　[特指问]

　　b."你手机在王府井百货大楼买的还是在西单商场买的？"

　　　"在王府井百货大楼买的。"

　　　"他的手机呢？"

　　　[＝他的手机在王府井百货大楼买的还是在西单商场买的呢？]

　　　　　　　　　　　　　　　　　　　　　　　　　[选择问]

　　c."你手机是不是在王府井百货大楼买的？"

　　　"是在王府井百货大楼买的。"

　　　"他的手机呢？"

　　　[＝他的手机是不是也在王府井百货大楼买的呢？]

　　　　　　　　　　　　　　　　　　　　　　　　　[反复问]

（2）a."明天我们去哪儿玩儿？"

　　　"去香山玩儿。"

　　　"明天下雨呢？"

　　　[＝明天如果下雨我们去哪儿玩儿呢？]　　　　　　[特指问]

　　b."明天我们去香山玩儿还是去故宫？"

　　　"去香山玩儿。"

　　　"明天下雨呢？"

　　　[＝明天如果下雨我们是去香山还是去故宫呢？]

　　　　　　　　　　　　　　　　　　　　　　　　　[选择问]

　　c."明天我们去不去香山玩儿？"

　　　"去。"

　　　"明天下雨呢？"

　　　[＝明天如果下雨我们去不去香山玩儿呢？]

　　　　　　　　　　　　　　　　　　　　　　　　　[反复问]

（二）用于句中停顿

"吗"和"呢"都可以用在句中停顿处，用来点出话题；这时"吗"也可以写成"嘛"。例如：

（3）钱吗／嘛，没有当然生活会过得很苦，太多了也不是个好事儿。

（4）钱呢，没有当然生活会过得很苦，太多了也不是个好事儿。

但二者有区别——其一，用"吗"所点出的话题是顺着上文来的；用"呢"往往是用来提出新话题。请看：

（5）a. 你刚才一再说我们要多挣钱，这很在理，但是钱吗／嘛，没有当然生活会过得很苦，太多了也不是个好事儿。

b. *你刚才一再说我们要多挣钱，这很在理，但是钱呢，没有当然生活会过得很苦，太多了也不是个好事儿。

（6）a. 那么钱呢，没有当然生活会过得很苦，太多了也不是个好事儿。

b. *那么钱吗／嘛，没有当然生活会过得很苦，太多了也不是个好事儿。

其二，用"呢"含有对比性，用"吗／嘛"不含对比性。例如：

（7）喜欢呢，就买下；不喜欢呢，就别买。

（8）他们那里呢，比这儿冷多了。

例（7）是明显的对比句，其中的"呢"决不能换用"吗"。例（8）虽不是对比句，但是"比"字句，也不宜用"吗"。绝对不说：

（7′）*喜欢吗／嘛，就买下；不喜欢吗／嘛，就别买。

（8′）*他们那里吗／嘛，比这儿冷多了。

注释

1　参看朱德熙《语法讲义》16.2.1，商务印书馆，1982年。"新情况的出现"也可以理解为"表示情况的变化"。

2　参看陆俭明《现代汉语语法研究教程》第一节"汉语词类研究"，2003年版、2004年版、2005年版、2013年版，北京大学出版社；又见本章第五节第10个问题"现代汉语词类是怎么划分出来的？"

3　在现代汉语里，个别动词也能作状语，如"巴结说、反复敲打、讽刺说、敷衍说、讥笑说、夸张说"等（受修饰的一般是动词"说"）。我们断定这些句法结构是"状–中"偏正结构，根据是可以插入"地"，意思不变，如"巴结地说、反复地敲打、讽刺地说、敷衍地说、讥笑地说、夸张地说"。而"继续学习"不能说成"继续地学习"，所以"继续学习汉语"分析为述宾结构是可取的。

4　"相对程度副词"和"绝对程度副词"这一对概念最早是由王力先生提出来的，详见王力《中国现代语法》第三章第十九节，商务印书馆，1943年。后为语法学界普遍接受。

5　参看马真：普通话里的程度副词"很、挺、怪、老"，载《汉语学习》1991年第2期。

6　在咨询过程中，有人觉得"蛮难为情的"能接受，但多数人认为不能接受，因此这里句前用问号（？）标示。

7　具体参看马真：说"反而"，载《中国语文》1983年第3期。

8　参看朱德熙：现代汉语形容词研究，载《语言研究》1956年第1期；说"的"，载《中国语文》1961年第12期。

9　"非是非问句"包括特指问句、选择问句、反复问句三小类。"非是非问句"与"是非问句"相对。具体见本章第五节对第37题"现代汉语疑问句有哪些类型？"的说明。

第二节 有关"能说／不能说"的问题

话语中的两个词语或两个句法结构，属于同一类，有的甚至可以说彼此同义或者近义，可是它们所造成的句子一个能说，一个却不能说，或者虽然都能说可是意思差别很大，具体差别在哪里？为什么会有这样的差别？这一节所谈的问题基本都属于这种情况。

1. 可以说"我在北京生活6年了"，但我们不能说"*我在北京生活6月了"？为什么？

说到日期，总是常用到"年、月、日"，如"2013年4月23日"。这会给人一个错觉，以为"年、月、日"的性质与用法是一样的。其实不然。"月"和"年"就不一样——

（一）表时点

今年	这个月	（*今月）
去年	上个月	（*去月）
前年	上上个月	（*前月）
明年	下个月	（*明月）
后年	下下个月	（*后月）

上半年	（*上半个年）	上半月	（上半个月）
下半年	（*下半个年）	下半月	（下半个月）
这一年	（*这一个年）	这一月	（这一个月）
那一年	（*那一个年）	那一月	（那一个月）

（二）表时段

学了三年	*学了三月
*学了三个年	学了三个月
半年	*半月
*半个年	半个月
三年半	*三月半
*三个年半	三个月半

从上面所举的实例中不难判断，"年"是量词，"月"是名词。了解了"年"和"月"在词性上和用法上的区别，就不难理解为什么可以说"我在北京生活6年了"，但不能说"*我在北京生活6月了"（只能说"我在北京生活6个月了"）。

2. 为什么能说"很有能力"，可是不能说"*很有经历"？[1]

我们常常说"很有能力"、"很有办法"、"很有本事"、"很有才华"等，可是不能说"*很有文章"，这是为什么？这个问题一般很容易回答：能进入"很有……"这个格式的名词都得是抽象名词，不能是具体名词。"能力"、"办法"、"本事"、"才华"都是抽象名词，而"文章"是具体名词，所以"很有能力"、"很有办法"、"很有本事"、"很有才华"可以说，"*很有文章"不能说。可是，光这样解释，问题就接着来了："经验"和"经历"都是抽象名词，在英语里还都可以用experience来表达，可是为什么可以说"他很有经验"，却不能说"*他很有经历"？

这里需要了解，"很有……"这一句法格式多用来表示人或事物的价值，所以能进入其中的抽象名词都跟显示人或事物的价值有关。例如"很有能力"、"很有本事"、"很有智慧"等，可显示人的价值；"很有看头"、"很有价值"、"很有特点"等能显示事物（包括抽象事物）的价值。在中华民族传统里，"经验"可以视为衡量一个人价值高下的一种依据；而"经历"，在某些西方国家可能能视为衡量一个人价值高下的一种依据，但在中国不能。这与民族文化的不同有关。

有人可能会问："钱"不是具体名词吗？那为什么可以说"很有钱"呢？"钱"实际有两个意思，一是指货币，表此意义时它属于具体名词；一是指钱财，表此意义时它属于抽象名词。"很有钱"里的"钱"是指财富，所以可以成立。

3. "*他个子高高"不说，我们得说成"他个子高高de"；而"*他高de举着双手"不说，得说成"他高举着双手"，这是为什么？

根据朱德熙先生的研究，"高高"是单音节形容词（A）的重叠式（AA），从词性上来说，这种单音节形容词重叠式属于副词，它只能作状语，不能作谓语，所以"他个子高高"不成立；而单音节形容词重叠式后面带上轻声音节"de"，即"AA de"则转化成状态形容词性质，状态形容词都能作谓语，所以"他个子高高de"能成立。

同样，根据朱德熙先生的研究，单音节形容词带上"de"只能形成名词性"的"字结构，而名词性"的"字结构不能作状语。所以，当"高、轻、重、大"等单音节形容词作状语时，后面不能带"de"（书面上写作"地"）。[2]

4. "元旦前后"也可以说成"元旦左右"，但是"春节前后"却不能说成"*春节左右"，这是为什么？[3]

"前后"和"左右"都能用在表示时点的时间词语后面，表示一个约略的、不能确定的时间，例如"六月五号前后｜六点前后"、"六月五号左右｜六点左右"。但是它们在具体使用上有差别——"左右"只能用于具体的某一个确定的时点之后；而"前后"不受此限，既可以用于具体的某一个确定的时点之后，也可以用于模糊的时点之后。试比较：

下午五点左右　　下午五点前后

二月六号左右　　二月六号前后

八月左右　　　　八月前后

1935 年左右　　　1935 年前后

*春假左右　　　　春假前后

*寒假左右　　　　寒假前后

"元旦"属于具体的确定的时点，所以既可以说"元旦前后"，也可以说"元旦左右"；而"春节"不是一个非常具体、明确的时点。春节到底从哪一天到哪一天，不是很明确的；春节该放几天假，常常不确定，不同时期、不同地区可能有不同的规定。所以只能说"春节前后"，不说"*春节左右"。下面甲组各例能说，乙组各例不说：

甲	乙
春假前后	*春假左右
暑假前后	*暑假左右
寒假前后	*寒假左右
产假前后	*产假左右

5. 可以说"最好再稍微甜一点儿"、"你稍微买一点儿"，但不能说"*最好再稍微甜"、"*你稍微买"，这是为什么？可以说"你稍微买几斤"，但不能说"*你稍微买一斤"，这又是为什么？

"稍微"是表示程度浅的程度副词。可以修饰形容词性词语，也可以修饰动词性词语，表示主观小量，即表示程度轻微，数量甚少，或时间短暂。"稍微"在用法上很有特点：第一，它所修饰的成分必须是复杂的，不能是简单的；第二，它后面的动词或形容词如果带数量成分，只能是表示不定量的数量成分，如"一点儿/一些"和"两/几+量词"等。因此，它所能修饰的成分只限于以下四种：

A."一+动词/形容词"。例如：

（1）当时我的腿只要稍微一动，就疼得不得了。

（2）你对他可不能软，你稍微一软，他就会得寸进尺。

B."动词/形容词+一点（儿）/一些（名词性词语）"。例如：

（3）咖啡里边最好稍微加一点儿牛奶。| 咖啡里边牛奶只要稍微加一点儿。

（4）热汤面里稍微撒上一些葱花儿，就很好吃。| 那香菜稍微撒一些就行。

（5）冬天把窗户糊上纸，屋里会稍微暖和点儿。

（6）你稍微客气<u>些</u>，行吗？

C."有点儿 + 形容词 / 心理动词"。例如：

（7）今天稍微<u>有点儿冷</u>。| 他这个人哪，就是稍微<u>有点儿急躁</u>。

（8）大家对他稍微<u>有点儿讨厌</u>。| 慢慢的，对她的话稍微<u>有点儿</u>
<u>理解</u>了。

D. 由"两 / 几"组成的表不定少量的数量成分 (+名词)。例如：

（9）那个菜她就稍微尝了<u>两口</u>。| 你给我稍微买<u>两个</u>苹果来。

（10）就稍微说了她<u>几句</u>，她就跟我不依不饶了。| 那文章稍微
看了<u>几行</u>就放下了。

　　了解了上面所说的情况，我们就不难明了为什么不能说"*最好再
稍微甜"、"*你稍微买"和"*你稍微买一斤"了，那是因为这些说法都
不符合"稍微"的使用特点。

6."他在河里站着"、"他在河里游着"，就词类系列和内部结构关系来看都是一样的，可是我们可以说"他站在河里"，但不能说"*他游在河里"，为什么？该怎么解释？"他在河里跳着"属于"他在河里站着"一类，还是属于"他在河里游着"一类？根据是什么？

　　"他在河里站着"、"他在河里游着"，就词类系列和内部结构关系来
看确实一样，都是：

（1）a. 他　　　　在　　河里　　　站着。

　　　b. 他　　　　在　　河里　　　游着。

　　　　名 [代] 在 处所成分 动词性成分

　　　　　<u>1</u>　　　<u>2</u>　　　　　　　1-2：主谓结构

　　　　　　　　<u>3</u>　　　　　<u>4</u>　　　3-4："状—中"偏正结构

　　　　　<u>5</u>　　<u>6</u>　　　　　　　5-6："介—宾"结构

但是，整个结构表示的语法意义（可以称为"格式义"）和内部语义关
系都不同：a 句表示存在，表静态，"在河里"表示"他"存在的处所；

b 句表示活动，表动态，"在河里"表示"他"活动的场所。正是由于 a 句和 b 句的格式义不同，内部语义关系不同，所以 a 句"他在河里站着"可以说成"他站在河里"，而 b 句"他在河里游着"不能说成"*他游在河里"。而所谓 a 句"他在河里站着"可以说成"他站在河里"，b 句"他在河里游着"不能说成"*他游在河里"，实质上就是 a 句和 b 句跟其他句式的变换关系不同。换句话说，a 句"他在河里站着"可以变换为 c 句"他站在河里"，请看：

（2）a. 他在河里站着。⟹ c. 他站在河里。

变换后，c 句整个结构仍表示存在，表静态，内部语义关系保持不变，"在河里"仍表示"他"存在的处所。[4]可是，b 句不能进行这样的变换，下列变换根本就不成立：

（3）b. 他在河里游着。⟹ c. *他游在河里。

由此也证实了 a 句和 b 句的差异。

现在看"他在河里跳着"。如果只着眼于表面形式，似乎它也能变换为 c 句，请看：

（4）他在河里跳着。⟹ c. 他跳在河里。

然而，这只是一种假象，因为"他跳在河里"和"他站在河里"有本质的不同：第一，"他跳在河里"并不表示存在，不是表静态，而是表示活动，表动态；第二，"在河里"并不是"他"存在的处所，而是"他"位移的终点——"他跳在河里"，意味着"他"原先不在"河里"，是在别处，"跳"了以后才到"河里"。可见，"他跳在河里"在本质上并不属于 c 句；而例（4）并非是一个合理的变换式，例（4）应表示为：

（5）他在河里跳着。⟹̸ 他跳在河里。

由此也可以认定，"他在河里跳着"在本质上属于 b 句，它也是表示活动，表动态。"他在河里跳着"和"他跳在河里"是两种不同性质的表活动的句子，彼此没有变换关系，因为二者从格式义到内部语义关系都不同。[5]

7. "打乒乓球的学生"和"打乒乓球的姿势"就词类系列和内部结构关系来看都是一样的,可是"打乒乓球的学生"里的"学生"有时可以省去不说,但是,"打乒乓球的姿势"里的"姿势"在任何情况下都不能省去,这是为什么?

"打乒乓球的学生"和"打乒乓球的姿势"都是"动词性词语+的+名词"的"定-中"偏正结构。这种偏正结构中,作为中心语的名词在一定语境下能否省去,取决于这个"名词"是不是那"动词性词语"里的动词的一个配价成分。如果这个名词是动词的配价成分,那么可以省去,否则不能省去。而判断这个名词是不是动词的配价成分,就看当那个动词作谓语动词时这个名词能否在动词前后作主语或宾语。如果能,是配价成分;如果不能,就不是配价成分。按此来看,"打乒乓球的学生"里的"学生"显然能与"打乒乓球"构成主谓关系,所以"学生"是"打"的配价成分,因而在一定语境中,"打乒乓球的学生"里的"学生"可以省去不说,例如:

"下午谁打乒乓球?打乒乓球的学生举手。"

[下午谁打乒乓球?打乒乓球的举手。]

而"打乒乓球的姿势"里的"姿势"显然不具有这样的句法性能,所以"姿势"不可能是"打"的配价成分,因而"打乒乓球的姿势"里的"姿势"在任何情况下都不能省去不说。[6]

8. "他是汉语老师"也可以说成"他是汉语教师",可是"他是汪萍的老师"却不能说成"*他是汪萍的教师",这是为什么?但又可以说"他是汪萍的家庭教师",这又是为什么?该怎么解释?

动词有配价问题,后来有学者研究认为形容词、名词也有配价问题。[7]名词的配价表现为某个名词一定要求与另外的某个名词在语义上构成依存关系。譬如说,我们说到"弟弟"这个名词,一定有"哥哥"或"姐姐"这个名词跟它相衬托,二者构成不可分离的依存关系。所谓

"依存关系"，就是说二者各自均以对方为自己存在的先决条件。

一个名词，如果不要求与另外的名词在语义上构成依存关系，这样的名词，称为零价名词，如"大海、天空、空气"等。大多数名词都是零价名词。

一个名词，如果只要求与一种性质的名词在语义上与之构成依存关系，这样的名词，称为一价名词，如"哥哥、弟弟、叔叔、爸爸、爷爷、姑父"等亲属称谓名词，"质量、脾气、价格"等属性名词，"脚、手、锅盖、抽屉"等部件名词，等等。

一个名词，如果要求与两种不同性质的名词在语义上与之构成依存关系，这样的名词，称为二价名词。二价名词都是抽象名词。如"意见、兴趣、态度、害处"等。

到目前为止，还没有发现有三价名词。

了解了名词的配价问题，就可以回过头来回答上面的问题了。原来，"教师"只是一种职称，也泛指"担任教学工作的人员"，如同"职员"、"工程师"一样，它不反映社会上有依存关系的人际关系，是零价名词；而"老师"是相对于"学生"而言的，是学习者对教给自己知识的人的尊称，它反映了社会上一种有依存关系的人际关系，属于一价名词。由于"老师"是一价名词，所以它可以接受带姓、带名的指人名词或单数人称代词的修饰，形成一个领属性偏正结构，如"张三的老师"、"小王的老师"、"庆生的老师"、"我的老师"、"她的老师"等；而"教师"是零价名词，所以不能接受带姓、带名的指人名词或单数人称代词的修饰形成一个领属性偏正结构，譬如我们不能说"*张三的教师"、"*小王的教师"、"*庆生的教师"、"*我的教师"[8]、"*她的教师"等。至此我们也就可以明了为什么可以说"他是汪萍的老师"却不能说"*他是汪萍的教师"。[9]

至于为什么又可以说"他是汪萍的家庭教师"，请各位读者自己好好思考一下，然后作出一个较为合理的回答与解释。

9.“究竟他去了哪里?”和“究竟谁去了广州?”都是同一类疑问句,内部词类系列和结构关系也基本一样,但是“究竟他去了哪里?”可以说成“他究竟去了哪里?”,但是“究竟谁去了广州?”却不能说成“*谁究竟去了广州?”,这是为什么? 该怎么解释?

要回答上述问题、解释上述现象,先得了解一下语义指向的问题。语义指向是指句中某个句法成分与哪一个词语或哪个成分在语义上发生最直接的联系。例如:[10]

（1）他喜滋滋地炸了盘花生米。　　　　［“喜滋滋”指向“他”］

（2）他早早地炸了盘花生米。　　　　　［“早早”指向“炸”］

（3）他脆脆地炸了盘花生米。　　　　　［“脆脆”指向“花生米”］

例（1）状语“喜滋滋地”在语义上跟“炸”的施事“他”相联系,即在语义上指向“他”;例（2）状语“早早地”在语义上跟“炸”这一行为动作相联系,即在语义上指向“炸”;例（3）状语“脆脆地”在语义上跟“炸”的受事“花生米”相联系,即在语义上指向“花生米”。显然,“语义指向”实际说的是两个成分之间语义上的“相关性”。[11]对于句子中某个句法成分的语义指向,除了要关注它指向哪里之外,还得关注所指向的成分是否会有某些特殊的要求。比如范围副词“都”所指向的成分在语义上看一定是某个集合,而不能是某个个体。这就是“都”对所指向的成分的特殊要求。

上面提问中的“究竟他去了哪里?”和“究竟谁去了广州?”这两个问句都是特指疑问句,从格式上看是一样的,都是:

究竟+名词[主语]+动词+了+名词[宾语]?

所不同的是,前者疑问点在处所宾语“哪里”上,后者在作主语的“谁”上。这里我们需要注意的就是副词“究竟”在语义指向上的特点。“究竟”在语义指向上有两个特点:

第一,它只能指向一个具体的疑问形式,换句话说,疑问句里一定要有一个具体的疑问形式。所谓具体的疑问形式，是指疑问代词（如"谁"、"什么"、"怎么样"、"多少"等）、"A还是B"这样的选择问疑问形式（如"吃饭还是吃面"、"星期一还是星期二"），以及"V不V"、"V没有V"这样的正反问（也称"反复问"）疑问形式（如"喝不喝酒"、"喝没喝酒"）。例如：

（4）你究竟去哪儿？　　　　　　［有具体的疑问形式"哪儿"］

（5）你究竟去广州还是福州？　　［有具体的疑问形式"广州还是福州"］

（6）这个月你究竟去不/没去深圳？　［有具体的疑问形式"去不/没去"］

（7）*你究竟去上海（吗）？　　　［没有具体的疑问形式］

例（4）—例（6）能说，"究竟"在句中都分别指向具体的疑问形式"哪儿"、"广州还是福州"、"去不/没去"；例（7）不能说，因为例（7）虽是疑问句，但句中没有具体的疑问形式。

第二，它只能后指，换句话说，"究竟"所指向的具体的疑问形式一定得位于它之后，不能位于它之前。

了解了疑问句中副词"究竟"在语义指向上的特点，我们就可以来回答提问中的问题，就可以来解释提问中所说的语言现象。

"究竟他去了哪里？"和"他究竟去了哪里？"之所以都能成立，是因为句中"究竟"的使用完全符合它在语义指向上的特点——句中副词"究竟"跟具体的疑问形式"哪儿"同现，而且这个具体的疑问形式都处于"究竟"之后。可是"究竟谁去了广州？"和"*谁究竟去了广州？"之所以一个能说，一个不能说，就因为"究竟"挪到主语之后，说成"*谁究竟去了广州？"，就不再具备"究竟"在语义指向上所需要的条件，具体说，"究竟"所指向的疑问形式"谁"不在它之后，而在它之前了。[12]

10. "他会帮你"和"他能帮你"意思一样吗？如果不一样，不一样在哪里？[13]

"他会帮你"和"他能帮你"里的"会"和"能"都表示"可能"，但二者有区别。"会"更多的是从主观上来说的，"能"则更多的是从客观条件上来说的。下面的实例很说明这一点：

（1）我想他会帮你，但能不能帮你，就不好说了。

（2）我想他能帮你，但他会不会帮你，就不好说了。

例（1）是说他有帮你的意愿，但是否有实力来帮你，就说不好了。例（2）则是说，从客观上来说，他有帮你的实力，但他是否愿意帮你，就说不好了。

11. "他愿意给你吗？"跟"他肯给你吗？"两个问句意思一样吗？如果不一样，不一样在哪里？[14]

这两个问句意思上有差异，差异出在"愿意"和"肯"的不同。"愿意"和"肯"虽然都含有"乐意"的意思，但有差别。在他人请求或要求的情况下，乐意做某事，用"肯"，当然也能用"愿意"。例如：

（1）我叫他把汽车玩具给小红玩儿玩儿，可他怎么也不愿意。

（2）"为灾区捐款的事儿你跟婶子说了吗？"

"说了，她没吱声儿。"

"这样吧，她愿意捐就捐，不愿意，咱也别强求她。你说呢？"

例（1）、例（2）属于"他人请求或要求的情况"，其中的"愿意"可以换用"肯"，说成：

（1′）我叫他把汽车玩具给小红玩儿玩儿，可他怎么也不肯。

（2′）"为灾区捐款的事儿你跟婶子说了吗？"

"说了，她没吱声儿。"

"这样吧，她肯捐就捐，不肯，咱也别强求她。你说呢？"

如果并非在他人请求或要求的情况下，而是自己主动乐意做某事，则用"愿意"，不用"肯"。请看：

（3）遇到有困难的人，他总愿意主动帮助人家。

例（3）不属于"他人请求或要求的情况"，"愿意"不能用"肯"来替换，不能说成：

（3′）* 遇到有困难的人，他总肯主动帮助人家。

可见，"他给你"这一行为动作如果是在"你"或别人请求、要求"他"的情况下做出的，那么可以用"愿意"也可以用"肯"；如果不是在"你"或别人请求、要求"他"的情况下做出的，完全是"他"出于自愿的，那么不能用"肯"，得用"愿意"。

12. "我会游泳了"跟"我能游泳了"意思一样吗？如果不一样，不一样在哪里？

"我会游泳了"和"我能游泳了"里的能愿动词"会"和"能"都可以表示"能力"，在英语里都可以用can来表示。但它们表示"能力"时，在具体表意上有些差异。

（一）如果强调原先不具备某方面的能力，通过学习具备了这方面的能力，一般用"会"；如果表示恢复了某种能力，或者强调已经有的能力进一步达到了某种程度或水平，用"能"。例如：

（1）他会游泳了。| 我姐姐会弹钢琴。[通过学习具有的某种能力]

（2）他伤好了，能 / * 会游泳了。　　[能力恢复]

（3）她一分钟能打 / * 会打 300 个字。[能力达到新的高度]

（二）只是客观地说某人在某方面有特长、善于做某事的时候，"能"和"会"都可以，但表意上仍有不同：用"能"时侧重从量上强调所具备的能力，用"会"时侧重从技巧上强调所具备的能力。例如：

（4）a. 他真能唱，唱了三个小时都不知道累。

　　b. 这人真能说，半天不带停的。

（5）a. 他真会唱，和大明星唱得不相上下。

　　b. 她真会说，在她的劝说下，矛盾双方终于握手言和了。

例（4）侧重从量上说，所以宜用"能"，不用"会"；例（5）则侧重从

"质"上说，所以宜用"会"，不用"能"。

13. "你怎么来的?"和"你怎么来了?"意思一样吗? 如果不一样，那是为什么? [15]

"你怎么来的?"是问"来"的方式，而"你怎么来了?"是问"来这里"的原因或目的。为什么二者在表达上会有这种差异呢? 这跟它们在结构上的差异有关。大家知道，疑问代词"怎么"在动词性词语前都是作状语。"怎么"在上面两种问话里作状语的状况不一样——在"你怎么来的?"里，"怎么"作"来"的状语，整个结构该这样分析：

（1） 你　　　怎么　　　来　　　的?

　　　1　　　＿＿＿＿2＿＿＿＿　　　　1-2：主谓结构

　　　　　　＿＿3＿＿　　4　　　　3-4："的"字结构

　　　　　　5　　　6　　　　5-6："状-中"偏

　　　　　　　　　　　　　　　　　正结构

而"你怎么来了?"里，"怎么"作"来了"的状语，整个结构该这样分析：

（2） 你　　　怎么　　　来　　　了?

　　　1　　　＿＿＿＿2＿＿＿＿　　　　1-2：主谓结构

　　　＿3＿　　＿＿4＿＿　　　　3-4："状-中"偏

　　　　　　　　　　　　　　　　正结构

　　　　　　5　　　6　　　　5-6：动态助词结构

14. "他下了课就来了"，也可以说成"他下课就来了"，意思基本一样。可是"他吃了饭就来了"，表面看似也能说成"他吃饭就来了"，但意思变了。这怎么解释?

汉语里的述宾结构（也称"动宾结构"）所表示的事件或者说行为动作，实际可以分为两种情况：

（甲）一种情况，含有明显的过程，如"吃苹果、喝咖啡"都有

"起始点—持续过程—终止点";

（乙）另一种情况，不让人感到有明显的持续过程，起始点也就是终止点，如"敲碎一块玻璃"。

如果属于（甲）种情况，那么

名词语[主语] + 动词 + "了" + 宾语 ≠ 名词语[主语] + 动词 + 宾语　[情况（甲）]

"他吃了饭就来了"和"他吃饭就来了"里的"吃饭"就属于（甲）种情况。带"了"不带"了"意思不一样 —— 带"了"，意思是"他吃完/过饭就来了"；不带"了"，实际表示"叫他干活儿不来，叫他吃饭就来了"这样一种含有不满意味的意思。

如果属于（乙）种情况，那么

名词语[主语] + 动词 + "了" + 宾语 = 名词语[主语] + 动词 + 宾语　[情况（乙）]

"他下了课就来了"和"他下课就来了"里的"下课"，就属于（乙）种情况，带"了"不带"了"意思一样。

这里也给我们提出了一个新的研究课题：什么样的动词带什么样的宾语，将属于（甲）类情况？什么样的动词带什么样的宾语，将属于（乙）类情况？这很值得研究。

15. "我教书教了一年"和"我教他教了一年"，结构是一样的，但是，前者可以有"我教了一年书"的说法，后者则没有"*我教了一年他"的说法；反之，后者有"教了他一年"的说法，但没有"*教了书一年"的说法。这怎么解释？

我们稍微用心观察一下就会发现规律之所在。"我教书教了一年"和"我教他教了一年"，二者的共同点在于都是拷贝动词句，而且在动词"教"后面都是一个名词性宾语（如"书"或"他"），还有一个表示时段的数量成分"一年"（不必考虑"一年"是宾语还是补语）。但二者有差异，具体地说就是充任宾语的名词性成分在语义上性质不同——如果作宾语的是一般名词，其词序为：

　　　　　动词—了—时量成分—宾语

如：

　　（1）教了四年书　　　　　　　　　［＊教了书四年］

　　　　喝了一小时茶　　　　　　　　［＊喝了茶一小时］

　　　　学了两年英语　　　　　　　　［＊学了英语两年］

如果作宾语的是人称代词或指人的名词，其词序为：

　　　　　动词—了—宾语—时量成分

如：

　　（2）教了他四年　　　　　　　　　［＊教了四年他］

　　　　陪了老头子一辈子　　　　　　［＊陪了一辈子老头子］

　　　　埋怨了我半天　　　　　　　　［＊埋怨了半天我］

　　　　等了奶奶两小时　　　　　　　［＊等了两小时奶奶］

　　作为动词拷贝句式，任何性质的名词都可以进入，所以"我教书教了一年"和"我教他教了一年"都说。

16. "我女朋友"等于"我的女朋友"吗？为什么？

　　表面看，二者意思似乎一样，实际上二者并不等值，使用环境也不一样。请看下面的对话：

　　（1）陈教授：这位是……

　　　　张云轩：她是我女朋友。　　　　［这里不用"的"］

　　　　黄凌峰：（冲着张云轩）你是不是酒喝多了？她哪是你的女朋友？她是我的女朋友。　　　　［这里用"的"］

　　（2）陈教授：（对自己原先的学生）你也老大不小了，怎么还没成家呢？

　　　　某学生：老师，您也知道，我是个很内向的人，再说我们单位的女同胞都结婚了……

　　　　陈教授：要不要我给你介绍一个？

　　　某学生：好啊，老师！

　　　陈教授：那你说说，要什么条件？

　　　某学生：（沉思一小会儿）要说什么条件啊，我的女朋友不要
　　　　　　　求很漂亮，只要心地好就行。[这里用"的"]

　　这里用"的"不用"的"是由什么因素决定的？有无规律可循？有。假设"定–中"偏正结构为"XY"，其中用不用"的"，需记住两条：

　　第一，如果X和Y这两个成分在人们的日常生活中，关系密切或紧密，经常在一起，那么中间可不用"的"，否则要用"的"。

　　第二，二者关系虽密切或紧密，但为了强调，也可用"的"。

　　可见，"定–中"偏正结构里用"的"起两种作用：一是表明修饰语和中心语二者关系疏远、松散；二是表示强调。

　　现在回过头来看例（1）和例（2）。在例（1）语境下，张云轩答话里不用"的"，这是由亲密度确定的，意味着"我"与"女朋友"之间已亲密无间，"距离"很近；黄凌峰冲着张云轩责问的话里用"的"，是为了强调。而在例（2）语境下之所以必须用"的"，是由亲密度决定的——"我"与"女朋友"之间八字还没有一撇呢，"距离"远。

　　形容词（我们用A来代表）修饰名词（我们用N来代表）时，中间用不用"的"也遵循上述准则。大家知道，形容词修饰名词所形成的名词性偏正结构，在英语里只有"A+N"这一种形式；可是在汉语里，有两种形式——"A+N"和"A+的+N"，而且不是任何形容词修饰名词都可以采取这两种形式，有时有"的"没有"的"，意思可能不一样。请对照：

	英文		中文
水	water	hot water	热水 / 热的水
饭	rice	cold rice	冷饭 / 冷的饭
肉	meat	hot meat	*热肉 / 热的肉
鱼	fish	cold fish	*冷鱼 / 冷的鱼
规模	scale	large scale	大规模 / *大的规模
老实	honest	honest person	老实人 ≠ 老实的人

怎么解释这个现象？可以用认知语言学象似性原则里的距离准则作出解释。具体来说：（一）不用"的"表明A所表示的性状和N所表示的事物在人们的观念里，即认知域里，联系紧密；联系不紧密甚至难得有联系的，就得用"的"将修饰成分与中心语组合在一起。（二）A和N联系紧密的，用"的"是为了表示强调，以凸显A所表示的性状。譬如水，这是最必需的生活用品，最必需的饮品，一天也离不开它。在日常生活中，水有冷热之分，在人们的认知域和生活理念中，水就总是跟冷或热紧密相连。正因为这样，反映在汉语里就是，可以说"热水"、"冷水"而无须用"的"；有时用"的"只是为了强调。至于鱼、肉的情况就不同了，现在似乎已不是稀罕之物，常能吃到，可是曾经千百年来普通百姓难得吃上鱼和肉。这样，鱼和肉虽也有冷热之分，但由于长期以来它们并不是人们最基本的生活必需品，因此在人们的生活理念中，冷和热跟鱼、肉并不总是紧密相连的；这样，在人们的认知域中，冷和热跟鱼、肉联系并不紧密。反映在语言上，当"冷"、"热"修饰"鱼"和"肉"时，就得用"的"。

17."他的胳臂比我还粗"这句话里的"还"可以换成"更"；可是"他的胳臂比火柴棍儿还细"这句话里的"还"却不能换成"更"。这是为什么？

要回答好这个问题，需要分析一下"他的胳臂比我的胳臂还粗"和"他的胳臂比火柴棍儿还细"这两句话的相同点和不同点。它们的相同点是：都是"比"字句，而且在格式上都是：

甲 + 比乙 + 还 + 怎么样 [16]

但它们所表示的意思明显不同——"他的胳臂比我的胳臂还粗"，说的是现实的两个事物（"他的胳臂"和"我的胳臂"）的比较，表示二者都是粗的，但相比之下，"他的胳臂"粗的程度要超过"我的胳臂"。可是，"他的胳臂比火柴棍儿还细"，说的并非是现实中两事物的比较，即并非真的要将"他的胳臂"去跟火柴棍儿相比较，而只是一种虚拟的夸张的比拟，用"火柴棍儿"来烘托"他的胳臂"之细。这说明，"他的胳臂比我的胳臂还粗"和"他的胳臂比火柴棍儿还细"只是表面形式相同，实质上代表了两种不同性质的句法格式，前者是现实的比较格式，后者是虚拟的夸张比拟格式。

有的辞书上直接用"更"来注释表示程度深的"还"。就现实世界的比较来看，这样说也未尝不可，例如：

胡琳是很高，可是吴冰比胡琳还高。

上例是现实的比较，其中的"还"可以换成"更"，只是风格色彩略有差异。但是这不能用于虚拟比较，"他的胳臂比火柴棍儿还细"里的"还"如果换成"更"，句子根本就站不住。这说明，"还"虽有表示程度深这一语法意义，但适用范围不同于"更"。"更"只适用于现实世界的真实比较，而"还"除了能用于现实世界的真实比较，还能用于虚拟的夸张性比拟。

18."书包里是三本书"和"书包里有三本书"，一般认为都是存在句，差别只在一句用"是"，一句用"有"。那么二者在表达上有什么差异？

"书包里是三本书"和"书包里有三本书"，学界都将它们看作存在句。由于所用动词不同，表达上有差异——用"是"的存在句有排他性，排斥"书"以外的事物存在，即除了"书"没有别的；用"有"的存在句无排他性，不排斥"书"以外的事物存在，即除了书还可能有别的。

19."我送一本书给小李"跟"我送给小李一本书"在表达上有差别吗？差别在哪里？怎么解释这种差别？

提问中的两句话是：

（1）我送一本书给小李。

（2）我送给小李一本书。

这两句话都是表达"'我'通过'送'这一行为，达到将一本书的归属权由'我'转移给'小李'的目的"这样一种意思。但是，二者由于语序不同——例（1）"送"和"给"是分离的，例（2）"送"和"给"是紧挨着的，所以二者在意思表达上也有区别。区别在于例（2）说话人"我"采取了"送"这一行为动作，且"书"的所有权也一定从"我"转移到了"小李"那里；可是例（1）说话人"我"采取了"送"这一行为动作，但"书"的所有权不一定从"我"转移到了"小李"那里。简单地说，例（1）"送"而不一定最后"给"了，例（2）则"送"而且最后"给"了。这种语义上的差异，可以在语法上得到验证：

第一，例（1）可以加后续句"小李不要"；例（2）则不能加这样的后续句。请看：

（3）我（曾经）送一本书给小李，小李不要。

（4）*我（曾经）送给小李一本书，小李不要。

第二，如果要添加"了"，添加的位置不同——在例（1）里，"了"只能加在"送"之后，不能加在"给"之后；在例（2）里，情况相反，"了"只能加在"给"之后，不能加在"送"之后。请看：

（1′）我送了一本书给小李。［*我送一本书给了小李。］

（2′）我送给了小李一本书。［*我送了给一本书小李。］

第三，例（1）动词"送"之前可以加上"想/要/想要"一类词，加了以后句子单独站得住，而例（2）在动词"送"之前加了这类词，单独站不住，得有后续小句。例如：

（5）我想/要/想要送一本书给小李。

（6）*我想/要/想要送给小李一本书。

（我想/要/想要送给小李一本书，可是我先生不同意。）

句子语序的不同，在一定程度上反映了人们认识上的差异。

20. "木头桌子质量"和"羊皮领子大衣",就词类系列和内部结构关系来看都是一样的,可是我们可以说"桌子质量",但不能说"*领子大衣",这是为什么?

"木头桌子质量"和"羊皮领子大衣"在层次构造、句法结构关系上确实是完全一样的。请看:

(1)a. 木头　　桌子　　质量

　　b. 羊皮　　领子　　大衣

　　　　　　1　　　　　2　　　　1-2:"定-中"偏正结构

　　　3　　　4　　　　　　　　　3-4:"定-中"偏正结构

然而我们要了解,层次分析是一种静态的分析。"木头桌子质量"和"羊皮领子大衣"都属于复杂的句法结构,它们都是由简单的句法结构通过扩展而成的。从扩展的角度看,"木头桌子质量"和"羊皮领子大衣"扩展的渠道不一样——

"木头桌子质量"是从"桌子质量"通过更迭性扩展,即由"木头桌子"替换"桌子"而成的,即:

(2)桌子/质量　——"木头桌子"替换"桌子"——▶　木头桌子/质量

"羊皮领子大衣",则是从"大衣"通过组合性扩展,即由"大衣"与"羊皮领子"进行组合而成的,即:

(3)大衣　——"大衣"与"羊皮领子"组合——▶　羊皮领子/大衣

正由于动态的扩展渠道不一样,所以"木头桌子质量"可以说成"桌子质量",而"羊皮领子大衣"不能说成"*领子大衣"。[17]

21. "把"字句的反复疑问句,是否可以用"把没把/把不把~"这样的问法? 例如:"你把没把伞带来?"、"你把不把书还给她?"

在普通话里,就介词"把"来说,不采用"把没把/把不把~"这样的问法,即不能问:

(1)*你把没把伞带来?

　　（2）＊你把不把书还给她？

这两个问句得说成：

　　（1′）a. 你有没有把伞带来？

　　　　　b. 你把伞带来没有？

　　（2′）a. 你把书还不还给她？

　　　　　b. 你把书还给她不？

　　在普通话里，动词或形容词可以采用诸如"看不看/看没看"、"参观不参观/参观没参观"和"红不红/红没红"、"干净不干净/干净没干净"这样的问法；至于介词，则有不同情况。

　　一是像"把、被、从、当、往、为、以、由、和"以及"对于、关于、经过、通过、本着、除了"等，不能有这样的反复问法；可是像"在、到、用"以及"按照、根据"等，又可以采用这样的反复问法。例如：

　　（3）她明天到不到北京开会，还没决定。

　　（4）他们在不在香港读书，我不清楚。

　　（5）你用不用微信与朋友联系？

　　（6）你们按照不按照我的办法办，你们自己看着办。

　　（7）至于根据不根据那规定来做，由我们自己来决定。

　　二是像"和、跟、同、与"，这是一组引介行为动作伴随者的同义介词，"和、同、与"不能采用反复问法，例如我们不说：

　　（8）＊你和不和她合作编教材？

可是介词"跟"则可以有这样的反复问法：

　　（9）你跟不跟她合作编教材？

　　三是像介词"对"，可以有下面的反复问法：

　　（10）你到底对不对她好？

可是"对她表示谢意"、"对我们有启发"、"对这件事不满意"则都不能有相应的反复问法，我们不说：

　　（11）＊对不对她表示谢意？

　　（12）＊这对不对我们有启发？

（13）＊大家对不对这件事不满意？

总之，介词能否采用反复问法，不能一概而论。但具体情况到底如何，有无规律可循，还得进一步探究。

注释

1　同时可参考陆俭明主编，杨玉玲、应晨锦著《现代汉语语法答问》（上）第45—46页第5个问答，北京大学出版社，2011年。

2　有关朱德熙先生对形容词、对"的"的研究成果，请参看朱德熙：现代汉语形容词研究，载《语言研究》1956年第1期；说"的"，载《中国语文》1961年第12期。

3　参考陆俭明主编，杨玉玲、应晨锦著《现代汉语语法答问》（上）第131—132页第2个问答，北京大学出版社，2011年。该书认为"'左右'不可以用在时间名词表示的时点后"，这看法太笼统，缺乏分析。事实上，时间名词有两类，一类是含有多日的时间名词，如"春节、暑假"；另一类是某个特定的日子的代称而已，如"元旦、中秋节、端午节、星期天"。"左右"不能用在前一类时间名词后，如不说"＊春节左右、＊暑假左右"；但可以用在后一类时间名词之后，如"元旦左右、中秋节左右、端午节左右、星期天左右"。我们还特意调查了20位北京人，多数人接受"元旦左右、中秋节左右、端午节左右、星期天左右"的说法，只有两位表示"可以接受，但自己不说"。

4　a句和c句在信息传递上有差异：a句以"站着"为信息焦点，而c句以"在河里"为信息焦点。

5　关于变换，参看朱德熙：变换分析中的平行性原则，载《中国语文》1986年第2期。又详见陆俭明《现代汉语语法研究教程》第三节"变换分析法"，2003年版、2004年版、2005年版、2013年版，北京大学出版社。

6　具体参看陆俭明：《现代汉语语法研究教程》第五节"配价分析法"，2003年版、2004年版、2005年版、2013年版，北京大学出版社；又见本书第四章第三节"二、示例之一：配价语言学理论的运用"。

7　参看袁毓林：现代汉语名词的配价研究，载《中国社会科学》1992年第3期。

8　在某种交际场合似也能听到"我的教师"的说法，譬如某小学的校长在某次会议上说：

"我的教师都具有硕士以上的学历。"这里的"我的教师"虽然也是领属性偏正结构，但"我"和"教师"是拥有关系，即"我所拥有的教师"，而不具有学生与老师的关系。在这种场合，其中的人称代词更多的是用复数形式："我们的教师"。

9　具体参看陆俭明：《现代汉语语法研究教程》第五节"配价分析法"，2003年版、2004年版、2005年版、2013年版，北京大学出版社；又见本书第四章第三节"二、示例之一：配价语言学理论的运用"。

10　例子引自张力军：论"NP$_1$＋A＋VP＋NP$_2$"格式中A的语义指向，载《烟台大学学报》（哲学社会科学版）1990年第3期。

11　"语义指向"有狭义和广义两种理解。上面说的是按狭义的理解。按广义理解，还包括"语义所指"（Semantic Co-reference）。所谓"语义所指"，专指第三人称代词或反身代词与先行词之间的"同指关系"，也称"照应关系"。例如：

（1）老王决不同意他去。

（2）老王我已经问过他了。

（3）"反正这孩子跟自己无关。"老王这么想。

（4）老王决定自己干。

（5）老王认为，张三害了自己。

例（1）里的"他"不是指"老王"，即不跟"老王"同指，而是指在上文出现过但没有在本句中出现的某个人。例（2）里的"他"指的就是"老王"，即"他"跟"老王"同指。例（3）里的"自己"就指"老王"，即"自己"跟"老王"同指，而跟"孩子"不同指。例（4）"自己"就是指"老王"，即跟"老王"同指。例（5）里的"自己"既可以指"老王"，即"自己"跟"老王"同指；也可以指"张三"，即跟"张三"同指。

12　参看陆俭明：关于语义指向分析，载《中国语言学论丛》（第一辑），1997年；又见《现代汉语语法研究教程》第六节"语义指向分析法"，2003年版、2004年版、2005年版、2013年版，北京大学出版社。

13　同时参考陆俭明主编，杨玉玲、应晨锦著《现代汉语语法答问》（上）第45—47页第5、第6个问答，北京大学出版社，2011年。

14　同时参考陆俭明主编，杨玉玲、应晨锦著《现代汉语语法答问》（上）第48页第9个问答，北京大学出版社，2011年。

15　同时参考陆俭明主编，杨玉玲、应晨锦著《现代汉语语法答问》（上）第157页第4个问答，北京大学出版社，2011年。

16　"比"字句里"怎么样"部分都是表示性状的谓词性成分，最常见的是形容词性成分。

17　关于扩展和更迭性扩展、组合性扩展，参看陆俭明：《现代汉语语法研究教程》第二节"层次分析法"（2003年版、2004年第二版、2005年第三版），第八节8.5（2013年第四版），北京大学出版社。又见本书第四章第二节"三、关于层次分析和扩展分析的理论方法"。

第三节　对下列句法结构进行层次切分并说明理由

会分析语言结构特别是句法结构内部的层次构造，这是作为一名汉语教师所必须具备的基本功。对句法结构的层次分析，实际包含两部分内容，一是切分，即各个结构层面该从哪里切分才能获得该结构最为合理的直接组成成分；二是定性，即确定分析所得的直接组成成分之间是一种什么样的句法关系。我们所面对的句法结构复杂多样。下面所列的各个句法结构类型各异，有助于我们全面了解与掌握句法层面的层次分析。

1. 猴子吃花生。

层次分析如下：

```
猴子    吃    花生。        （a）
 1        2              1-2：主谓结构
          3    4          3-4：述宾结构
```

有个问题：能否作如下分析，为什么？

```
猴子    吃    花生。        （b）
     1          2          1-2：述宾结构
  3     4                  3-4：主谓结构
```

单就"猴子吃花生"这类"主-动-宾"格式而言，采用（b）分析似乎也未尝不可，只需增加一条句法规则——以及物动词为谓语动词的主谓结构可以带宾语。然而我们一定要思考：（a）分析法与（b）分析法对语言事实的解释力哪个大？汉语语言事实告诉我们，（a）分析法对汉语语言事实的解释力要大于（b）分析法。譬如汉语中存在着黏宾动词，即任何时候后面必须跟着宾语的动词，如"属于"就是这样的动词。当黏宾动词作谓语动词的时候，由此形成的主谓结构就绝对不能采用（b）分析法，必须得采用（a）分析法。请看：

鲸鱼　　属于　　哺乳动物。　　　（a）（✓）

　3　　　　　　2　　　　　　1-2：主谓结构

　　　　　　　3　　　　4　　　　3-4：述宾结构

鲸鱼　　属于　　哺乳动物。　　　（b）（×）

　　　　1　　　　　　2　　　　　1-2：主谓结构

　3　　　4　　　　　　　　　　　3-4：述宾结构

"属于"是黏宾动词，它不可能不带宾语先去跟"鲸鱼"组合。所以（b）分析法就不适用于"黏宾动词作谓语动词的主谓结构"。可见，"猴子吃花生"采用（a）分析法更合适。

2. 很漂亮的

层次分析如下：

很　　漂亮　　的　　　　　　（a）

　　　　1　　　　2

按（a）切分，"的"附在"状–中"偏正结构"很漂亮"之后。有个问题：能否作如下分析，为什么？

很　　漂亮　　的　　　　　　（b）

　1　　　　2

按（b）切分，意味着程度副词"很"修饰"漂亮的"。然而（b）切分不符合汉语语法规则。为什么？根据朱德熙先生对现代汉语形容词的研究和对于"的"的研究，大部分"双音节形容词+的"所形成的句法结构是名词性"的"字结构。"漂亮的"显然是名词性"的"字结构，而名词性"的"字结构是不能受程度副词"很"修饰的。所以"很漂亮的"只能采用（a）分析法，绝对不能采用（b）分析法。

那么按（a）切分，"很漂亮的"是什么性质的结构呢？按朱德熙先生的研究，"很漂亮的"是状态词性的。[1]

3. 不适当地教育孩子对孩子成长不利。

层次分析如下：

不　适当　地　教育孩子　对孩子成长不利。（a）[2]

　　　　　　1　　　　　　　　2　　　　　　1-2：主谓结构

　　　3　　　　4　　　　　　　　　　　　3-4："状-中"偏

　　　　　　　　　　　　　　　　　　　　　　　正结构

不　适当　地　教育孩子　对孩子成长不利。（b）

　　　　　　1　　　　　　　　2　　　　　　1-2：主谓结构

　3　　　　　4　　　　　　　　　　　　　3-4："状-中"偏

　　　　　　　　　　　　　　　　　　　　　　正结构

"不适当地教育孩子对孩子成长不利"是个歧义句，造成歧义的是主语部分。主语"不适当地教育孩子"可以有两种层次构造，一种如（a）分析，一种如（b）分析。按（a）分析，句子意思是："教育孩子不适当，对孩子成长不利。"按（b）分析，句子意思是："对孩子如果不加以教育，对孩子成长不利。"总之，按（a）分析，强调"教育孩子要适当"；按（b）分析，强调"要注意对孩子的教育"。

4. 你姐姐有缝衣服的针没有？

层次分析如下：

你　姐姐　有　缝　衣服　的　针　没有？

　　1　　　　　　　　　　2

　3　　4　　　　　　　5　　　　　　6

　　　　　　7　　　　8

　　　　　　　　　9　　　10

　　　　　　　　11　　12

　　　　13　　14

1-2：主谓结构　　　　　　3-4："定-中"偏正结构

5-6：联合结构　　　　　　7-8：述宾结构

9-10："定-中"偏正结构　　　　11-12："的"字结构

13-14：述宾结构

这里有两点值得注意：

（一）为什么将"有缝衣服的针没有"分析为联合结构？

首先要明了，联合结构实际包含多种语义关系——（a）并列关系（"X和Y"｜"X、Y"），如"苹果和香蕉"、"苹果、香蕉"、"唱歌和跳舞"、"唱歌、跳舞"等；（b）选择关系（"X还是Y"｜"X或（者）Y"），如"苹果还是/或（者）香蕉"、"去还是/或（者）不去"、"喝白酒还是/或（者）喝红酒"等；（c）正反关系（"X不/没X"），如"去不/没去"、"喝酒不/没喝酒"、"聪明不聪明"等；（d）递进关系（"X并Y"、"X甚至Y"），如"讨论并解决（这个问题）"、"爸爸甚至爷爷（都不知道）"。

其次要知道，"有缝衣服的针没有"（"有X没有"）是"有缝衣服的针没有缝衣服的针"（"有X没有X"）的省略形式。

明了了上述两点，就不难了解"有缝衣服的针没有"为什么是联合结构，是什么样的联合结构。

（二）要防止下列错误切分法——

```
你　姐姐　有　　缝　衣服　的　针　没有？
×　____1____　_____2_____
```

孤立看，"你姐姐有"和"缝衣服的针没有"分别都有意义，但按此切分不符合句子原意，而且也不含有疑问意义了。

5. 四加七乘五等于五十五。

层次分析如下：

```
四　加　七　乘　五　　等于　　五十五。
_____1_____　_____2_____
____3____　__4__　_5_　_6_
7　__8__　_9_ 10_
__11__ 12_
```

1-2：主谓结构　　　　　　　3-4：主谓结构

5-6：述宾结构　　　　　　　7-8：主谓结构

9-10：述宾结构　　　　　　　11-12：述宾结构

需要注意的是：

（一）第一层，只能在"五"之后、"等于"之前切分开，不能作其他切分。

（二）"四加七乘五"如何切分，一定要考虑"等于"后的答数。对比下一道层次分析题，就可以看得很清楚。

（三）汉语里谓词性词语也能作主语，上面分析的句子，作主语的"四加七乘五"就是一个谓词性结构。

6. 四加七乘五等于三十九。

层次分析如下：

四　　加　　七　　乘　　五　　等于　　三十九。

　　　　　　1　　　　　　　　　2

3　　　　4　　　　5　　　6

　　　7　　　8

　　　　9　　　10

　　　　　11　　12

1-2：主谓结构　　　　　　　3-4：主谓结构

5-6：述宾结构　　　　　　　7-8：述宾结构

9-10：主谓结构　　　　　　　11-12：述宾结构

需要注意的是：

（一）第一层，只能在"五"之后、"等于"之前切分开，不能作其他切分。

（二）"四加七乘五"如何切分，一定要考虑"等于"后的答数。对比上一道层次分析题，就可以看得很清楚。

（三）汉语里谓词性词语也能作主语，上面分析的句子，作主语的"四加七乘五"就是一个谓词性结构。

7. 我最幸福的时刻

层次分析如下：

```
我    最幸福    的    时刻
       1              2        1-2："定-中"偏正结构
      3        4               3-4："的"字结构
5     6                        5-6：主谓结构
```

需要注意的是，绝对不能在"我"之后、"最"之前切分，因为"最幸福"首先是来说明"我"的，然后"我最幸福"带上"的"来说明"时刻"。这一层次分析题跟下一道题表面看一样，实际不一样，请细心与下一道题对比。由此可见，切分时必须注意整个结构所表示的意义。

8. 我最幸福的朋友

层次分析如下：

```
我    最幸福    的    朋友
1           2                  1-2："定-中"偏正结构
       3          4            3-4："定-中"偏正结构
      5        6               5-6："的"字结构
```

需要注意的是，绝对不能在"的"之后、"朋友"之前切分，因为"最幸福"是来说明"朋友"的，不是说明"我"的。这一层次分析题跟上一道题表面看一样，实际不一样，请细心与上一道题对比。由此可见，切分时必须注意整个结构所表示的意义。

9. 他从来不愿意先发表意见。

层次分析如下：

他　从来　不　愿意　先　发表　意见。
1 _____2_____
　　3___　_____4_____
　　　　　5___　____6____
　　7_ 8_ 9_ __10__
　　　　　　11_ 12_

1-2：主谓结构　　　　　　3-4：“状-中”偏正结构

5-6：述宾结构　　　　　　7-8：“状-中”偏正结构

9-10：“状-中”偏正结构　　11-12：述宾结构

需要说明的是，凡动词性词语前有副词，一般都先将副词作为状语跟动词性词语切分开，如“从来”跟“不愿意先发表意见”，“先”跟“发表意见”；但是如果副词为“不”，而“不”后的成分是述宾结构，那么将“不”与动词捆绑在一起，即“不+动词”跟后面的宾语切分开，如“不愿意先发表意见”切分为“不愿意”（述语）跟“先发表意见”（宾语）。但如果“不”后的成分是述补结构，那么依然先将“不”作为状语切分开，如“不洗干净”切分为：

不　洗干净
3_ __4__

而不切分为：

不洗　干净
× 3_　__4__

10. 多听听有好处。

层次分析如下：

多　听听　有　好处。
__1__ __2__　　　　　1-2：主谓结构

3_ 4_ 5_ 6_　　　　3-4：“状-中”偏正结构

　　　　　　　　　　5-6：述宾结构

在现代汉语里，谓词性词语也能作主语。上面所分析的句子，其主语"多听听"就是一个动词性词语。

11. 他一手拿一个苹果。

层次分析如下：

```
他    一手    拿    一个苹果。
1_____2_____       1-2：主谓结构
      3_____4_____          3-4：主谓结构
            5_____6_____          5-6：述宾结构
```

"一手拿一个苹果"这一主谓结构是属于表示"每"的数量结构对应式，这一主谓结构跟前面的"他"构成主谓关系。"一手拿一个苹果"能否不看作表示"每"的数量结构对应式，而认为它表示"一只手拿着一个苹果"的意思？在这句话里不行。为什么？如果将"一手拿一个苹果"理解为"一只手拿着一个苹果"的意思，必须跟诸如"一手拿一只香蕉"这样的小句对着说；而现在"他一手拿一个苹果"是独立成句，在这种情况下，"一手拿一个苹果"只能分析为表示"每"的数量结构对应式。下面句子里的"一手拿一个苹果"不属于表示"每"的数量结构对应式，得理解为"一只手拿着一个苹果"的意思：

他两只手都拿着东西，一手拿一个苹果，一手拿一只香蕉。

注意，"他一手拿一个苹果"绝不能分析为：

```
他    一手    拿    一个苹果。
×____1_____    ____2____        1-2：主谓结构
```

为什么？不妨自己想想。

12. 恢复停刊的报纸

层次分析如下：

```
恢复    停刊的    报纸
1_____2_____         1-2：述宾结构
      3_____4_____        3-4："定-中"偏正结构
```

注意，该句子结构不能分析为：

恢复停刊的　　报纸

× ____1____　____2____　　　　1-2：偏正结构

因为"恢复+停刊"这一组合在语义上不成立。

13. 恢复广播的戏曲节目

层次分析如下：

恢复　　广播　　的　　戏曲节目

____1____　_____2_____　　　1-2：偏正结构

____3____　__4__　　　　　　　　3-4："的"字结构

注意，该句子结构不能分析为：

恢复　　广播的　　戏曲节目

× _1_　_____2_____　　　1-2：述宾结构

因为"恢复+广播的戏曲节目"这一组合在语义上不成立。

　　从上面两题可以了解到，词类系列完全相同的结构，由于动词不同，就会影响内部词语之间的语义结构关系，从而就可能使整个结构的层次构造有所区别。

14. 对美国的政策

层次分析如下：

对　美国　的　政策　　　　（a）

_1_　_____2_____　　　1-2：介词结构

_____3_____　_4_　　　3-4："定-中"偏正结构

对　美国　的　政策　　　　（b）

_____1_____　_2_　　　1-2："定-中"偏正结构

____3____　__4__　　　　　3-4："的"字结构

_5_　_6_　　　　　　　　　5-6：介词结构

"对美国的政策"是一个有歧义的结构，这是因为该结构既可以理解为"那政策是美国所制定的"，这时就作 (a) 切分；也可以理解为"那是针对美国的政策"，这时就作 (b) 切分。原因是那"政策"是二价名词，而"美国"呢？既可以理解为政策的制定者，也可以理解为政策的针对者。[3]

15. 小张被交警叫去罚了30元钱。

层次分析如下：

```
小张    被    交警    叫去    罚了 30 元钱。
 1  _____        1-2：主谓结构
          2
          _____  _____    3-4："状－中"
               3               4                  偏正结构
                        _____  _____   5-6：连动结构
                             5               6
```

注意，这个句子结构不能分析为：

```
小张    被    交警    叫去    罚了 30 元钱。
 1  _____        1-2：主谓结构
          2
   ×  _____  _____        3-4：连动结构
            3               4
          _____  _____                     5-6："状－中"
           5        6                             偏正结构
```

那是因为"被交警"这一介词结构实际管着两个动词性成分："叫去"和"罚了30元钱"，而不是只管着"叫去"。

16. 小张被交警叫去写了一份检查。

层次分析如下：

```
小张    被    交警    叫去    写了一份检查。
 1  _____        1-2：主谓结构
          2
          _____  _____    3-4：连动结构
               3               4
          _____  _____                     5-6："状－中"
           5        6                             偏正结构
```

注意，这个句子结构不能分析为：

```
小张    被    交警    叫去    写了一份检查。
 1  _____2_____        1-2：主谓结构
     ×  ____3____  _____4_____            3-4："状－中"
                                                  偏正结构
              ____5____  ____6____              5-6：连动结构
```

因为"被交警"这一介词结构实际只管"叫去"，并不管"写了一份检查"。

15、16这两题告诉我们，在介词结构之后如果有两个甚至多个动词性成分，一定要注意那介词结构的管辖范围。

17. 小王和小李认识那个人。

层次分析如下：

```
小王    和    小李    认识    那个人。
_____1_____  _____2_____        1-2：主谓结构
___3___    ___4___  ___5___  ___6___                3-4：联合结构
                                                      5-6：述宾结构
```

注意，不可以切分为：

```
小王    和    小李    认识    那个人。
     ×  _1_  _2_  _____3_____                  1-2-3：联合结构
```

因为一则一个名词（如"小王"）不可能跟一个主谓词组（如"小李认识那个人"）形成表示并列关系的联合结构；二则就意思上来说，这样切分不符合句子的原意。

18. 小王和小李认识的那个人

层次分析如下：

```
小王    和    小李    认识    的    那个人 （a）
_____1_____  ___2___        1-2：主谓结构
```

注意，这是一个有歧义的句子结构——按（a）分析，意思是"小王和小李共同认识的是那个人"；按（b）分析，意思是"小王、小李两人所共同认识的那个人"；按（c）分析，意思是"小王和（只是小李认识的）那个人"。这三者的理解度是：

（b）>（c）>（a）

将第18句与上一句即第17句相对比，我们可以看到，一个"主-动-宾"句子，动词后是否带助词"的"，句子结构大不一样——第17句因为动词后没带"的"，很简单；而第18句因为动词后有"的"，就复杂多了。

19. 消灭了敌人的主力部队迅速转移了。

层次分析如下：

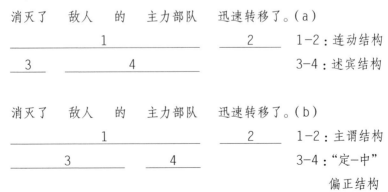

按（a）切分，"主力部队"是敌方的部队；按（b）切分，"主力部队"是我方的部队。显然这是一个有歧义的句子结构，意思不同（"主力部队"是敌方的还是我方的），内部结构的分析也不同。

20. 张帆所写的文章

层次分析如下：

```
张帆　　所　　写　　的　　文章
    1              2      1-2："定-中"偏正结构
    3         4          3-4："的"字结构
  7      8              5-6："所"字结构
    5                    7-8：主谓结构
    6
```

有两个问题：

第一个问题，该句第一层能否切分为：

（1）张帆　　所　　写　　的　　文章
　　　1　　　　　2　　　　　1-2："定-中"偏正结构

孤立地单就这个句子来说，第一层似乎可以这样切分，但是从这类句子的系统性上来看，不可以。为什么？如果这样切分，就意味着开头的名词"张帆"与末尾的名词"文章"之间有领属关系，可是语言事实告诉我们，超过60%的这类句子，前后名词所指之间没有领属关系。请看：

（2）a. 张三所听说的事实　　　["张三"与"事实"之间没有领属关系]

　　　b. 王林所举报的毒贩　　　["王林"与"毒贩"之间没有领属关系]

　　　c. 翁辛明所抄袭的文章　　　["翁辛明"与"文章"之间没有领属关系]

　　　d. 雨滴所滴的石块　　　["雨滴"与"石块"之间没有领属关系]

也就是说，开头的名词与末尾的名词之间没有必然的领属关系。

第二个问题，"张帆所写"能否切分为：

（3）张帆　　所　写

　　＿＿１＿＿　　＿＿２＿＿　　　　　1-2："定-中"偏正结构

回答是否定的。要知道，分析（3），实质上就是分析（1）。因为"所写"就是指"文章"，按（3）切分，"张帆"与"文章"之间只能理解为领属关系。可是上面已经说过，这类句法结构其开头的名词与末尾的名词之间没有必然的领属关系。

21. 我赞美白杨树，因为它不但象征了北方的农民，尤其象征了今天我们民族解放斗争中所不可缺少的朴质、坚强、力求上进的精神，所以我总想用我的笔颂扬那高高的白杨树。

层次分析如下（为便于层次分析，我们先给各个分句标上序号）：

① 我赞美白杨树，② 因为它不但象征了北方的农民，③ 尤其象征了今天我们民族解放斗争中所不可缺少的朴质、坚强、力求上进的精神，④ 所以我总想用我的笔颂扬那高高的白杨树。

这个多重复句一共由四个分句组合而成。对这一多种复句，正确的层次分析应该如下：

①……　　②……　　③……　　④……

　　＿＿＿＿＿＿１＿＿＿＿＿＿　　＿＿＿２＿＿＿　　　1-2：因果关系

＿＿３＿＿＿　＿＿＿＿４＿＿＿＿　　　　　　　3-4：因果关系

　　　　＿＿５＿＿　＿＿６＿＿　　　　　　　5-6：递进关系

有人可能因为看到第一个分句之后有"因为……所以……"这一惯常的配搭格式，第一"刀"就切在 ① 和 ② 两个分句之间。这是被表面现象迷惑了。对于多重复句的层次分析，必须考虑复句内部各分句之间的逻辑联系。该复句的第一句是"我赞美白杨树"，下文"因为"引出的 ②、③ 两句，是来补充追述"我赞美白杨树"的原因的，这是一种"倒置因果关系"。最后第四句用连词"所以"来回应开始的第一句，说明因为"我赞美白杨树",所以"我总想用我的笔颂扬那高高的白杨树"。

22. 掌柜是一副凶脸孔，主顾也没有好声气，教人活泼不得；只有孔乙己到店，才可以笑几声，所以至今还记得。

层次分析如下(为便于层次分析,我们也给各个分句标上序号):

① 掌柜是一副凶脸孔,② 主顾也没有好声气,③ 教人活泼不得;④ 只有孔乙己到店,⑤ 才可以笑几声,⑥ 所以至今还记得。

对于这个多重复句,人们很容易根据句中所用的标点符号,第一"刀"就切在分号(;)那里,将整个复句一分为二,错误地切分为:

①……　②……　③……　④……　⑤……　⑥……

×　————————————1————————————　————————2————————

1-2：转折关系

其实,该多重复句的正确分析应如下:

①……　②……　③……　④……　⑤……　⑥……

————————————————1————————————————　——————2——————

————————3————————　————————4————————

——————5——————　————6————　————7————　————8————

——9——　——10——

1-2：因果关系　　3-4：转折关系　　5-6：因果关系

7-8：条件关系　　9-10：并列关系

为什么宜于在第五和第六个分句之间切分呢?要知道,如果没有①、②和③、④、⑤这两组分句意思上的强烈对照,是不可能有第六句"所以至今还记得"这一层意思的。

注释

1 参看朱德熙：现代汉语形容词研究，载《语言研究》1956年第1期；说"的"，载《中国语文》1961年第12期；《语法讲义》2.5.6和1.4.5，商务印书馆，1982年。

2 本节的层次分析目的主要是防止分析有误，不要求每个例子都要分析到词为止。下同，不再——说明。

3 参看陆俭明：《现代汉语语法研究教程》（第四版）第五节"配价分析法"，北京大学出版社，2013年；又见本书第四章第三节"二、示例一：配价语言学理论的运用"。

第四节　分析歧义结构

　　所谓"歧义结构"，是说同一个句法结构能表示不同的意义。从另一个角度说，歧义结构实际也就是多义结构。造成歧义结构的因素是多方面的。下面所列的歧义结构就是由不同因素造成的歧义结构，也就是属于不同类型的歧义结构。

1."我就管他。"这个句子可以表示哪些意思？歧义是怎么造成的？

　　"我就管他"这个句子可以表示三种意义，这是由"就"的多义造成的。

　　（a）"就"在这个句子里可以表示"仅仅、只"的意思，这时句子就表示"我只管他"的意思。

　　（b）"就"在这个句子里可以表示"故意反着干或故意不按某种要求干"的意思，这时句子就表示"我偏管他"的意思。

　　（c）"就"在这个句子里可以"表示在很短时间以内"或表示"行为动作发生得早、发生得快"的意思，这时句子就表示"我马上/尽快管他"的意思。

　　副词"就"是个多义词，在上下文语境很清楚的情况下，"我就管他"不会有歧义。例如：

　　（1）我能管得了谁呀？我<u>就管他</u>。　　　　［表示（a）义］

　　（2）你不让我管他？我<u>就管他</u>，怎么样？　　［表示（b）义］

　　（3）我孩子是不像话。老师，您放心，我回家<u>就管他</u>。

　　　　　　　　　　　　　　　　　　　　　　　　［表示（c）义］

　　因此，在语境不是十分清楚的情况下，一定要慎用多义词。

2."约翰已经顺利通过了普通话测试，玛丽还不知道呢！"这个句子可以表示哪些意思？歧义是怎么造成的？

　　这个句子可以表示两个意思：（a）"约翰已经顺利通过了普通话测

试，这个情况玛丽还不知道呢！"（b）"约翰已经顺利通过了普通话测试，可是玛丽能否顺利通过普通话测试，还不知道呢！"

表面看，造成这个句子歧义的直接原因是"不知道"这一动词性成分可以有不同的语义指向——可以指向"约翰已经顺利通过了普通话测试"这一小句，这时句子就表示（a）义；也可以指向没在句中说出的"玛丽能否顺利通过普通话测试"这一成分，这时句子就表示（b）义。然而，造成歧义的深层次的原因是，省略了"玛丽"的潜谓语"能否顺利通过普通话测试"。因此，在语境并不十分清晰的情况下，不要随意省略某些成分。

3."他们两个人分一个西瓜。"这个句子可以表示哪些意思？歧义是怎么造成的？

这个句子的歧义是由构造层次的不同而造成的。"他们两个人分一个西瓜"可以有以下两种构造层次：

```
他们    两个人    分    一个西瓜。  （a）
 1  _____2_____  1-2：主谓结构
        __3_____4_____  3-4：主谓结构
```

```
他们    两个人    分    一个西瓜。  （b）
 _____1_____  ___2_____  1-2：主谓结构
 __3_____4_____             3-4：同位结构
```

按（a）切分，是个主谓谓语句，全句大主语"他们"所指一定不止两个人，是一个有一定数量的群体；全句意思是：在这个群体里，每两个人分一个西瓜。

按（b）切分，是一个普通的主谓句，主语由同位词组充任，其含义之一，"他们"与"两个人"是同位关系，"他们"所指就两个人；含义之二，他们两个人合着分一个西瓜。

4. "哥哥骑的那辆摩托车。"这个句子可以表示哪些意思？歧义是怎么造成的？

　　"哥哥骑的那辆摩托车"由于内部层次构造和结构关系都可以作不同的分析，因而有歧义。请看：

```
哥哥    骑    的    那辆摩托车。      （a）
———————————    —————————        1-2：主谓结构
    ———————    ——                3-4："的"字结构
```

```
哥哥    骑    的    那辆摩托车       （b）
———————————    —————————        1-2："定-中"偏正结构
    ———————    ——                3-4："的"字结构
```

```
哥哥    骑    的    那辆摩托车。      （c）
——    —————————————            1-2：主谓结构
    ———————    —————————        3-4：主谓结构
```

　　按（a）分析，全句是由"的"字结构"哥哥骑的"充任主语的主谓句，句子意思是："哥哥所骑的是那辆摩托车。"

　　按（b）分析，全句是由"的"字结构"哥哥骑的"作定语的"定-中"偏正结构，指称哥哥所骑的那辆摩托车。

　　按（c）分析，全句是主谓谓语句，意思是："哥哥呀，骑的是那辆摩托车。"[1]

5. "他谁也不认识。"这个句子可以表示哪些意思？歧义是怎么造成的？

　　"他谁也不认识"有歧义，既可以表示"他不认识任何人"的意思，也可以表示"所有人都不认识他"的意思。这是由内部的语义结构关系可作不同理解造成的，具体说，"他"和"谁"之中哪个是"认识"的施事，哪个是"认识"的受事，可以作两种不同的理解——

一种理解为："他"是"认识"的施事，"谁"是"认识"的受事。按此理解，句子意思是："他不认识任何人。"类似的例子是：

(1) 张三哪个字也不认识。　　　[＝张三不认识任何字]

(2) 他什么情况也不了解。　　　[＝他不了解任何情况]

另一种理解为："他"是"认识"的受事，"谁"是"认识"的施事。按此理解，句子意思是："所有人都不认识他。"类似的例子是：

(3) 这个字谁也不认识。　　　　[＝所有人都不认识这个字]

(4) 学校的情况谁也不了解。　[＝所有人都不了解学校的情况]

6. "他在火车上画漫画。"这个句子可以表示哪些意思？歧义是怎么造成的？

"他在火车上画漫画"有歧义，既可以表示 (a)"他坐在火车车厢里在纸上画漫画"的意思，也可以表示 (b)"他把漫画画在火车上"的意思。造成歧义的原因是，在这个句子里，作状语的"在火车上"这一介词结构，在语义上可作不同的理解——

一种理解是将"在火车上"理解为"画漫画"这一行为动作进行的场所，按此理解，句子就表示 (a) 义。

另一种理解是将"在火车上"理解为"漫画"所在的地方，按此理解，句子就表示 (b) 义。

7. "他的笑话说不完。"这个句子可以表示哪些意思？歧义是怎么造成的？

"他的笑话说不完"可以表示两种意思：

(a)：有关他的笑话可多了，说不完。

(b)：他可会说笑话了，而且说个没完。

这个句子之所以会有歧义，是因为"他的笑话"本身有歧义，代表两种"定-中"偏正结构——

一是"他的"是真定语，是关涉性定语；"他的笑话"是"有关他的笑话"的意思。按此理解，"他的笑话说不完"就表示（a）义。

二是"他的"是准定语，"他的笑话"表面很像"定-中"偏正结构，实际表示的是"他说笑话"的意思，类似"他的钢琴弹得好"（=他弹钢琴弹得好）、"他的老师当得好"（=他当老师当得好）、"他的乒乓球打得好"（=他打乒乓球打得好）里的"他的钢琴"、"他的老师"、"他的乒乓球"。按此理解，句子就表示（b）义。

8."县里来了位胸外科大夫。"这个句子可以表示哪些意思？歧义是怎么造成的？

"县里来了位胸外科大夫"可以表示两种意思：

（a）：从县里来了位胸外科大夫。

（b）：有位胸外科大夫来县里了。

显然，"县里"这一处所成分既可以看作那位胸外科大夫位移的起点，也可以看作那位胸外科大夫位移的终点。那么为什么"县里"可以作两种意思理解呢？从认知的角度看，这反映了人们认知上的一种"凹凸关系的意象图式"（见下图所示）。[2]请先看下面这个图：

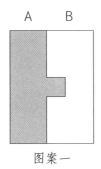

图案一

这是一个黑白二分的图，图里有一个黑色的小方块。如果我们从黑色部分看，那个小方块是凸出的部分；如果我们从白色部分看，那个小方块是凹进去的部分。这就是说，同一个东西，由于观察角度不同，也就会呈现凹凸不同的认识差异。再看两个图案：

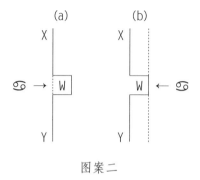

图案二

图案二的 (a) 和 (b) 是两条相同的中间弯曲的竖线。从左往右看，W 部分是凹陷部分，这就是 (a) 线；从右往左看，W 部分是凸现部分，这就是 (b) 线。这也反映了同一条中间弯曲的竖线，由于观察角度不同，也就会呈现凹凸不同的认识差异。再看第三个图案 "Rubin's vase"：

图案三

这是心理学方面常举的很有名的歧义图案 "Rubin's vase"。如果观察者以白色部分为前景，以黑色部分为背景，看到的是一个花瓶；如果观察者以黑色部分为前景，以白色部分为背景，看到的则是男女两个青年相对而视。这同样反映了人们认知上所存在的凹凸转换原则。

　　现在回到开始的问题，造成"县里"既能理解为"大夫"位移的起点，也能理解为"大夫"位移的终点的深层次的原因是，人们认知上所存在的凹凸转换原则投射到了语言上。[3]

注释

1　"哥哥骑的那辆摩托车"里的谓语"骑的那辆摩托车"也可以分析为助词"的"插在述宾结构"骑那辆摩托车"中间，按此分析，句子意思是："哥哥'是骑那辆摩托车"（重音在"是"上）。
2　图案一——图案三均引自古川裕的博士论文《基于认知"凹凸转换"原则的现代汉语语法研究》，北京大学中文系，2008年。
3　参看古川裕：现代汉语句法以及词法的认知语言学研究——以"凹凸转换原则"为例，载《汉语研究与应用》（第二辑），中国社会科学出版社，2004年。

第五节　附：知识性问题

下面的问题不是外国学生提出的问题。这些问题都属于知识性的问题，其中有一部分是汉语老师提出来的。考虑到这些问题所涉及的内容对汉语教师来说还是很需要的，所以后附于此，谨供参考。

1. 语法是什么？

"语法"可以有广义和狭义两种理解。

按广义理解，语法是指语言所遵循的法则，包括语言自身内在的种种结构规则和语言使用的种种规则；而语言自身内在的种种结构规则又包括语音规则、语义规则、组词造句规则、语用规则，等等。按狭义理解，语法仅指语素之间、词语之间、分句之间的组合规则。目前在语言教学中（包括母语教学与外语教学）所用的"语法"都是就狭义理解来说的。

按狭义理解，语法到底是什么呢？平时我们常听人说："语法是人们说话时所要遵守的一种规则。"这是一种通俗的、不是很科学的说法，因为说话时所要遵守的规则不限于语法规则，还有语音规则、语义规则、语用规则等。现在比较多的说法是："语法是一种语言组词造句的规则。"这个说法相对来说科学一些，因为所指范围比较明确了，但存在两个问题：

问题之一，"组词造句"会有歧解——(a) 将"组词造句"理解为"怎么组词，怎么造句"；(b) 将"组词造句"理解为"怎么用词造成句子"。当然，合理的理解应是前者；但作为一个术语的定义，有歧解不好。

问题之二，即使按前者理解，此定义或者说此说法缺乏概括性。为什么这样说呢？因为这个说法 (a) 没能说明由什么来组词，由什么来造句；(b) 按这种说法，有些组合规则概括不进去，譬如说"形声字"这个词，它的内部构造是："'形声'＋'字'"。"形声字"里的"形声"显然不能认为是词，但它又不是一个语素。对于"形声"这样的结构、这样的组合，上面的说法就概括不进去。

到目前为止，比较科学的说法是："语法是一种语言中由小的音义结合体组合成大的音义结合体所依据的一套规则。"为什么说这是比较科学的说法呢？我们知道，"语言是一个声音和意义相结合的符号系统"。作为语言符号的音义结合体，有大有小。由小的音义结合体组合成大的音义结合体所依据的规则，就是语法。这一说法可以涵盖所有语法结构。

2. "语法单位"是指什么？

前面已经说过，语法是语言中由小的音义结合体组合成大的音义结合体所依据的一套规则。语言中的音义结合体有大有小，为了研究语法的需要，我们有必要根据大小不等的音义结合体的不同性质，设立若干单位。这些单位就叫"语法单位"。我们学习语法，就需要知道这些语法单位。一般将语法单位分为四种：语素、词、词组、句子。

3. 语素、词、词组、句子之间是什么关系？

上面我们将语法单位分为四种：语素、词、词组、句子。要了解它们之间的关系，得先对各个语法单位本身有比较明确的认识。下面逐一加以介绍。

（一）语素

语素是语言中最小的音义结合体，是最小的语法单位。语素的特点是它不能再被分割为更小的音义结合体。

"铁路"不是语素，因为它还可被分割为更小的音义结合体"铁"和"路"。

"姐"是语素，因为它不能再被分割为更小的音义结合体了。注意："姐"，单纯从语音上来看，还可被分割为更小的单位，譬如说：

$$jie^{214} \rightarrow jie + {}^{214}$$
$$\llcorner\rightarrow j + ie$$
$$\llcorner\rightarrow i + e$$

单纯从意义上看，也还可被分割为更小的语义成分，譬如说：

　　　姐→[＋事物，＋具体事物，＋有生命，＋动物，＋人类，＋女性，

　　　＋同辈中年长者，……]

箭头后面方括号内带加号的任何一项，都可以看作"姐"这个语素所含有的语义成分。这种语义成分，一般称为"义素"。但是，从音义结合体的角度看，"姐"不能再被分割为更小的音义结合体了。所以"姐"是语素。

"垃圾"，从表面看，它跟"铁路"很相似，也是包含两个音节，写出来也是两个汉字。但是，它跟"铁路"有一个很重要的区别，那就是它不能像"铁路"那样再被分割为更小的音义结合体，因为"垃"和"圾"虽分别是一个音节，但都没有意义，因此"垃"和"圾"本身都不是音义结合体。"垃"和"圾"合成的"垃圾"，才是有声音、有意义的音义结合体；而这个音义结合体不能再被分割为更小的音义结合体，所以"垃圾"是一个语素。说到汉字，一般都会说："几乎每个汉字都有意义。"这句话本身就意味着会有某些汉字不表示意义。像"垃"和"圾"就是不表示意义的汉字，类似的如"蟋"、"蟀"、"徘"、"徊"、"琵"、"琶"等。不过这类汉字数量很少很少，不反映汉字的本质。

语素的功用有两个：第一个是用来构成词。所有词都是由语素构成的。第二个是构成包含在词内部的"语素组"，例如上面举过的"形声字"里的"形声"，"林荫道"里的"林荫"，都属于语素组。这里要注意的是，"切割机"里的"切割"、"研究生"里的"研究"，本身可以成为一个词，但在"切割机"、"研究生"里，它们不是以词的身份出现的，而也是以"语素组"的身份出现的，它们只是作为词的一个组成成分出现的。不管本身能否单独成词，只要是包含在词里边的、作为词的构成成分的那种语素的组合，都称为"语素组"。所以，语素组是包含在词内部的、作为词的组成成分的一种语素的组合。

（二）词

词都是由语素形成的，它是比语素高一级的语法单位。词的特点主

要有两个：

第一个特点：独立运用。词的这一特点使词区别于语素。譬如"丽"，它有意义，能表示"好看"的意思，但"丽"不是词，因为它不能独立运用，我们不说：

（1）＊风景很丽。

（2）＊多丽的风光！

由"丽"与别的语素组合而成的"美丽"、"壮丽"、"秀丽"、"风和日丽"才是一个词。例（1）、（2）得说成：

（3）风景很美丽。

（4）多秀丽的风光！

第二个特点：不能再被分割为更小的独立运用的单位。词的这一特点，使词区别于词组。试比较"白药"和"白马"，从表面看，它们好像是一样的，它们中的"白"意义一样，都能独立运用，"药"和"马"也都能独立运用。但事实上，二者有本质的区别："白马"里的"白"和"马"结合得很松，中间可以插入别的词，譬如可以说成"白的马"、"白的一匹马"。这就是说，"白马"可以再被分割为更小的独立运用的单位。而"白药"里的"白"和"药"则结合得很紧，不能被随意拆开，即不能再被分割为更小的独立运用的单位，在任何场合中都不能插入别的词，譬如不能把"白药"拆开说成"＊白的药"、"＊白的一包药"（可以有"白的药"、"白的一包药"的说法，但跟"白药"毫无关系）。常识也告诉我们，了解了"白"和"马"的意思，一般就能推知"白马"的意思；但是了解了"白"和"药"的意思，并不能推知"白药"的意思。这也足见"白药"不同于"白马"。从语法上说，"白马"是一个词组，其中的"白"和"马"是以词的身份出现的；而"白药"是一个词，其中的"白"和"药"是以语素的身份出现的。

汉语里的词，有两个功用：一是构成词组，二是有时能独立实现为句子。例如：

（5）"你想吃什么？""馒头。"

上面对话里作为答话的"馒头。"就是由一个词独立形成的句子。

从上可知，词是语言中独立运用的音义结合体[1]，是比语素高一级的语法单位，它是句子的"建筑材料"。

（三）词组

词组是由词和词按一定的句法规则组合而成的、比词大的、独立运用的音义结合体。如"木头桌子"、"喝咖啡"、"洗干净"、"妈妈好"、"刷牙洗脸"、"刚来"等，就都是词组。

词组的特点是一定能被分割为更小的、独立运用的音义结合体，因为词组都是由词组合成的。

词组也有两个功用。一个功用是构成更复杂的词组，即词组本身可以成为另一个复杂词组的组成成分。如"木头桌子"这个词组可以用来组成"一张木头桌子"、"买木头桌子"、"木头桌子便宜"等复杂词组，"木头桌子"在这些复杂词组里是作为一个组成成分出现的。另一个功用是单独实现为句子，仍然以"木头桌子"为例，在下面的对话里它就单独实现为句子：

（6）"你想买什么桌子？""木头桌子。"

汉语中绝大部分的句子都是由词组直接加上一定的句调实现而成的。所以，词组也可以看作句子的"建筑材料"。

（四）句子

句子是由词或词组加上句调实现而成的。因此，句子可以说是语言中前后有较大停顿、伴有一定句调、表示相对完整意义的音义结合体，是最大的语法单位。一句话完了，有一个较大的停顿，书面上用句号（。）、问号（?）或感叹号（!）来表示。例如：

（7）他们都去广州。

（8）你想吃点儿什么？

（9）狼来喽！

（10）"谁？""我。"

绝大多数的句子是由词组实现而成的；也有极少数句子是由一个词

单独直接实现而成的，这种句子一般称为"独词句"，如上面所举的例
(10) 里的一问一答两个句子。

　　句子的特点有二：第一，一定伴有句调，前后停顿可看作是一个完
整句调的起点和终点；第二，能表示相对完整的意义，在交际中能成为
一个基本的表述单位。句子的这两个特点决定了句子跟语素、词、词组
这些语法单位有很重要的区别。一般认为这种区别可以概括为：语素、
词、词组是静态语法单位，句子是动态语法单位。

　　在汉语里，语素、词、词组、句子这四种语法单位可分为三个级
别：语素是一个级别；词和词组是一个级别；句子是一个级别。句子是
最大一级语法单位；语素是最小一级语法单位；词和词组是居于句子和
语素中间的一级语法单位。这四种语法单位之间的关系，大致可以表示
如下：

$$语素 \rightarrow 词 \rightarrow 词组$$
$$句子$$

（横箭头→表示组成关系，竖箭头↓表示实现关系）

4. 字和词是一回事吗？

　　字和词不是一回事，字是用来记录汉语的文字书写单位，而词是
造句单位。可是当你问一般的中国人："我不会写"这句话是怎么组成
的？他们有可能会按中国传统习惯的说法回答说，"这句话是由4个字
组成的"，而不说"这句话是由4个词组成的"。语法学里的"词"是上
个世纪开始采用的术语，传统上只说"字"。中国第一部系统的语法书
《马氏文通》里也用"字"，不用"词"；书中不说"名词"、"动词"等，
说"名字"、"动字"等。这是为什么？这是因为：

　　第一，古汉语里绝大部分是单音节词，而汉字也是一个字一个音
节，而且形音义融为一体，这就造成一个错觉，汉语的造句单位是字；
因此从《说文解字》以来，不要说研究汉字的文字学，就是研究汉语语
音的音韵学和研究词义的训诂学，也都以"字"为研究对象。

第二，在国外现代语言学理论进入中国之前，人们只有"字"的概念，没有"词"（word）这个概念；"词"这个概念、这个术语，来自英语语法。中国第一部白话文文法书是黎锦熙先生的《新著国语文法》（1924），这部文法书用了"词"这一概念和术语，而这部文法书是以英国的纳氏文法书为蓝本的。纳氏文法书就是英国语法学家纳斯菲尔德（Nesfield）1895年所编写的 *English Grammar Series*（中译名《纳氏英文文法》）。

以上两点可能是造成中国人历来只有"字"这个概念而没有"词"这一概念的原因。随着现代语言学理论的传入，加之现代汉语里双音节的词逐渐占据主要地位，于是开始将字和词区分开，但那是上个世纪20年代的事了。

总之，研究语法不以字为单位，而以语素、词为单位。语素是语言中最小的语法单位，词是造句单位，字则是书写单位，三者不能混淆。

5. 字和语素是一回事吗？

字和词不是一回事；无疑，字和语素也不能是一回事。语素是语言中最小的语法单位，是最小的声音和意义的结合体（简称"音义结合体"），它的功用是构成词，所以称它是"词的建筑材料"。例如，"弟弟不吃白菜"这句话里就包含"弟""弟""不""吃""白""菜"6个语素，每个语素都既有声音，又有意义。上面说了，语素的特点是不能再被分割为更小的音义结合体。

汉字只是记录汉语的书写符号。汉字跟汉语的接口在音节上，这跟音素文字不同，音素文字跟语言的接口在音素上。而汉语中的每个音节都一定有意义。因此，汉字是一种音节语素文字。汉字很适合用来作为记录汉语的书写符号。但这就容易造成"汉语语素就是汉字，汉字就是汉语语素"这样的错觉，同时也造成书面上的汉字跟实际的汉语语素存在多重的、不同层面的、错综复杂的关系。具体情况如下：

（一）有的汉字只代表一个特定的语素，如"籴 [买入]、掂 [用手托着东西上下晃动估量东西的轻重]、巅 [山顶]、叼 [用嘴夹住（东西）]"等。这类汉字只是极少数。

（二）多数汉字，同一个汉字可以代表几个语素。这又有两种情况：

一种情况是同一个汉字代表几个同音的语素，如"片（piàn）"：❶指平而薄的东西；❷指较大地区内划分出的较小地区；❸指电影、电视剧；❹指用刀横割或横切成薄片；❺不全的，零星的；❻量词。这就是说，"片"这个汉字起码可以代表6个语素。

另一种情况是，同一个汉字代表不同音的语素，如"乐"：❶"快乐"的"乐（lè）"；❷"音乐"的"乐（yuè）"。再如"了"：❶表示完结义的"了（liǎo）"；❷作为助词的"了（le）"。

（三）有的汉字，可以代表语素，但是在有的词里，它并不代表语素，不表示意义，只是作为一个音节的代表。音译词里的汉字多数是这种情况。例如："沙"和"发"本身都有意义，都可以代表语素，但是在"沙发"这个音译词里，都不表示意义，都只是分别作为词里的一个音节的代表；"奥林匹克"里的"奥"、"林"、"匹"、"克"也是这个情况。

（四）有极少数汉字，不表示任何意义，从来不是汉语语素，纯粹是作为一个音节的代表。那就是古代汉语双音节联绵词里所用的字和部分双音节音译词里所用的字。例如："徘徊"里的"徘"和"徊"，"蟋蟀"里的"蟋"和"蟀"，"垃圾"里的"垃"和"圾"，以及"葡萄"里的"葡"和"萄"等。"徘徊"、"蟋蟀"、"垃圾"、"葡萄"等，它们虽然都是双音节词，但本身都是最小的音义结合体，都只是语素，其中代表各音节的汉字只是字，不是语素。

（五）还有一种情况，上面所讲的第（三）类情况的字（即在某个词中只是作为音节的代表）和第（四）类情况的字（即从来不是汉语语素的字），在长期使用过程中也有可能逐渐成为语素——成为该词的简称。例如，"奥"在"奥林匹克"里只是作为音节的代表，"奥林匹克"是个语素，"奥"并不是语素；可是"奥运会"里的"奥"，成了"奥林匹克"的简称，具有意义，所以就成语素了。再如，"蝴蝶"是个双音节单纯词，其中的"蝶"不是语素；可是在"蝶泳"、"蝶恋花"里就成了语素，其意义就是蝴蝶的简称。

从上可知，字和语素如同字和词一样，不是一回事儿。

6. 单音节语素和单音节词如何区分？

这里实际是要分清语素和词的不同。语素，上面我们说了，是语言中最小的音义结合体，其功用是构成词，其特点是不能再被分割为更小的音义结合体。词呢？词是语言中最小的、独立运用的音义结合体，是最小的造句单位。二者的差别就在于，谈到语素，不考虑它是否独立运用，只考虑它是否是一个最小的音义结合体，如果是最小的音义结合体就是语素；而谈到词，必须考虑它是否独立运用，它的功用是构成词组，有的还能独立实现为句子[2]。所谓独立运用，就是指独立自主地跟其他许多词发生组合，以形成词组或独立实现为句子。现在看下面两组汉字：

　　a.人、气、狗、看、驴、鸡、吃、红、寄、湿、平

　　b.韧、器、苟、堪、虑、机、弛、弘、际、始、萍

a组、b组都可以看作语素，因为都是最小的音义结合体；但是，a组都能单独成词；而b组都不能独立成词。所以，a组，从语素平面看，分别都是语素，因为它们都是最小的音义结合体；从词平面看，又都是词，因为它们都是最小的独立运用的音义结合体；而b组，从语素平面看，是语素；从词平面看，不是词，因为都不能独立运用。

7. 什么叫"成词语素"？什么叫"不成词语素"？

"成词语素"和"不成词语素"是对语素的一种分类。有的语素能单独直接成词，如"人、大、红、走、吃、就、刚、把、在、吗、吧"等，这种语素称之为"成词语素"。有的语素，在任何情况下都不能单独直接成词，一定要跟别的语素组合后才一起成为一个词。例如"机"，本身不能单独直接成词，得与别的语素相组合，构成"机器、机械、机关、机会"或"飞机、碎纸机、拖拉机"等词，这种语素就称之为"不成词语素"。类似"机"的不成词语素如：

韧、示、器、苟、弛、弘、际、始、子、堪、虑、研、惰、萍……

注意：不成词语素，在任何情况下都不能单独直接成词；成词语素，则在句子中不一定都以词的身份出现，有时是以语素的身份出现的。如"大"、"款"可以单独直接成词，但是在"大款"、"大力士"、"大概"和"款项"、"款子"、"公款"里则都是以语素的身份出现的。

8. 什么叫"单纯词"？什么叫"合成词"？

上面谈到词都是由语素构成的，但由语素构成的词，可以分成两大类：一类是由一个语素单独直接构成的，例如：

人、水、好、白、吃、看、很、刚、把、被、吗……

这类词就称为"单纯词"；另一类是由两个或两个以上的语素构成的，例如：

水果、公民 | 参加、学习 | 干净、严肃 | 通红、雪白

已经、忽然 | 关于、自从 | 因为、然而 | 似的、的话……

这类词就称为"合成词"。

因此，"单纯词"是指只包含一个语素的词；"合成词"是指包含两个或两个以上的语素的词。

9. 汉语合成词有哪些类型？

从世界范围内已经描写的语言来说，合成词的构词方式主要有三种：

A. 重叠——词根的重叠，如"爸爸、星星、刚刚、试试、轻轻"等。

B. 派生（附加）——a. 词根内部屈折派生，如英语由单数名词 foot（脚）、man（男人）通过内部屈折派生出复数名词 feet、men；由原形动词 take（拿、获得）通过内部屈折派生出过去式 took、过去分词 taken 等。汉语没有这种派生构词方式。b. 词根前加或后加词缀派生，如"老虎、老弟"和"桌子、馒头，简化、绿化"等。

C. 复合——词根与词根组合，如"学习、聪明|白糖、深造|合理、

扶手|扩大、车辆|地震、冬至|留任、借用"等。

汉语的合成词以复合为主。复合型合成词主要有以下一些类型：

（1）偏正型：前一词根限制或修饰后一词根，词的意义以后一词根为主，前一词根只起修饰、限制作用。例如：

文化、同学、视线、公园、地铁、奇迹、冷饮、热爱、前进、广播

回顾、遥控、中立、崭新、鲜红、美观、细心、深入、必然、火红

（2）支配型：前一词根表示动作、行为，后一词根表示动作、行为所支配的对象。例如：

主席、将军、理事、立春、举重、结果、签名、下海、招生、挑战

冒险、出版、建议、超群、动人、进步、抽象、及时、照旧、因此

（3）补充型：后一词根补充说明前一词根，词的意义以前一词根为主。补充型词又有两种情况：一种是前一词根表示动作，后一词根表示动作的结果或趋向。例如：

纠正、震动、充满、推广、降低、凑巧

充实、分明、失去、收回、奋起

另一种是前一词根表示事物，后一词根标示该事物的计量单位。例如：

车辆、人口、书本、信件、纸张、船只、花朵

属于前一种的补充型复合词是大量的；属于后一种的补充型复合词数量很少，在意义上都表示所指事物的一个集合。

（4）陈述型：前一词根表示被陈述的对象，后一词根表示陈述的情况。例如：

事变、花生、堤防、心得、沟通、体贴

神往、年轻、面熟、心慌、锋利

（5）联合型：由两个词根并列组合而成。这又有多种情况，主要有这样四小类：

第一类：两个词根的意义相同或相近，并列的词根意义上起着互相补充的作用。例如：

人民、朋友、功劳、语言、拼搏、污染、答复

爱好、商量、简单、清楚、孤单、刚才、自从

第二类：两个词根的意义相反。例如：

老小、今昔、表里、奖惩、彼此、高下、迟早

买卖、动静、矛盾、春秋、来往、反正、横竖

第三类：两个词根的意义相关。例如：

口齿、血汗、心胸、江湖、河山、水土、形容

描写、印刷、负担、招待、零碎、辛酸、冷淡

第四类：虽也是由两个词根并列组合而成，但其中一个词根的意义已经消失。这类词一般称之为"偏义复合词"。例如：

国家[现在只指国不指家]、人物[现在只指人不指物]、窗户[现在只指窗不指户]

质量[现在只指质不指量]、恩怨[现在只指怨不指恩]、忘记[现在只指忘不指记]

（6）连动型：由两个表示行为动作的词根按时间先后排列组成。例如：

聘用、留任、听信、查封

10. 现代汉语词类是怎么划分出来的？

语法学中的词类是指词的语法分类。词类，从大往小说，是对所有词进行分类；从小往大说，是对一个个词加以归类。事物分类都具有一定的相对性；事物的分类系统都是一个层级系统。词的分类或者说词的归类，也有一定的相对性，这包括划类标准的确定具有一定的相对性，划分出来的类的多少具有一定的相对性；词类系统也是一个层级系统，所划分出来的各个类不在一个平面上。而类与类之间具有既相区别又有联系的"连续统"性质。正因为这样，现代汉语学界将现代汉语里的词划分为多少类，并不一致[3]；而不管哪一家，划分出来的词类总会有个别例外。各家在著作或教材中一般都没有交代划类或者说归类的具体依据，但就目前一般的认识而言，在实际操作上，主要依据词的分布（关于"分布"，见本书第四章第二节"四、关于分布分析的理论方法"），同时考虑词的语法意义。陆俭明《现代汉语语法研究教程》跟北大本

《现代汉语》一样，将词分为15类，并给出了具体的分类依据，具体如下（见下页）：

这个词类层级系统图谨供大家参考，从中大致可以了解到语法学中的词类是怎么划分出来的。

11. 什么叫"实词"？什么叫"虚词"？

要研究语法，就得给词分类。虽然汉语语法学界存在不同的词类系统，但为研究语法方便起见，一般将名词（含时间词、方位词、处所词）、动词、形容词（含状态词、区别词）、数词、量词、代词合称为"实词"；而将介词、连词、助词、语气词合称为"虚词"；对于副词，多数学者视为虚词，有学者将它归入实词，有学者称之为"半虚半实词"，都各有一定的理由。

12. 副词是虚词还是实词，学界有不同看法。我们到底该怎么看？ [4]

副词该归入实词还是虚词？学界有不同看法。基本上是三种意见：一是虚词；二是实词；三是半虚半实。我们将副词归入虚词。这是为什么呢？

虚词在汉语中起着五方面的作用，副词在汉语中同样也起五方面作用——

其一，副词能"帮助表达实词之间的某种语法关系"。举例来说，"他们上海人"，既可以分析为同位性偏正关系，也可以分析为主谓关系。如果在"上海人"之前加上"也"，说成：

（1）他们也上海人。

就只能理解为主谓关系。

其二，副词能"帮助表达实词之间的某种语义关系"。例如，"鸡不吃了"，这是现代汉语语法研究与教学中讲解歧义结构的一个经典例子。"鸡"既可以理解为"吃"的动作者（或称"施事"），也可以理解

现代汉语词类层级系统图

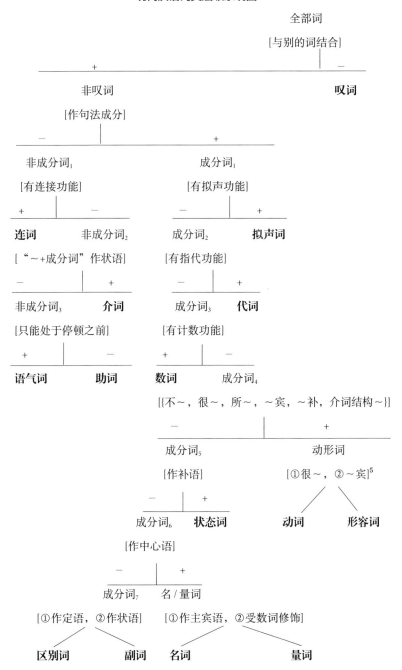

全部词

[与别的词结合]

＋ ──────────── －

非叹词 **叹词**

[作句法成分]

－ ＋

非成分词₁ 成分词₁

[有连接功能] [有拟声功能]

＋ － － ＋

连词 非成分词₂ 成分词₂ **拟声词**

["～+成分词"作状语] [有指代功能]

－ ＋ － ＋

非成分词₃ **介词** 成分词₃ **代词**

[只能处于停顿之前] [有计数功能]

＋ － ＋ －

语气词 **助词** **数词** 成分词₄

[{不～，很～，所～，～宾，～补，介词结构～}]

－ ＋

成分词₅ 动形词

[作补语] [①很～，②～宾]⁵

－ ＋

成分词₆ **状态词** **动词** **形容词**

[作中心语]

－ ＋

成分词₇ 名/量词

[①作定语，②作状语] [①作主宾语，②受数词修饰]

区别词 **副词** **名词** **量词**

为"吃"的受动者（或称"受事"）。如果将否定副词"不"替换为表示劝阻的否定副词"别"，说成：

（2）鸡别吃了。

成为祈使句，就不再有歧义，"鸡"只能理解为"吃"的受动者。[6]

其三，副词能"帮助实词添加某种语法意义"。请比较下面这两句话：

（3）张三在那儿敲着。

（4）张三还在那儿敲着。

例（3）、例（4）都表示行为动作的持续，或者说行为动作正在进行，但二者有区别：例（3）没有副词，只是表示在说话人说话的时刻，张三"敲"的这个动作正在进行；而例（4）多了个副词"还"，就表示张三"敲"这个动作从说话前某个时点到说话的时刻都一直在进行。换句话说，例（3）没有副词"还"，句子只表示在说话人所指明的时点里"敲"这一动作正在进行；例（4）有了了副词"还"，句子则表示所说的行为动作的进行跨两个时点——说话人所指明的某个时点和在此之前的时点。

其四，至于"帮助改变词语的表述功能"，当然不会像助词"的"那么明显，但副词确实也有这一方面的作用。譬如说，名词固有的表述功能是"表示指称"[7]，但某些名词一旦前加副词，其表述功能马上改变，就变为表示陈述。例如，我们不说：

（5）"教室里有人吗？""* 教室里小王。"

（6）* 你们电灯、电话？

那是因为例（5）里的"小王"和例（6）里的"电灯、电话"都是表示指称的名词，不能单独直接用在表示陈述的谓语位置上。但是，例（5）如果在"小王"前加上范围副词"就"，例（6）如果在"电灯、电话"前加副词"也"，在后面加"了"，它们的表述功能就转变为表示陈述了，它们就能作谓语了，句子就能说了。请看：

（7）"教室里有人吗？""教室里就小王。"

（8）你们也电灯、电话了？

其五，副词能"帮助表达某种语气"，当然不是所有的副词。例如：

（9）今天准保会下雨。

（10）今天也许会下雨。

（11）今天难道会下雨？

例（9）—例（11）都是谈论"今天会下雨"的事，但例（9）用副词"准保"，句子表示一种强烈的肯定语气；例（10）用副词"也许"，句子则表示一种不确定的或然语气；例（11）用副词"难道"，句子就表示一种疑问语气。

总之，把副词归入虚词是有一定道理的。除此以外，还有很重要的一点，那就是副词的个性很强，副词所揭示的该类词的特点（只能作状语）对了解每个副词的用法是远远不够的，而这跟大家所公认的其他类虚词是完全一样的。当然我们也承认，有一部分副词，如"俨然"、"预先"、"擅自"等，相对来说，意义比较实在，语法的作用要弱一些，但这些副词的使用频率一般都很低。

在汉语教学中，到底将副词归入实词还是虚词，还得看各位汉语教师自己的观点和所用汉语教材的说法。无论说成实词还是虚词，都可以有说法——

如果将副词归入实词，其理由可以是：虽然副词不能作主要的句法成分，但能作状语，介词、连词、助词、语气词等虚词都不能作任何句法成分；从意义上看，有的副词意义比较实在。

如果将副词归入虚词，其理由可以是：副词虽能作状语，但它不能充任主语、谓语、述语（指带宾语或带补语的那个句法成分）和中心语（指前有定语或状语的那个句法成分）等主要句法成分；从意义上来看，大部分常用副词，所表示的意义比较虚灵，仅表示抽象的语法意义。

13. 什么叫"体词"？什么叫"谓词"？

"体词"与"谓词"是相对的一组概念。为了表述的经济与方便，一般将名词、数词和部分代词（如人称代词、部分指示代词，如"这/

那、这里/那里、这会儿/那会儿"等）合称为"体词"，而将动词、形容词、状态词（早期将状态词包括在形容词之内）合称为"谓词"。相应地，将句法功能相当于名词的一些句法结构，如"的"字结构、"定-中"偏正结构、名词性联合结构，合称为"体词性结构"；将主谓结构、述宾结构、述补结构、连动结构、递系结构和各种"状-中"偏正结构以及比况性结构，合称为"谓词性结构"。

这组概念与术语，最早是由赵元任先生于1968年在 *A Grammar of Spoken Chinese*（《中国话的文法》）7.1.8小节里提出的。[8]朱德熙先生在《语法讲义》（商务印书馆，1982年）里接受了这对概念，采用了这对术语，随即为学界所普遍接受。

14. 什么叫"真宾语"？什么叫"准宾语"？什么叫"虚指宾语"？

汉语语法学界首先使用"准宾语"这一术语的是丁声树等《现代汉语语法讲话》，是指动词后面表示动量或时量的数量成分，所举的例子是（例子序号为引者所加）：

（1）我对你说过<u>不止一回</u>，教你常劝劝他。|老二，你去<u>一趟</u>吧。|"咚、咚、咚"一连敲了<u>好几下</u>。

（2）我那箱子在那里摆了<u>一辈子</u>了。|我要走，我已经等了<u>两年</u>了。|打了<u>三天三夜</u>，把敌人打退了。

该书没用"真宾语"这一术语，但书中明确说准宾语"接近于宾语，但跟一般的宾语不尽相同"。"准宾语"是跟"一般的宾语"相对的。可以想见，所谓"一般的宾语"应该就是"真宾语"。首先使用"真宾语"这一术语的是朱德熙先生的《语法讲义》，该书同时也用了"准宾语"这一术语[9]。

"虚指宾语"这一术语是朱德熙先生《语法讲义》里首先使用的，包括以下几种出现在动词后的成分：

（a）由疑问代词"什么"充任的非实指的宾语，整个述宾结构表示

一种否定意义。例如：[10]

（3）笑<u>什么</u>？别笑了。| 还睡<u>什么</u>？都九点了。| 好<u>什么</u>？一点儿也不好。

（b）双宾结构里由"他（它）"充任的非实指的宾语。例如：

（4）唱<u>他（它）</u>一段 | 睡<u>他（它）</u>一会儿 | 走<u>他（它）</u>一趟

（c）由人称代词加"的"形成的、非实指的"的"字结构充任的宾语。例如：

（5）你走<u>你的</u>，别管他。| 他笑<u>他的</u>，关你什么事儿。

了解了上面所谈的内容，我们可以这样来规定真宾语和准宾语——准宾语指所有虚指宾语以及动词后出现的由表时量的数量成分或表动量的数量成分所充任的宾语；除了准宾语以外的所有体词性宾语和谓词性宾语都是真宾语。

15. 什么叫"体词性宾语"？什么叫"谓词性宾语"？

在有的语言（如英语、俄语等）里，充任宾语的成分只能是体词性的，即名词性的，即使从意义上看是表示某种行为动作或事物的某种性状，也得在形式上转化为名词性成分。由于汉语属于非形态语言，所以不管是名词性成分还是动词、形容词性成分，都能出现在宾语位置上。例如：

（1）他喝了<u>一杯咖啡</u>。　　　［名词性成分作宾语］

（2）a. 他在看<u>电视</u>。　　　　［名词作宾语］

　　　b. 他在看<u>打篮球</u>。　　　［动词性成分作宾语］

（3）a. 她喜欢<u>布娃娃</u>。　　　［名词作宾语］

　　　b. 她喜欢<u>看京剧</u>。　　　［动词性成分作宾语］

　　　c. 她喜欢<u>清净</u>。　　　　［形容词作宾语］

（4）a. 我同意<u>她的意见</u>。　　　［名词性成分作宾语］

　　　b. 我同意<u>去上海</u>。　　　［动词性成分作宾语］

　　　c. 我同意<u>你先走</u>。　　　［主谓结构作宾语］

体词性宾语就是指由名词或名词性结构（包括各种"定–中"偏正结构、名词性联合结构和"的"字结构等）充任的宾语，如例（1）和例（2）—例（4）a句里的宾语。谓词性宾语就是指由动词、形容词、状态词以及动词性、形容词性、状态词性结构[11]和主谓结构所充任的宾语，如例（2）—例（4）b句和c句里的宾语。

16. 怎么认识汉语的"及物动词"与"不及物动词"？汉语学界还有"他动词"和"自动词"以及"外动词"和"内动词"的说法，是否就是"及物动词"和"不及物动词"的另一种说法？

这是汉语老师所提出的问题。在现代汉语语法学里，"及物动词"与"不及物动词"是现代汉语语法学里常用的一对概念。"及物动词"与"不及物动词"之分，着眼于动词后能否带真宾语（见上文第14题）。能带真宾语的是及物动词，像"吃、喝、参观、建立"等就是及物动词，因为它们都能带真宾语。例如：

（1）吃苹果 | 喝啤酒 | 参观自然博物馆 |（两国）建立邦交

（2）吃大碗 | 切片儿 | 来了两位老朋友 | 门口坐着两个孩子

绝对不能带真宾语的是不及物动词，如"蔫儿、枯萎、游泳、咳嗽、合作、示威、游行、哀鸣"等。

在现代汉语里，及物动词不要求任何时候都得带上宾语。由于汉语是语用性很强的语言，句法成分的省略是很平常的事，所以在一定的语境中为了表达经济，宾语常常省略。例如：

（3）"忙着呢？""可不？忙得不亦乐乎！""都干吗呢？""干吗？还不是成天看啊，抄啊，写啊，没个完！""不请个帮手？""请过，干不长，个把月就走了。一个月才两三千块钱，他能不吃不喝？谁愿意啊？"

例（3）对话里的动词"看、抄、写、请、干、吃、喝、愿意"都是及物动词，可都没带上宾语，不影响交际。

注意，汉语里的及物动词与不及物动词，跟英语的transitive verb和

intransitive verb，其含义与用法并不完全相同，二者并不对应。英语里的 come（来）、stop（停）、sit（坐）都是不及物动词，后面不能带宾语；可是汉语里都可以带宾语，例如："前面来了一个人"、"门口停着一辆小轿车"、"沙发上坐着一位老奶奶"，"来、停、坐"得归入及物动词。反之，英语里有的及物动词，如avenge（报仇）、appraise（评估），在汉语里是不及物动词。

　　早期，有"外动词"和"内动词"以及"他动词"和"自动词"的说法。[12]"外动词"和"他动词"，"内动词"和"自动词"含义相等。这些说法都是从意义着眼的——动词所表示的行为动作只涉及动作者自身的（"动作表现，内止自身"），是"内动词/自动词"；动词所表示的行为动作涉及他物的（"动作影响，外及他物"），是"外动词/他动词"。要注意的是，"外动词/他动词"不等于目前一般所说的"及物动词"，"内动词/自动词"不等于目前一般所说的"不及物动词"。主要区别在对"来、去、出来、进去"和"坐、站、躺、住、死"等动词的处理上——从意义上来说，它们是"内动词/自动词"，不是"外动词/他动词"，因为这些动词"动作表现，内止自身"；但从能不能带真宾语角度看，它们属于"及物动词"，因为它们能带施事宾语或处所宾语。例如：

（4）a. 前面来了个老太太。

　　　b. 大伯来北京了。

（5）a. 前排坐着来宾。

　　　b. 你就坐沙发上。

（6）a. 每个房间住两个人。

　　　b. 他们住东厢房。

17. 什么叫"体宾动词"？什么叫"谓宾动词"？什么叫"准谓宾动词"？

　　这是根据动词后充任宾语的词语的词性的不同给及物动词所作的分类。有的动词只能带由体词性词语充任的宾语（一般称为"体词性宾语"），这样的动词称为"体宾动词"，如"喝、洗、买、驾驶、参观、靠近、修理、考取"等及物动词。有的动词能带由谓词性词语充任的宾语（一般称为"谓词性宾语"），这样的动词称为"谓宾动词"。其中，有的谓宾动词只能带谓词性宾语，不能带体词性宾语，如"觉得、打算、主张"等动词；有的谓宾动词不仅能带谓词性宾语，而且还能带体词性宾语，比如"看"就是这样的谓宾动词，请看：

（1）a. 看打球、看下棋　　　　　［谓词性宾语］

　　　b. 看书、看电影　　　　　　［体词性宾语］

谓宾动词可以分为两类。一类是所带的谓词性宾语既可以是单个的动词、形容词等，也可以是谓词性结构，如主谓结构、述宾结构、述补结构、连动结构等，以"主张"为例：

（2）a. 主张参加　　　　　　　　　［宾语为动词］

　　　b. 主张和平　　　　　　　　　［宾语为形容词］

　　　c. 主张大家都去　　　　　　　［宾语为主谓结构］

　　　d. 主张种棉花　　　　　　　　［宾语为述宾结构］

　　　e. 主张买下来　　　　　　　　［宾语为述补结构］

　　　f. 主张立刻去　　　　　　　　［宾语为"状-中"偏正结构］

　　　g. 主张去云南旅游　　　　　　［宾语为连动结构］

　　　h. 主张请张教授出席这次会议　［宾语为递系结构］

另一类，作宾语的不能是主谓、述宾、述补、连动等谓词性结构，只能是某些双音节动词，或以这些双音节动词为中心语的偏正结构，而且这种偏正结构里的修饰语只能是名词、形容词或"的"字结构，不能是副词。"进行、加以、受到、作"就属于这类谓宾动词。以"进行"为例：

（3）a. 进行调查　　　　　［宾语为双音节动词］

　　　b. 进行方言调查　　　［宾语为偏正结构，修饰语是名词］

　　　c. 进行仔细调查　　　［宾语为偏正结构，修饰语是形容词］

　　　d. 进行背靠背的调查　［宾语为偏正结构，修饰语是"的"字结构］

e. *进行查　　　　　〔宾语为单音节动词〕

f. *进行买下来　　　〔宾语为述补结构〕

g. *进行马上调查　〔宾语为"状-中"偏正结构,修饰语为副词〕

h. *进行去云南调查　〔宾语为连动结构〕

显然，这类谓宾动词所带的宾语，表面看是以动词为核心，但已偏离谓词性，所以将第二类谓宾动词称为"准谓宾动词"。[13]

18. 词和词组怎么区分？

一般说，词和词组的界限还是比较清楚的。如"关心"是词，"吃苹果"是词组。那为什么会有人提出"词和词组如何区分？"这样的问题呢？原因是：

第一，汉语句法规则跟构词规则是基本一致的。我们在上文第9题谈了合成词的构造，除了重叠和派生这两类合成词之外，大量的是复合型合成词，而复合型合成词的结构类型跟词组类型基本是一致的。请比较：

复合合成词结构类型

1. 偏正型
    a. "定-中"偏正
       （如：视线、细心）
    b. "状-中"偏正
       （如：广播、深入）
2. 支配型（即动宾）
    （如：签名、超群、照旧）
3. 补充型
    （如：纠正、推广、收回）
4. 陈述型（即主谓）
    （如：花生、年轻、沟通）

词组的结构类型

1. 偏正结构
    a. "定-中"偏正结构
       （如：干净衣服、木头桌子）
    b. "状-中"偏正结构
       （如：非常干净、曾经去过）
2. 述宾结构（即动宾）
    （如：喝绿茶、看电视、觉得舒服）
3. 述补结构
    （如：洗干净、写得很清楚）
4. 主谓结构
    （如：他毕业了、姐姐很能干）

5. 联合型

（如：人民、简单、印刷、好歹）

5. 联合结构

（如：爷爷奶奶、唱歌跳舞）

6. 连动型

（如：聘用、听信、查封）

6. 复谓结构

（如：吃了饭看电影、请他来）

第二，汉语在书写上，词与词之间没有空格。

上述两个原因致使我们有时从字面上难以区分某些双字组合到底是词还是词组，特别是一个由两个都能单独成词的单音节语素组合成的双音节词和一个由两个单音节词组成的双音节词组，二者就难以区分。例如"白药、白菜"和"白马、白布"——"白、药、菜、马、布"都分别是语素，又都能独立运用，单独成词；但在汉语研究者心目中也好，在一般人的心目中也好，"白药、白菜"是词，"白马、白布"则是词组。那怎么区分呢？主要得记住以下三点：

第一点，一个组合AB，如果它的意思不能从它的组成成分A和B的意思直接推知，那么AB这个组合，肯定是词。例如"白药"、"关心"、"片面"、"内行"等。

第二点，一个组合AB，如果能够不止一次扩展，即可以不止一次地加入某个成分将A和B分开，扩展后的组合的句法功能跟AB基本一致，那么AB这个组合，不是词，是词组。比较：

a. 因为"白马" 可扩展为 "白的/马"，

还可扩展为 "白的/一匹//马"，

而"白的/一匹//马"在句法功能上与"白马"基本一致，所以"白马"是词组。

b. 因为"白菜" 不能扩展为 "*白的/菜"，

也不能扩展为 "*白的/一棵//菜"，

所以"白菜"是词。

第三点，有的组合AB不能扩展，例如"很丑"，既不能说成"*很地丑"，也不能说成"*很不丑"，这样看来"很丑"该是词了；但是，"很"跟"丑"的组合是属于完全开放性的能产性组合，即可以大量类推，如"很坏、很臭、很脏、很闹……"如果AB属于这样的情况，那就是词组，不是词。

19. 动词和形容词怎么区分？

跟有的语言（如英语、俄语等）比较起来，汉语里的动词和形容词，在语法功能上有更多的相同点——都能受"不"的修饰，都能直接作谓语或作谓语中心，都能带补语，因此目前汉语语法学界一般都将它们合称为"谓词"。

在确认为谓词的前提下，区分动词和形容词一般主要综合运用两条标准：一是能否受"很"一类程度副词的修饰；二是能否带宾语。按这两条标准，实际将会看到以下四种情况：

	受"很"修饰	带宾语	例词	词类
A	+	−	干净、酸	［形］
B	−	−	游泳、蔫	［动］
C	−	+	参加、吃	［动］
D₁	+ ［一致］	+	喜欢、爱	［动］
D₂	+ ［对立］	+	方便、苦	［形兼动］

D_1 的"［一致］"是说受"很"修饰后可以带宾语，带宾语后还可以受"很"修饰，如"很喜欢→很喜欢音乐"、"喜欢那孩子→很喜欢那孩子"；D_2的"［对立］"是说受"很"修饰后不再能带宾语，带了宾语后不能再受"很"修饰，如"很苦≠*很苦了他了"、"苦了那孩子≠*很苦了那孩子"。A属于形容词；B、C、D_1属于动词；D_2是形容词兼动词——带宾语的情况下是动词，不带宾语的时候是形容词。

20. 形容词和副词怎么区分？

由于汉语里的形容词有相当一部分都能作状语，如"积极、努力、认真、安全、被动、纯粹、从容、放心、慌忙、坚决、明确"，等等，这样，就存在形容词与副词的区分问题。对于汉语里形容词和副词的区分，要记住两点：

第一，不要认为能作状语的词就是副词；汉语里能作状语的词，除了副词，还可以是形容词、名词、动词、代词等。请看：

a. 你们<u>立刻</u>离开这里！　　　　　　［副词作状语］

b. 你得<u>认真</u>工作。　　　　　　　　［形容词作状语］

c. 我们<u>电话</u>联系。　　　　　　　　［名词作状语］

d. 王刚<u>讽刺</u>说：“……。”　　　　　［动词作状语］

e. 他们<u>哪里</u>来的？　　　　　　　　［代词作状语］

第二，只能作状语、不能作别的句法成分的词才是副词。

如果处于状语位置上的词，在别的结构里能受“很”修饰，而且受“很”修饰时跟作状语时的意思没有区别，那么这个作状语的词不是副词，是形容词。上面举的 b 例“你得认真工作”里的“认真”是作状语，但它跟“他很认真，你不认真”里的“认真”在意义上是一样的，都表示“严肃对待，不马虎”的意思。所以，b 例里的“认真”是形容词，不是副词。

21. 介词和动词怎么区分？

现代汉语里的介词基本上都是从动词虚化来的，或者说是由动词经过语法化而形成的。有的已经彻底虚化，如“把、被”等；有的还没有彻底虚化，用作介词时跟用作动词时意思上也没有明显区别，如“比、用、在、到、往、朝”等，因此让人感到二者似乎有点儿界限不清。辨别时要记住一点：“比、用、在、到、往、朝”等，带上宾语后作状语或补语时，是介词；不带宾语或带上宾语后出现在其他句法位置上时，一律看作动词。比较：

	介词	动词
a. 比	他比我能干	我们比什么 | 我们俩比一比 | 我们比爬高
b. 用	他用刀切菜	你用那把刀 | 这把刀别用 | 我写字用毛笔

	介词	动词
c. 在	他在家看书 他坐在沙发上	你妈妈在吗 | 妈妈在房间里 | 我明天在曼谷
d. 到	他到书店买书 他已走到学校	他已经到了 | 我到泰国了 | 他明天到曼谷
e. 往	他往东去了 列车开往北京	你先往东，再往南 | 再往南就是张家村
f. 朝	他朝南走了	他们家大门朝南 | 面北朝南的房子凉快

这属于硬性规定，似有点儿主观，但教学实践表明，这管用。

22. "状态词"是指什么样的词？

原先在一般所说的形容词里边包含下面这样一些词：

通红、雪白、贼亮、冰冷、稀烂、精光、喷香……

红彤彤、白花花、黑乎乎、绿茵茵、绿油油、硬邦邦……

干干净净、漂漂亮亮、清清楚楚、紧紧张张、含含糊糊……

通红通红、雪白雪白、碧绿碧绿、冰凉冰凉、稀烂稀烂……

马里马虎、糊里糊涂、傻里傻气、黑咕隆咚、白不呲咧……

其实，这些词跟一般形容词的语法性质、句法功能很不一样——

第一，形容词"冷"、"干净"等能受"不"修饰，如"不冷"、"不干净"；可是"冰冷"、"干干净净"都不能受"不"的修饰，我们不说"*不冰冷"、"*不干干净净"。

第二，形容词"冷"、"干净"等能受"很"修饰，如"很冷"、"很干净"；可是"冰冷"、"干干净净"则都不能受"很"的修饰，我们不说"*很冰冷"、"*很干干净净"。

第三，形容词"冷"、"干净"等能带补语，如"冷极了"、"冷得很"、"冷得发抖"和"干净极了"、"干净得很"、"干净得一点儿灰尘都没有"；可是"冰冷"、"干干净净"都不能带补语，我们不说"*冰冷极了"、"*冰冷得很"、"*冰冷得刺骨"和"*干干净净极了"、"*干干净净得很"、

"*干干净净得一点儿灰尘都没有"。

因此，后来将这类词从形容词中分离出来，自成一类，称为"状态词"。最早注意到这个问题，并将这类词与一般形容词区分开来的是朱德熙先生。不过当时朱先生将这类词称为"状态形容词"。[14]

23.＂区别词＂是指什么样的词？

区别词是指这样一些词：

公、母、雌、雄、男、女、荤、素、阴、阳、金、银……

微型、巨型、急性、慢性、彩色、黑白、公共、私有、野生、切身……

这些词在早期也都归入形容词。其实它们跟形容词的语法性质、句法功能很不相同——

从语法功能上看，这类词都不能受"不"和"很"的修饰，我们不能说：

* 不公 ｜ * 不母 ｜ * 不雌 ｜ * 不雄 ｜ * 不阴 ｜ * 不阳 ｜ * 不金

* 不银……

* 很公 ｜ * 很母 ｜ * 很雌 ｜ * 很雄 ｜ * 很阴[15] ｜ * 很阳 ｜ * 很金

* 很银……

* 不微型 ｜ * 不巨型 ｜ * 不急性 ｜ * 不慢性 ｜ * 不彩色 ｜ * 不黑白

* 不公共……

* 很微型 ｜ * 很巨型 ｜ * 很急性 ｜ * 很慢性 ｜ * 很彩色 ｜ * 很黑白

* 很公共……

这些词的语法特点是：只能直接修饰名词，或加结构助词"的"形成"的"字结构。例如：

公山羊 ｜ 母山羊 ｜ 男宿舍 ｜ 女宿舍 ｜ 金项链 ｜ 银手镯 ｜ 微型电脑 ｜ 私有财产……

公的 ｜ 母的 ｜ 男的 ｜ 女的 ｜ 金的 ｜ 银的 ｜ 微型的 ｜ 私有的……

从所表示的意义来看，这类词大都表示事物的区别性特征。因此，现在都称之为"区别词"。[16]

24. 什么叫"疑问代词的非疑问用法"?

疑问代词表示疑问。问人，用"谁"；问事物，用"什么"；问时间，用"多会儿/多久"；问地方，用"哪里/哪儿"；问程度，用"多"；问数量，用"几/多少"；问性状、动作或方式，用"怎么/怎样/怎么样"。可是在言语交际中，疑问代词有时候不表示疑问，这有两种情形：

第一种情形是表示"任指"，即表示周遍性(强调所说无例外，全部如此)。这样用的时候，句子里必须有副词"也"或"都"跟它呼应。例如：

（1）谁也舍不得把他的爹妈扔了。（赵树理《三里湾》）

（2）他呀，什么都懂，而我呢，什么也不懂。

（3）这一间屋子比哪一间都大。

第二种情形是表示"虚指"，即用疑问代词来指称不能或不愿意指明的具体事物。例如：

（4）我总想写点儿什么，但一拿起笔就觉得那笔很沉，没法写东西。

（5）那事儿我记得谁跟我说过来着。

所谓"疑问代词的非疑问用法"就是指疑问代词表示"任指"和"虚指"时的用法。

25. "词组"、"短语"和"句法结构"这三种说法所指一样吗?

曾先后有两位外国的汉语老师和三位年轻的中国汉语老师都向我们提出过这个问题。问题是由下面这类例子引发的：

（1）那时，伟中正在看打篮球。

（2）嘎子拿的其实是一支木头枪。

他们说，在许多现代汉语语法论著中，说到类似例（1）里动词"看"的宾语，有的说"是由述宾词组'打篮球'充任的"，有的说"是由述宾结构'打篮球'充任的"，有的说"是由述宾短语'打篮球'充任的"；说到类似例（2）里的"的"字结构，有的说"'的'字结构是由主谓词组加'的'形成的"，有的说"'的'字结构是由主谓结构加'的'形成的"，有的说"'的'字结构是由主谓短语加'的'形成的"。甚至在同一本语法著作里，有的地方说"偏正词组、述宾词组、述补词组、主谓词组"什么的，有的地方又说"偏正结构、述宾结构、述补结构、主谓结构"什么的。可是，说到"的"字结构、介词结构时，大都只说"'的'字结构"、"介词结构"，很少有人说"'的'字词组"、"介词词组"，但有"'的'字短语"、"介词短语"的说法。这到底是怎么回事呀？"词组"、"短语"和"结构"所指到底是否一样呢？

这里先要说明的是，上面所说的"结构"，仅指句法层面的句法结构，不是泛指语言中所有的"语言成分的组合体"，即不包括诸如语音层面的"音节结构"、构词层面的"合成词结构"等。"词组"、"短语"和"句法结构"都是句法学里的术语和概念。对于汉语语法论著中说到的"词组"、"短语"和"句法结构"，不能笼统地说"一样"或"不一样"，得分不同层面来说。

这里首先要说明的是，早期语法论著里多用"短语"这一术语。"两个以上的词组合起来，还没有成句的，叫'短语'。"[17]现在比较少用"短语"这一术语了。

关于"词组"和"句法结构"的异同，可以分两个层面来说——

一个层面，单就词和词的组合来说，对于实词和虚词的组合，只用"结构"不用"词组"的说法，譬如我们只说"'的'字结构"、"介词结构"、"助词结构"，不说"'的'字词组"、"介词词组"、"助词词组"。对于实词与实词的组合，则"词组"和"结构"这两种说法都用，即"偏正词组"、"述宾词组"、"述补词组"、"主谓词组"、"联合词组"等与"偏正结构"、"述宾结构"、"述补结构"、"主谓结构"、"联合结构"等说法会混着用。然而，这仅仅是出于叙述的方便。对业内人士来说，不会引起误会，但对于一般人来说，特别是对于刚接触汉语语法知识的人来说，会觉得"词组"和"结构"所指相同，甚至会搞糊涂。

另一个层面，严格从理论上来说，"词组"和"句法结构"所指是有区别的。在句法层面，凡是词和词的组合都可以称为"句法结构"，不管该组合是处于单说地位还是被包含地位；而"词组"一定只是指"处于被包含状态的实词与实词的组合"。请看：

（3）姐姐不看电视。

（4）我知道姐姐不看电视。

（5）姐姐不看电视的原因是舍不得时间。

例（3）—例（5）都有"姐姐不看电视"这样的"词的组合"。在例（3）里，"姐姐不看电视"处于不被包含的单说地位，即独立成句；在例（4）、例（5）里，"姐姐不看电视"都处于被包含的地位——在例（4）里作"知道"的宾语，在例（5）里带上"的"作"原因"的定语。对于这三个例句里的"姐姐不看电视"都可以称作"主谓结构"。但是，例（3）里的"姐姐不看电视"只能称作"主谓结构"不能称作"主谓词组"，因为它不处于被包含状态；而在例（4）、例（5）里的"姐姐不看电视"通常称作"主谓词组"。注意，对于"实词与虚词的组合"，不管处于什么句法地位，现在都只说"XX结构"，不说"XX词组"。

26. 什么叫"同位词组"？

"同位词组"虽不能说是汉语的主要词组类型（关于词组的主要类型，见上文第18题），但也经常在言谈交际或文本中出现。同位词组的特点是"定语可以指代整个偏正结构"。从另一个角度说，定语和中心语所指相同，只是说法不同。例如：

（1）首都北京 | 上海直辖市 | 蔡元培校长

（2）人家芝琴 | 他们三个人 | 老王这个人

同位词组也有学者归入"定-中"偏正词组，看作"定-中"偏正词组中一个特殊的小类。[18]

27．连动结构、递系结构、复谓结构到底指什么样的结构？

这也是许多老师提出的问题。"连动结构"是由几个动词性词语连用而彼此不形成主谓、述宾、述补、偏正或联合关系的一种谓词性结构。连动结构中所表示的动作行为是由同一主体发出的，例如"我写信告诉他"里的谓语"写信告诉他"就是个连动结构，其中的"写信"和"告诉他"这两种行为都是由主语"我"发出的，按行为动作发生的时间先后排列。下面再举些连动结构的例子：

（1）（我们）下了课打篮球。

（2）（他）低着头想问题。

（3）（他们已经）来上课了。

（4）（他）有事儿没有去。

（5）（那《红楼梦》她）买了一直搁着没有看。

（6）（他）听到爆炸声立刻起床披上衣服开门出去看个究竟。

例（1）—例（4）只包含两个动词性词语。例（5）包含三个动词性词语，但还是由"买了"和"一直搁着没有看"两部分组成，只是后一部分又包含一个连动结构"搁着没有看"。例（6）一共包含六个动词性词语，按行为动作发生的时间先后排列。

"递系结构"，也有人称为"兼语式"，其特点是：第一，只包含两个部分，前一部分一定是一个述宾词组，后一部分常见的是一个动词性成分，有的也可以是一个形容词性成分；第二，作为前一部分的述宾词组，其宾语在意念上一定是后一部分中的主要动词的施事或后一部分中的形容词所说明的主体；前者如"请他来一下"，后者如"称赞他勇敢"。前一个递系结构由"请他"和"来一下"两个动词性成分组成，前一部分"请他"是述宾词组，其宾语"他"在意念上是后一部分中动词"来"的施事；后一个递系结构由动词性词组"称赞他"和形容词"勇敢"组成，前一部分的"称赞他"是述宾词组，其宾语"他"在意念上是后一部分中形容词"勇敢"所说明的主体。下面是类似的例子：

（7）请你提意见 | 派小李去 | 有人找你 | 让他先走 | 推选他当我们

的代表

（8）称赞她聪明｜嫌他脏｜怪他太慢｜夸她勤奋｜羡慕她有一个好丈夫

"复谓结构"，统指连动结构和递系结构，是连动结构和递系结构的上位概念，其中的"谓"是"谓词性"的意思。

早期有学者将连动结构、递系结构等统称为"复杂谓语"[19]，现在已不再用此说法，因为连动结构、递系结构等并不只是作谓语，也可以作别的句法成分。

28. 什么叫"受事主语"和"受事主语句"？

"受事主语"是主语的一种，这种主语所指在意念上是谓语动词所表示的行为动作的受事（即动作的对象）。由受事主语的主谓结构所实现而成的句子就称为"受事主语句"。有的受事主语句有"被"、"给"等形式标记，例如：

（1）杯子被弟弟打破了。

（2）那小提琴给李珊拿走了。

但汉语里边大部分受事主语句没有形式标记。例如：

（3）信寄走了。

（4）练习做完了。

（5）面包吃了一半。

（6）咖啡别喝太多。

29. 什么叫"施事宾语"和"施事宾语句"？

"施事宾语"是宾语的一种。汉语的句子可以允许谓语动词所表示的行为动作的施事（即动作者）出现在谓语动词之后的宾语位置上，这是英语、法语等西方语言所没有的特征。这种句子一般称之为"施事宾语句"。例如：

（1）门口站着三个孩子。

（2）前面来了位老太太。

（3）监狱跑了个犯人。

（4）一个房间住两个人。

这类句子大多或表示存在义，如例（1）；或表示出现义，如例（2）；或表示消失义，如例（3）；或表示"每"的意思，如例（4）。例（1）——例（3）这类句子统称为"存现句"，这类句子的句首都是处所成分。例（4）这类句子一般称为"表示'每'的数量结构对应式"，这种句子的句首一定是个数量名结构。[20]

30. 什么叫"非受事宾语"？

一般情况下，宾语所指是谓语动词所表示的行为动作的受事（即行为动作的对象），可是在汉语里常常会有非受事成分出现在宾语位置上。例如：

（1）a. 吃饭

　　b. 吃大碗 / 吃小碗

　　c. 吃食堂 / 吃小灶

　　d. 吃环境 / 吃氛围

　　e. 吃父母［成年人自己不工作依赖父母生活］

（2）a. 写文章

　　b. 写毛笔

　　c. 写练习本

　　d. 写小楷

　　e. 写魏碑

　　f. 写感觉

例（1）、例（2）除了 a 例的宾语是受事宾语外，其余各例的宾语都是非受事，即都是"非受事宾语"[21]。

31. 定语和状语怎么区分？

定语和状语都是偏正结构里的修饰语。英语里的定语和状语很好区分，只要看中心语，中心语是名词性词语，那么它前后的修饰语就是定语；中心语是动词性或形容词性词语，那么它前后的修饰语就是状语。但是，汉语由于属于"非形态语言"，定语和状语就不像英语那样容易区分了。语言事实告诉我们，名词前的修饰语不一定都是定语，动词、形容词前的修饰语也不一定都是状语。

在汉语中，中心语如果是名词性词语，那么它前面的修饰语一般是定语；但如果名词前的修饰语是由副词充任的，那么这个修饰语是状语，不是定语。例如：

（1）我等了足足三个小时。

（2）今天才星期三。

（3）你已经大学生了，还那么不懂事。

（4）我也上海人。

例（1）—例（4）里的名词性词语"三个小时"、"星期三"、"大学生"、"上海人"前面的修饰语"足足"、"才"、"已经"、"也"都是副词，这些修饰语都是状语，不是定语。

中心语如果是动词或形容词，那么它前面的修饰语一般是状语，但有时也可能是定语。例如：

（5）今晚有舞蹈演出。

（6）要作好心理准备。

（7）（等待着）黎明的到来

（8）科学技术方面的创新与突破

（9）国家的强盛

（10）科技的发达

例（5）—例（8）里的动词性词语"演出"、"准备"、"到来"和"创新与突破"，例（9）—例（10）里的形容词性词语"强盛"、"发达"，它们前面的修饰语都由名词性词语充任，这些修饰语都是定语，不是状语。

　　总之，在汉语中不能只根据中心语的性质来确定它前面的修饰语是定语还是状语。

　　那么能不能只根据修饰语的性质来确定修饰语是定语还是状语呢？也不能。举例来说，形容词充任的修饰语就可能有时是定语，有时是状语。例如：

　　（11）这些具体问题，必须尽快解决。

　　（12）这些问题你们再具体讨论一下。

在例（11）和（12）里的形容词"具体"都是作修饰语。可是，在例（11）里，"具体"是定语；而在例（12）里，"具体"是状语。为什么不同呢？我们似乎可以从中心语找到答案——因为例（11）"具体"所修饰的是名词"问题"，所以"具体"是定语；而例（12）"具体"所修饰的是动词性成分"讨论一下"，所以"具体"是状语。上面的回答似乎很有道理，然而请再看下面的实例：

　　（13）对于这些问题不能一概而论，我们应该具体分析。

　　（14）对于他们所提的意见，我们必须作具体分析，不能什么都接受。

例（13）和（14）里都有一个偏正词组"具体分析"，从词性看，两个例句里的"具体"都是形容词，两个例句里的"分析"都是动词。但是，例（13）里的"具体"是状语，而例（14）里的"具体"是定语。为什么呢？原来，在例（13）里，"具体分析"是作谓宾动词"应该"的宾语，这里的"具体分析"是谓词性的，所以其中的修饰语"具体"是状语；而在例（14）里，"具体分析"是作准谓宾动词的宾语，是体词性的，所以其中的修饰语"具体"是定语。

　　从上可知，我们真要严格区分汉语中的定语和状语，必须考察偏正词组的性质——如果偏正词组是体词性的，那么其中的修饰语是定语；如果偏正词组是谓词性的，那么其中的修饰语是状语。上面我们之所以把"副词+名词"这种偏正词组里的副词定为状语，就因为"副词+名词"这种偏正词组是谓词性的；我们之所以把"名词+动词/形容词"这种偏正词组里的名词定为定语，就因为这种"名词+动词/形容词"的偏正词组是体词性的。[22]同样道理，我们之所以把例（11）"具体问题"里的"具体"说成定语，根本原因不是因为作中心语的"问题"是名词，而是因为"具体问题"这一偏正词组是体词性的；我们之所以把例（12）"具体讨论一下"里的"具体"说成状语，不是因为作中心语的"讨论一下"是动词性的，而是因为"具体讨论一下"这一偏正词组是谓词性的。

因此，对于汉语里的定语和状语，必须从整个偏正词组的性质来定义：

定语——体词性偏正词组里的修饰语是定语。

状语——谓词性偏正词组里的修饰语是状语。

32. 补语到底有哪些类型？各类补语具体怎么称呼？

补语是跟述语相对、位于述语之后的一种句法成分，跟述语共同构成述补结构。补语有哪些类型？各类补语如何称呼？学界看法不一，所以有的学生就提出了这样的问题。目前一般认为，现代汉语的补语主要有以下六大类：

（一）结果补语。这类补语的特点是补语成分一定是简单的，即只能由单个形容词或单个动词充任，紧跟在述语之后，表示行为动作的结果。例如：

（1）洗干净｜听清楚｜看懂

例（1）里的"干净"、"清楚"、"懂"就是结果补语。

带结果补语的述语也一定是简单的，而且都由动词充任[23]。带结果补语的述补结构一般又称之为"动结式"。

（二）趋向补语。趋向补语的特点是：补语也一定是简单的，而且充任补语的一定是趋向动词，表示行为动作及其相关事物（如动作者或行为动作的对象）的位移趋向，带趋向补语的是单个动词。例如：

（2）跳上（窗台）｜跑过来｜走进去

（3）送来｜拿进来｜搬出去

例 (2) 里的 "上"、"过来"、"进去" 和例 (3) 里的 "来"、"进来"、"出去" 等趋向补语，都表示实指的趋向。下面述补结构里的趋向补语并不表示实指的趋向：

（4）再这样跑<u>下去</u>非累死不可。

（5）继续做<u>下去</u>。| 推广普通话的活动他们那里也搞<u>起来</u>了。

（6）再这样冷<u>下去</u>非穿羽绒服不可。| 一出太阳就热<u>起来</u>了。

例 (4) — 例 (6) 里的趋向补语都表示的是引申意义——"下去"，表示"继续"的意思；"起来"，表示"开始"的意思。

表示实指趋向的趋向补语，只能由具有位移性的动词带上；例 (2) 里的 "跳、跑、走" 和例 (3) 里的 "送、拿、搬" 都是位移动词。不表示实指趋向只表示引申意义的趋向补语，除了位移动词外，非位移动词和形容词也能带上。例 (4) 里的 "跑" 是位移动词，可是例 (5) 里的 "做" 和 "搞" 都是非位移动词，例 (6) 里的 "冷" 和 "热" 都是形容词。

由于能带表示实指趋向的趋向补语的都只能是动词，所以一般又将这类述补结构简称为 "动趋式"。

（三）可能补语。带可能补语的述补结构一般都可以理解为是由带结果补语的述补结构或带趋向补语的述补结构插入 "得/不" 形成的。例如：

（7）洗干净 → 洗<u>得</u>干净

　　　　　 → 洗<u>不</u>干净

（8）走进去 → 走<u>得</u>进去

　　　　　 → 走<u>不</u>进去

（9）拿出来 → 拿<u>得</u>出来

　　　　　 → 拿<u>不</u>出来

（10）搞下去 → 搞<u>得</u>下去

　　　　　 → 搞<u>不</u>下去

插入 "得" 的，是肯定式带可能补语的述补结构；插入 "不" 的，是否定式带可能补语的述补结构。[24]

（四）状态补语。带状态补语的述补结构有两个重要特点：一是述语部分一定要带上助词"得"；二是补语一般都是复杂的，当然也可以是简单的。例如：

（11）看得<u>很认真</u> | 想得<u>清清楚楚</u>

（12）高兴得<u>跳起来了</u> |（肚子）疼得<u>直不起腰来</u>

（13）（她）唱得<u>好</u>！|（你洗得不干净，还是小红）洗得<u>干净</u>。[25]

状态补语，先前也有称为"情态补语"、"程度补语"的。"情态补语"的说法缺乏概括性，如"洗得<u>挺干净</u>"里的补语很难说具有情态意味；"程度补语"之说，会跟下面所介绍的程度补语相混。因此现在一般都称为"状态补语"。

在带状态补语的述补结构中，还有一种动词后带"个"的。例如：

（14）大家围（了）个水泄不通。

（15）把敌人打（了）个落花流水。

（16）他去问（了）个一清二楚。

还有动词后带"得个"的。例如：

（17）谁知他跑得个快。

（18）他呀，推得个一干二净。

（五）程度补语。带程度补语的述补结构都接近一种凝固格式，这又分两种情况——

一是不带"得"的，有三种格式：

（a）"X极了"，例如：

（19）喜欢<u>极了</u>。| 好<u>极了</u>。

（b）"X死了"，例如：

（20）想<u>死了</u>。| 热<u>死了</u>。[26]

（c）"X透了"，例如：

（21）糟<u>透了</u>。| 坏<u>透了</u>。

二是带"得"的，最常见的也有三种格式：

（a）"X得很"，例如：

（22）喜欢得<u>很</u>。| 好得<u>很</u>。

（b）"X得<u>不得了</u>"，例如：

（23）想得<u>不得了</u>。| 热得<u>不得了</u>。

（c）"X得<u>了不得</u>"，例如：

（24）恨得<u>了不得</u>。| 坏得<u>了不得</u>。

程度补语都是纯粹表示程度的。

（六）时地补语。其特点是补语都由介词结构充任。例如：

（25）放<u>在抽屉里</u>了。| 扔<u>到垃圾桶里</u>了。

（26）（列车）开<u>往北京</u>。| 来<u>自西北黄土高原</u>。

（27）等<u>到明天</u>。|（他一直）坚持<u>到今年夏天</u>。

"时地补语"也称为"时间、处所补语"。

33. 什么叫"歧义句"？歧义句主要有哪些类型？

一个句子能表示不同的意义，这种句子称之为歧义句。从另一个角度说，歧义句也就是多义句。下面三种情况不属于我们所要说的歧义句：

第一种情况是，纯粹由语音相同而在听觉上造成的歧义句。例如：

（1）那笔款怎么不 jì（＝寄/记）？［那笔款怎么不寄？| 那笔款怎么不记？］

（2）他们全 bù（＝部/不）搬了。［他们全部搬了。| 他们全不搬了。］

第二种情况是，汉字歧义造成的歧义句。赵元任先生就举过这样一个例子：

（3）他的头发长（＝cháng/zhǎng）得怪。

第三种情况是，言外之意的不同造成的歧义句。如网上所传的一段电话录音里的两个"你等着！"的不同含义。[27] 所谓言外之意其实就是句子在某种语境下所传递的真实信息。我们知道，在实际的言语交际中，句子所传递的信息跟句子所表示的意义不是一回事，譬如"你有钱吗?"这一问句，就句子本身来说只有一个意义：说话人问听话人有没有钱。但在实际的言语交际中，可以传递很不相同的信息——（a）说话人要向听话人借钱；（b）说话人暗示听话人，如果你钱不够，我可以借给你；（c）用反问的方式劝阻听话人买什么东西；（d）意味着打劫（譬如在夜晚或僻静处有人上来问你）；（e）……。句子在实际言语交际中传递的信息不同，可以看作语用歧义。一个句子如果只是语用意义不同，不视为歧义句。

我们所关注的歧义句，是汉语教学中需要注意的歧义句，这种歧义句或是由词汇因素造成的，或是由句法因素造成的，或是由语义因素造成的。具体如下：

（一）词的多义造成句子歧义。例如：

（1）这批图书送北京大学图书馆。

"送"既有"运送"之义，又有"赠送"之义，所以例（1）会有歧义。"送"作"运送"讲，"北京大学图书馆"为处所宾语，指明"这批图书"位移的目的地；"送"作"赠送"讲，"北京大学图书馆"为与事宾语，指明"这批图书"的接受者。例（1）就是由谓语动词的多义所造成的歧义句。

（二）句子内部构造层次不同造成句子歧义。现代汉语语法学里的经典例子就是：

（2）咬死了猎人的狗

例（2）既可以理解为（甲）"（老虎或狮子）咬死了猎人的狗"（死的是狗），也可以理解为（乙）"（那条）咬死了猎人的狗"（死的是猎人）。之所以会有歧义是因为例（2）在结构上可以作两种分析：

（2′）（甲）咬死了　　猎人的狗　　　　（乙）咬死了猎人的　　　狗
　　　　　———　　　———　　　　　　———————　　　———
　　　　　　1　　　　　2　　　　　　　　　1　　　　　2
　　　　1-2：述宾结构　　　　　　　1-2："定-中"偏正结构

（三）句子内部构造层次虽然相同，但组成成分之间的句法关系不同造成句子歧义。例如：

（3）我们需要进口钢材。

例（3）有歧义，既可以理解为（甲）"我们需要从国外进口钢材"，也可以理解为（乙）"我们需要进口的钢材"。造成歧义的直接原因就在于"进口钢材"既可以看作述宾结构，按此理解句子表示（甲）义；又可以视为"定-中"偏正结构，按此理解句子表示（乙）义。请看分析：

（3'）（甲）我们　需要　进口　钢材。（乙）我们　需要　进口　钢材。

1-2：主谓结构　　　　　　1-2：主谓结构
3-4：述宾结构　　　　　　3-4：述宾结构
5-6：述宾结构　　　　　　5-6："定-中"偏正结构

类似的例子如：

（4）我写的散文

例（4）既可以分析为主谓结构，其义为"我写的是散文"；也可以分析为"定-中"偏正结构，其义即为"我所写的那一篇散文"。

（四）句子内部构造层次相同，组成成分之间的句法结构关系也相同，但由于内部实词之间的语义结构关系不同而造成句子歧义。经典的例子是：

（5）鸡不吃了。

例（5）里的"鸡"既可以理解为"吃"的施事（即动作者），也可以理解为"吃"的受事（即动作对象）。对"鸡"作不同语义角色的理解，句子的意思也就不同。不过这个例子有人可能会辩解说："本质上还是句法结构关系不同造成的，因为我们可以将作为施事的'鸡'看作主语，将作为受事的'鸡'看作提前宾语。"这里，我们不必为此进行争论，下面的例子只能分析为由于内部实词之间的语义结构关系不同而造成的句子歧义：

（6）反对的是他。

例（6）里的"他"既可以理解为"反对"的施事（即动作者），如在下面的对话里：

　　（7）甲：反对我们提出的房改方案的是谁？

　　　　　乙：反对的是他。

例（6）里的"他"也可以理解为"反对"的受事（即动作的对象），如在下面的对话里：

　　（8）甲：你到底是反对谁呀？

　　　　　乙：我呀，反对的是他。

34. 什么叫"易位句"？易位句有什么特点？

　　易位句是一种口语句式。汉语属于"非形态语言"，句法成分的次序是固定的：主语在谓语之前，述语在宾语、补语之前，修饰语在中心语之前。次序改变，结构性质随之改变。例如"鸽子飞了"是主谓结构，"飞了只鸽子"就成为述宾结构；"高高的富士山"是偏正结构，"富士山高高的"就成了主谓结构。可是在口语里，某些句法成分可以易位，例如：

　　（1）来了吗，你哥哥？　　　　　　　［＝你哥哥来了吗？］

　　（2）走了吧，大概。　　　　　　　　［＝大概走了吧。］

　　（3）他们上班去了，都。　　　　　　［＝他们都上班去了。］

口语里这种句式称为"易位句"。易位句有四个特点：（a）句子重音一定在前置部分，例（1）句子重音在"来"上，例（2）句子重音在"走"上；后移部分一定轻读。（b）易位句的意义重心或者说信息焦点，一定在前置部分，后移部分永远不能成为强调的对象。（c）易位句中被倒置的两个成分可以复位，复位后句子意义不变。（d）如果有句末语气词，一定紧跟在前置部分之后，不出现在句末，如例（2）不能说成：

　　（2′）＊走了，大概吧。

　　在书面上，易位句内相倒置的两部分之间用逗号，这个逗号不表示停顿（实际上倒置的两部分之间不但没有停顿，而且由于后移部分都得轻读并都说得快，所以都跟前置部分在音节上接得很紧），只标示倒置两部分的界线。[28]

35. 什么叫周遍性主语句？周遍性主语句有哪些类型？

周遍性主语句是指主语以一定形式强调其所指具有的周遍意义的一种主谓句。例如：

（1）任何干部都不能搞特殊化。

（2）一个人也不认识这个字。

例（1）、例（2）都含有周遍意义，但是例（1）表达周遍意义用的是词汇手段，具体说是由表示"不论什么"义的代词"任何"来表示的；例（2）表达周遍意义用的是语法手段。这里所说的周遍性主语句不包括例（1）那样通过词汇手段来表达周遍意义的句子，只指例（2）那样通过某种语法手段来表达周遍意义的句子。

根据所运用的语法手段的不同，周遍性主语句可以分为三类：

（一）主语由含有疑问代词的名词性词语所充任的周遍性主语句（这里的疑问代词都表示任指）。例如：

（3）a. 谁也不想占便宜。

b. 谁都愿意干。

（4）a. 哪儿也不想去。

b. 哪儿都很干净。

（5）a. 谁家的孩子都很有进取心。

b. 什么样的世面他都见过。

（6）a. 什么颜色的都要。

b. 做什么工作的都有。

（二）主语由数词为"一"的数量（名）短语所充任的周遍性主语句。例如：

（7）a. 一个人也不认识这个字。

b. 一个房间都不干净。

（8）a. 一本也没看过。

　　　b. 一个也没考上。

（9）a. 一件称心的都没有。

　　　b. 一个会写会算的也没有。

（三）主语由含有量词重叠式的名词性词语所充任的周遍性主语句。例如：

（10）a. 个个都容光焕发。

　　　b. 家家都有一本难念的经。

（11）a. 颗颗麦粒都很饱满。

　　　b. 个个心里都有一个小算盘。

（12）a. 枪枪都没有命中靶心。

　　　b. 家家都没有生病的。

（13）a. 天天都不洗澡。

　　　b. 年年都不愁吃的。

关于周遍性主语句，有几点值得注意：

第一，周遍性主语句有肯定形式，也有否定形式。需要注意的是，第二类周遍性主语句只有否定形式，没有肯定形式。"一个人都不去"、"一个字也不认识"都没有相应的肯定形式，即不说：

（14）＊一个人都去。

（15）＊一个字也认识。

第二，周遍性主语句的谓语部分一定含有总括副词"都"或表类同义的副词"也"。需要注意的是，第一类周遍性主语句，如果谓语由形容词性词语充任，肯定句只能用"都"，不能用"也"。

第三，第二类周遍性主语句，如果谓语动词是及物动词，后面不能带上宾语成分，我们不说：

（16）＊一个人都不吃苹果。

（17）＊一个学生也不参加跳绳比赛。

（18）＊一个孩子都不听她的话。

要换说成下面这样的句子：

（16′）没有一个人吃苹果。

（17′）没有一个学生参加跳绳比赛。

（18′）没有一个孩子听她的话。

或者换说成下面这样的句子：

（16″）那苹果一个人都／也不吃。

（17″）跳绳比赛一个学生都／也不参加。

（18″）她的话一个孩子都／也不听。

第四，第三类周遍性主语句，不管是肯定形式还是否定形式，谓语部分只能用"都"，不能用"也"。上面举的例（10）—例（13）都不能说成：

（10′）a. *个个也容光焕发。

　　　　b. *家家也有一本难念的经。

（11′）a. *颗颗麦粒也很饱满。

　　　　b. *个个心里也有一个小算盘。

（12′）a. *枪枪也没有命中靶心。

　　　　b. *家家也没有生病的。

（13′）a. *天天也不洗澡。

　　　　b. *年年也不愁吃的。

周遍性主语句的自然重音都在主语上。[29]

36. 什么叫"句类"？什么叫"句式"？什么叫"句型"？什么叫"句模"？

这是汉语老师提出的问题，他们觉得现在有关句子分类的说法很多，不知该怎么认识。

对于句子，我们可以从不同的角度、依据不同的标准对它进行不同的分类。"句类"、"句式"、"句型"、"句模"就是根据句子的不同分类所给予的不同命名。这些说法目前比较通行，当然含义各不相同。

句类，是按用途和语气给句子所分的类，"是句子的表达功能或语用价值的类别"。[30]原先，一般分为陈述句、祈使句、疑问句、感叹句；进入21世纪，又增加了一类表达呼唤或应答的"呼应句"。[31]例如：

（1）老张！老张！你在哪里？ | 喂，你在干吗？

（2）"你明天早点来。""是。" | 好的，我马上去。| 行，就这么办！

例（1）里的"老张！"和作为小句的"喂"，用来呼唤；例（2）里的答话"是。"和作为小句的"好的"、"行"，用来应答。

句型，是根据句子成分的组合情况给句子所分的类，"是句子的句法结构模型式"。[32]譬如单句可以分为主谓句和非主谓句，主谓句又可以分为动词谓语句、形容词谓语句、名词谓语句、主谓谓语句等。动词谓语句又可以分为SV（即"主语-谓语动词"句，如"张三走了"）、SVO（即"主语-谓语动词-宾语"句，如"张三喝了杯咖啡"）、SVO_1O_2（即一般所说的"双宾句"，如"张三给李四一支钢笔"）、SOV（即"主语-宾语-谓语动词"句，如"我早饭吃过了"）、OSV（即"宾语-主语-谓语动词"句，如"那个菜我尝过了"）[33]、SVRO（即"主语-谓语动词-补语-宾语"句，如"姐姐洗干净了我们所有人的衣服"）等。非主谓句也还可以细分为各个不同的小类。

所谓"句模"，是根据句子内部语义结构模式的不同给句子所分的类，"是句子的语义结构模式"。[34]譬如分为："施-动"句、"施-动-受"句、"施-状-动"句、"施-状-动-受"句、"受-动"句、"受-施-动"句、"施-动-受$_1$-受$_2$"句，等等（"施"代表行为动作的施事，"动"代表动词所表示的行为动作，"受"代表行为动作的受事）。

关于"句式"，学界没有一个一致的准确的说法，目前学界对句式有不同角度的认定。有的是从形式角度认定的，即从词类序列认定，如："NP_L+V+着+NP"句式（山上架着炮）、"NP了"句式（大姑娘了 | 春天了）等。有的是从标志字认定的，如一般所说的"把"字句式、"被"字句式、"连"字句式、"比"字句式等。有的是从语义上认定的，如存现句式、比较句式等。也有的将上面所说的句型也看作句式的一大类，这样的句式是从句法成分的角度认定的。

37. 现代汉语疑问句有哪些类型?

疑问句是句类中的一种,其用途是提出问题以期听话一方作出回答;在书面上,疑问句末尾都用问号(?)。现代汉语里的疑问句,一般分为四类:

(一)是非问句。形式上跟有的陈述句、祈使句没有什么区别,不同的是句调用升调。回答时可以只用"是"、"不是"或点头、摇头。例如:

(1)他们在上课?

(2)他没有看过?

(3)今年是建校三十周年?

(4)你叫他把那张桌子搬到外面去?

(5)他不抽烟啦?

是非问句末尾可以带上疑问语气词"吗",如例(1)—例(5)可以说成:

(1′)他们在上课吗?

(2′)他没有看过吗?

(3′)今年是建校三十周年吗?

(4′)你叫他把那张桌子搬到外面去吗?

(5′)他不抽烟吗?

是非问句末尾如果带上"吗",句子可以用升调,也可以用降调。

(二)特指问句。句中一定有疑问代词,以表示疑问。回答时不能只用"是"、"不是"或点头、摇头来回答,而要作出具体回答。特指问句的句调可以用升调,也可以用降调。例如:

(6)刚才谁来了?

(7)你想喝点儿什么?

(8)他准备去哪儿旅行?

(9)这大衣多少钱?

(10)她最近身体怎么样?

特指问句末尾可以带上疑问语气词"呢",如例(6)—例(10)可以说成：

（6'）刚才谁来了呢？

（7'）你想喝点儿什么呢？

（8'）他准备去哪儿旅行呢？

（9'）这大衣多少钱呢？

（10'）她最近身体怎么样呢？

特指问句末尾带上"呢"，句子还是既可以用升调，也可以用降调。

（三）选择问句。问话人提出几种可供选择的情况，要听话人作出回答，其基本询问方式是"X还是Y"（或者表示为"甲还是乙"）。选择问句的句调可以用升调，也可以用降调。例如：

（11）今天是星期三还是星期四？

（12）他想去北京还是上海，还是广州？

（13）你想喝可乐，喝咖啡，还是喝红茶？

（14）她个儿高，还是矮，还是不高不矮？

选择问句末尾也可以带上疑问语气词"呢"，如例（11）—例（14）可以说成：

（11'）今天是星期三还是星期四呢？

（12'）他想去北京还是上海，还是广州呢？

（13'）你想喝可乐，喝咖啡，还是喝红茶呢？

（14'）她个儿高，还是矮，还是不高不矮呢？

选择问句末尾带上"呢"，句子也还是可以用升调，也可以用降调。

（四）反复问句。问话人只提出肯定与否定两项，要求听话人在肯定与否定之中作出回答。基本询问方式是"V不V"或"V没（有）V"。反复问句的句调可以用升调，也可以用降调。例如：

（15）你去不去？

（16）他明天来不来？

（17）那衣服贵不贵？

（18）你看没有看今天的电视新闻？

（19）你昨天去没去他家？

反复问句末尾也可以带上疑问语气词"呢"，如例（15）— 例（19）可以说成：

（15′）你去不去呢？

（16′）他明天来不来呢？

（17′）那衣服贵不贵呢？

（18′）你看没有看今天的电视新闻呢？

（19′）你昨天去没去他家呢？

反复问句末尾带上"呢"，句子也还是可以用升调，也可以用降调。

口语中，反复问句也可以只在句末用一个否定副词"不"或"没有"来表示。[35]例如：

（20）你去不？　　　　　　　　［＝你去不去？］

（21）那地方远不？　　　　　　［＝那地方远不远？］

（22）你看今天的电视新闻没有？　［＝你看没看今天的电视新闻？］

（23）你去他家没有？　　　　　　［＝你去没去他家？］

上述四类疑问句，可以合并为两大类："是非问句"是一大类，其特点是句中没有实指的疑问形式，句末能用疑问语气词"吗"，不用疑问语气词"呢"[36]；特指问句、选择问句、反复问句合为一大类，称之为"非是非问句"，跟"是非问句"相对，其特点是句中一定有实指的疑问形式，句末能用疑问语气词"呢"，不用疑问语气词"吗"[37]。

38."我的帽子呢？"、"明天下雨呢？"句中没有实指的疑问形式，可句末带上了疑问语气词"呢"，这该归入"是非问句"还是该归入"非是非问句"？

由于这种问句句末有疑问语气词"呢"，所以首先可以肯定这种问句不属于"是非问句"，该属于"非是非问句"，因为"是非问句"末尾是绝对不会带上疑问语气词"呢"的。

那么在"非是非问句"中，这些问句该属于哪一类呢？以往一般将它们归入"特指问句"，[38]认为它们都可以补出疑问代词，例如：

（1）我的帽子在哪儿呢？

（2）明天下雨怎么办呢？

其实，这些问句都属于"非是非问句"，是"非是非问句"的一种缩略形式，可以补出各类实指的疑问形式。[39]请看：

（1′）a. 我的帽子在哪儿呢？　　　　　　　［补出疑问代词］

　　　b. 我的帽子放家里了还是落学校里了呢？［补出选择问形式］

　　　c. 我的帽子好看不好看呢？　　　　　　［补出反复问形式］

（2′）a. 明天下雨怎么办呢？　　　　　　　　［补出疑问代词］

　　　b. 明天下雨是在家复习呢还是仍然去图书馆呢？

　　　　　　　　　　　　　　　　　　　　　［补出选择问形式］

　　　c. 明天下雨还去不去呢？　　　　　　　［补出反复问形式］

这里还需注意的是，这种疑问句如果"呢"前的词语是谓词性的，全句都含有假设语气。如上面所举的例（2）可以理解为：

（2″）如果明天下雨怎么办呢？｜如果明天下雨是在家复习呢还是仍然去图书馆呢？｜如果明天下雨还去不去呢？

39. "他准备去哪儿旅行吗?"、"你想吃点儿什么吗?"这两个问句在句中都有疑问代词（前者是"哪儿"，后者是"什么"），可句末带上了疑问语气词"吗"，它们该归入"非是非问句"还是该归入"是非问句"？

"他准备去哪儿旅行吗?"和"你想吃点儿什么吗?"都属于"是非问句"，不属于"非是非问句"，因为它们都带有"是非问句"的标志"吗"。但是，这两个问句还有所区别——

"他准备去哪儿旅行吗?"可以有两种理解——一是理解为普通的是非问句，这时其中的"哪儿"表示虚指，即疑问代词的虚指用法，整个问句的意思是："他准备去某个地方旅行，是吗？"二是理解为回声问句（关于"回声问句"，见下文"问题40"）。

"你想吃点儿什么吗?"只有一种理解,即理解为普通的是非问句,这时其中的"什么"表示虚指,整个问句的意思是:"你想吃点儿东西,是吗?"

为什么"他准备去哪儿旅行吗?"可以有两种理解,而"你想吃点儿什么吗?"只有一种理解?试想,如果"你想吃点儿什么吗?"是回声问句,那么原来的问句只能是"我想吃点儿什么?"然而在实际言语交际中,孤立的"我想吃点儿什么?"只能属于自己心里问自己的问话,不可能是向对方发问的问句,因此不可能存在"你想吃点儿什么吗?"这样的回声问句。

40. 什么叫"回声问句"?"回声问句"属于哪一类疑问句?

在言谈交际中,问话人发问后,听话人的回话不是就问话人的问题作出回答,而是先重复或部分重复对方的问话,这叫"回声问",也叫"回问"。例如:

(1)甲:你吃饱了吗?

乙:吃饱了?两个包子就能让我吃饱?

(2)甲:他去哪儿了?

乙:他去哪儿了?这我哪儿知道!

(3)甲:你昨天回家了?

乙:回家?我没回家呀!

例(1)—例(3)乙回话里所重复的问话——"吃饱了?""他去哪儿了?""回家?"就叫"回声疑问句",简称"回声问句",也叫"回问句"。[40]其实际意思分别是:

例(1):你是问"我吃饱了"吗?

例(2):你是问"他去哪儿了"吗?

例(3):你是问"我昨天回家了"吗?

回声问句或者说回问句都属于是非问句。

41. 设问句和反问句是不是疑问句的一种类型？为什么？

上面说了，疑问句的用途是提出问题以期听话一方作出回答，可是设问句和反问句表面上看也是提问，实际并不期求听话一方作出回答。运用这种句式只是为了取得某种修辞效果。所以人们称这种句式"无疑而问"，"明知故问"。例如：

（1）我国的建筑，从古代的官殿到近代的一般住房，绝大部分是对称的，左边怎么样，右边也怎么样。苏州园林可绝不讲究对称，好像故意避免似的。东边有了一个亭子或者一道回廊，西边决不会来一个同样的亭子或者一道同样的回廊。这是为什么？我想，用图画来比方，对称的建筑是图案画，不是美术画，而园林是美术画，美术画要求自然之趣，是不讲究对称的。(叶圣陶《苏州园林》)

（2）历史上没有一个反人民的势力不被人民毁灭的！希特勒，墨索里尼，不都在人民之前倒下去了吗？（闻一多《最后一次演讲》）

例（1）用的是设问句。这段文字作者讲了两层意思，第一层是：苏州园林和我国绝大部分建筑不同，不讲究对称；第二层是：苏州园林类似美术画，要求自然之趣。作者在第一层意思之后用了一个设问句："这是为什么？"其作用是自然地引出或者说过渡到第二层意思上，同时还可以吸引读者关注第二层意思。

例（2）用的是反问句。例（2）包含两个句子，前一句先摆出结论性的观点"历史上没有一个反人民的势力不被人民毁灭的"，第二句用否定形式的反问句的方式提供历史例证，文字表面只在证实前面的立论，实际表达的是：中国"反人民的势力"也一定会"倒下去"。全句具有无可辩驳的气势与力量。

使用设问句、反问句，只是用已有的疑问句形式达到某种修辞效果的一种修辞手段，并非创立一种新型的疑问句。因此，设问句、反问句不属于疑问句的一种类型。

42. 什么叫"语法范畴"？到底该怎样理解"语法范畴"？

这是昆明的一位汉语老师提出的问题，他之所以提出这个问题，是因为各种书上关于"语法范畴"说法不一。

"语法范畴"原是印欧语语法学里的术语。印欧语属于屈折语，名词、动词、形容词有形态标记，入句后还会发生形态变化。而不同的形态标记、不同的形态变化，各自表示不同的语法意义。举例来说，像俄语里的名词карандаш（铅笔）、книга（书）、перо（钢笔尖），其末尾分别是辅音、元音-a、元音-o，表示这三个名词分属阳性名词、阴性名词、中性名词。这些名词末尾的辅音、元音-a、元音-o，就是俄语里用来表示名词不同"性"的形态标记。而每个名词入句后，有单数、复数之分，名词单数、名词复数又各有"主格"、"属格"、"与格"、"宾格"、"工具格"、"前置格"这六种不同的"格"的变化。我们可以将俄语里的阳性、阴性、中性三种语法意义概括为一类，称为"性"范畴；将名词的单复数语法意义概括为一类，称为"数"范畴；将六个格的语法意义概括为一类，称为"格"范畴。这些"性范畴"、"数范畴"、"格范畴"统称为"语法范畴"。可见，"语法范畴"是屈折语里词的形态标记、形态变化所表示的语法意义的最高概括。如果说词的形态标记、形态变化是词的形式的聚合，那么语法范畴就是词的形态标记、形态变化所表示的语法意义的聚合。以上对语法范畴的理解可视为"语法范畴"的狭义理解。[41]

像汉语这样的所谓孤立语是"非形态语言"，名词、动词、形容词既无形态标记，入句后也无形态变化，但同样也有某些语法范畴。且不说各种词类范畴，自上个世纪80年代以来，汉语语法学界先后提出了多种语法范畴，诸如"自主范畴"与"非自主范畴"[42]，表示顺序义的"顺序范畴"[43]，"数量范畴"和"领属范畴"[44]，动词、形容词重叠所表示的"量范畴"[45]，趋向动词作补语所表示的"趋向范畴"[46]，由某些句法形式体现的"继续范畴"[47]，由介词表示的各种"格范畴"，等等。这些语法范畴，除了重叠形式外，都属于句法范围，其表现形式或体现在词语的分布上，或体现在虚词的运用上，或体现在某些特定的句法格式上；而所表示的语法意义都与一定的语义内容相联系，因此也有学者称之为"语义语法范畴"[48]。这可视为对"语法范畴"的广义理解。上面所谈的各种语义语法范畴虽然不一定能取得语言学界广泛而一致的认定，但像汉语这样的非形态语言，也存在"用某种语法形式来表示某种语法意义"这一事实，那是无可怀疑的，只是借以表示语法意义的语法形式不是词的形态标记和形态变化，而是其他方式的语法形式。按此广义理解，可将语法范畴定义为："把语法意义进一步综合与概括所形成的意义类别。"[49]这样看来，可以将语法范畴分为三个层面：词形层面的语法范畴——屈折语所具有的；词类层面的语法范畴——屈折语通过词的形态标记和形态变化来表示，汉语主要通过词的分布来表示；句法层面的语法范畴——这是"非形态语言"所具有的。

43. 什么叫"主观性"与"主观化"？

"主观性"（subjectivity）和"主观化"（subjectivisation）是认知语言学经常会用到的概念。人们用语言来表达某个命题，譬如"张三早餐吃了三个包子"，这只是客观的陈述；但也可以而且往往会加入说话人自己的情感、态度、立场等主观色彩，譬如可能说成：

（1）张三早餐只吃了三个包子。　　［言少］

（2）张三′早餐就吃了三个包子。　　［言多，重音在"早餐"上］

（3）张三早餐已经吃了三个包子了。［言够或言多］

（4）张三早餐确实吃了三个包子。　［确认］

"主观性"就是指"说话人在说出一段话的同时表明自己对这段话的立场、态度和感情"；"主观化"则是指"语言为表现这种主观性而采用相应的结构形式或经历相应的演变过程"。[50]

在汉语教学中，有意识地引导学生注意语言表达的主观性，并告诉学生现代汉语中为表现这种主观性经常采用哪些主观化手段，这是很有必要的。

44. 语法学里的"自由"与"黏着"是什么意思？

关于语法学里的"自由"和"黏着"这一对概念，我们采用的是朱德熙先生在《语法讲义》里的说法。[51]"自由"是指能单说，即能单独成句；"黏着"是指绝对不能单说，即在任何语境下都不能单独成句。

词，有自由词和黏着词之分。自由词是指能处于单说地位的词，如"看、去、学习、研究、馒头、英语、好、干净"等；黏着词是指绝对不能处于单说地位的词，如"企图、看头、已经、对于、似的、就、才、吗"等。

词组，有自由词组和黏着词组之分。自由词组是指能处于单说地位的词组，如"看电影、我去、拿起来、别去、回来了、我爸爸"等；黏着词组是指绝对不能处于单说地位的词组，如："他钢笔[你把他钢笔拿来]"、"吃了我[他吃了我两个苹果]"。一般所说的由虚词和实词性词语组成的虚词结构，多数是黏着结构，如"把书"、"对于学校"、"越玩儿"等。

这里特别要提醒大家注意的是，不要以为主谓结构都一定是自由的。譬如，"扫地的扫地"这是大家公认的主谓结构——主语是"的"字结构"扫地的"，谓语是"扫地"。这种主谓结构的特点是，作谓语的动词性词语跟组成"的"字结构的动词性词语完全同形，类似的例子如"看书的看书"、"写信的写信"、"打球的打球"等。这类主谓结构绝对不能单独成句，起码还得有另一个与它同类型的主谓结构跟它一起出现才能成为一个单说的句子。例如：

（1）大扫除一开始，大家就扫地的扫地，擦窗户的擦窗户，抹桌子的抹桌子，全都忙开了。

（2）图书馆里坐满了人，看书的看书，做作业的做作业，也有人在看杂志，阅览室里静静的。

因此这类主谓结构都是黏着的，不是自由的。还有一种主谓结构，是由与主语同形的人称代词加"的"作宾语构成的，如"你看你的"（含"别管他"之义）。有意思的是，这种主谓结构如果主语为第二人称代词或第三人称代词，那么在一定的上下文里可以单说，所以是自由的。

例如：

　　（3）你看你的！　　［言下之意，你别管／别理会别人的事或言辞］

　　（4）他吃他的。　　［言下之意，你别管／别理会他／别为他吃什么
　　　　　　　　　　　　东西而动情］

但是，如果主语为第一人称代词"我"，由此形成的主谓结构就不单说，
所以是黏着的。

45. 语素是否有自由与黏着之分？

　　按照朱德熙先生在《语法讲义》里的看法，语素也可以有自由与黏
着之分。朱先生指出："能单独成句的语素叫做自由语素，不能单独成
句的语素叫做粘着语素。"[52]然而这个说法会让人不好理解，因为语素是
词的建筑材料，不可能直接单独成句。有学者已经注意到这个问题。[53]
但是，朱先生的看法有实际用处。前面我们曾说到，语素可以分为"成
词语素"和"不成词语素"，有了"自由语素"和"黏着语素"的概念
之后，我们可以很快断定，"不成词语素"一定是"黏着语素"；"成词
语素"一定是"自由语素"。有鉴于此，我们不妨略微修改一下朱先生
关于"自由语素"和"黏着语素"的定义，改为：

　　自由语素是指能单独成词、成词后能处于单说地位的语素。如
"灯、笔、吃、看、好"等。

　　黏着语素是指不能单独成词的语素以及虽能单独成词但成词后不
能处于单说地位的语素。前者如"器、机、子、兮"等；后者如"也、
刚、了、吗、吧"等。

46. 句子是否有自由与黏着之分？

　　如果不认真思索一下，很容易脱口而出，说："句子当然都是自由
的。"然而，我们现在一般所说的句子，既包括单句和复句，也包括复
句中的分句。对于单句和复句，说它们都是自由的，没问题；对于分句，
就不好说了。语言事实告诉我们，复句中有的分句在一定语境中可以单

说，例如：

（1）张经理今天病了，他不来上班了。

例（1）这个复句里的两个分句在一定语境中都可以单说成句。请看：

（2）"张经理今天怎么没来上班？""张经理今天病了。"

（3）"张经理今天来上班吗？""他不来上班了。"

因此例（1）里的两个分句可以说都是自由的。可是有许多分句是绝对不能单说成句的。例如：

（4）那衣服漂亮是漂亮，但太贵了。

（5）明天即使下雨，我也去。

例（4）里的分句"那衣服漂亮是漂亮"，例（5）里的分句"明天即使下雨"，在任何语境中都不能单说成句，所以它们都是黏着的。

47. 语法学里的"简单"与"复杂"是什么意思？

"简单"与"复杂"是句法学里所用的一对概念。所谓"简单"，是指单词；所谓"复杂"，是指非单词，即指词的组合。像副词"白"和"白白"意思一样，但在用法上有区别，区别就在于："白"所修饰的成分可以是简单的，例如：

（1）不能白吃。｜不能白干。

也可以是复杂的，例如：

（2）白干了一天！｜白吃了一顿。

而"白白"所修饰的成分只能是复杂的，不能是简单的。譬如，只有"白白吃了一顿"、"白白干了一天"的说法，没有"*白白吃"、"*白白干"的说法。

注释

1　先前我们一直这样来定义词："词是语言中能独立运用的语法单位。"北京大学郭锐教授指出，应将上述定义中的"能"删去。他的意见是正确的。譬如说"工人"这个词，我们只能说是由"工"和"人"这两个语素构成的，换句话说，"工人"里的"工"和"人"只能看作语素。可是按原先的定义，它们也可以视为词，因为"能独立运用"。

2　有的词可独立实现为句子，例如：（1）"你喝不喝咖啡?""喝。"（2）"你想喝什么?""咖啡。"（3）"蛇!"例（1）、例（2）对话中的答语，例（3）的惊叹句，都是由一个词实现而成为句子的，这种句子一般称为"独词句"。

3　马建忠《马氏文通》（1898）把文言文的词类分为名字、代字、动字、静字、状字、介字、连字、助字、叹字等9类。黎锦熙《新著国语文法》（1924）把现代汉语的词分为名词、代名词、动词、形容词、副词、介词、连词、助词、叹词等9类。吕叔湘《中国文法要略》（1942）分为名词、动词、形容词、限制词（副词）、指称词（称代词）、关系词（包括一般所说的介词、连词和部分助词）、语气词（包括一般所说的语气词、语气副词和感叹词）等7类；而《汉语语法分析问题》（1979）分为名词、方位词、量词、动词、形容词、副词、代词、介词、连词、助词等10类。王力《中国现代语法》（1943，1944）分为名词、数词、形容词、动词、副词、代词、系词、联结词、语气词等9类，另加"记号"（包括一般说的词缀和助词中的"所"、"的"）。吕叔湘、朱德熙《语法修辞讲话》（1952）分为名词、动词、形容词、代词、副词、连接词、语气词、象声词等8类；一般所说的量词包括在名词之中，称为"副名词"，一般所说的介词包括在动词之中，称为"副动词"。丁声树等《现代汉语语法讲话》（1961）分为名词、代词、数词、量词、动词、形容词、副词、连词、语助词、象声词等10类。朱德熙《语法讲义》（1982）分为名词、处所词、方位词、时间词、区别词、数词、量词、代词、动词、形容词、副词、介词、连词、助词、语气词、拟声词、感叹词等17类。张志公先生主持制定的《暂拟汉语教学语法系统》（1956）分为名词、量词、代词、动词、形容词、数词、副词、介词、连词、助词、叹词等11类；1984年重新修订为《中学教学语法系统提要（试用）》（1984），增加拟声词一类。胡裕树主编的《现代汉语》（1962）分为名词、动词、助动词、形容词、数词、量词、副词、代词、连词、介词、助词、语气词、叹词等13类。黄伯荣、廖序东主编的《现代汉语》（1991）分为名词、动词、形容词、区别词、数词、量词、副词、代词、连词、介词、助词、语气词、叹词、拟声词等14类。北京大学中文系《现代汉语》（1993）分为名词、动词、形容词、状态词、区别词、数词、量词、代词、副词、介词、连词、助词、语气词、感叹词、拟声词等15类。张斌主编的电大教材《现代汉语》（1996）分为名词、动词、形容词、数词、量词、副词、代词、连词、介词、助词、语气词、叹词、象声词等13类。

4　参看马真：《现代汉语虚词研究方法论》（修订本）"绪论"，商务印书馆，2016年。

5　怎么具体运用"①很～、②～宾"这两条标准来区分动词和形容词，请看本节第19个问题"动词和形容词怎么区分？"。

6　在童话中，在人对着鸡自言自语时，"鸡别吃了"也有可能有歧义，不过如果将"鸡别吃了"里的"鸡"理解为动作者，那么严格说，"鸡"不能分析为主语，而得看作"呼语"。

7　参看郭锐：《现代汉语词类研究》，商务印书馆，2002年。

8　参看赵元任：《中国话的文法》（中译本），见《赵元任全集》第1卷，商务印书馆，2002年。

9　朱先生所说的准宾语，前后说法上有些矛盾——在5.1.3小节里，除了将动量宾语和时量宾语归入准宾语外，还将处所宾语（如"飞昆明｜来北京｜去学校"）和一般所说的存现宾语（如"到了一批货｜来了个客人｜死了父亲"）也都称为"准宾语"；而在8.6"准宾语"一节中，所说的准宾语只限于动量宾语和时量宾语。这里，我们采纳《现代汉语语法讲话》的观点。

10　例子引自朱德熙：《语法讲义》8.8，商务印书馆，1982年。

11　"动词性、形容词性、状态词性结构"包括各种"状-中"偏正结构、动词性联合结构、形容词性联合结构、状态词性联合结构和比况性结构、连动结构、递系结构等。

12　"外动词"和"内动词"之说，最早见于黎锦熙先生《新著国语文法》，商务印书馆，1924年；"他动词"和"自动词"之说，见于刘世儒先生《现代汉语语法讲义》，商务印书馆，1963年。这些术语现在一般都不用。

13　"体宾动词"、"谓宾动词"、"准谓宾动词"等概念是朱德熙先生提出来的。具体参看朱德熙《语法讲义》5.4"体宾动词和谓宾动词"，商务印书馆，1982年。

14　参看朱德熙：现代汉语形容词研究，载《语言研究》1956年第1期；《语法讲义》5.16，商务印书馆，1982年。

15　作为"阴险、不光明"讲的"阴"是形容词，所以可以受"很"修饰，如："这个人很阴。"

16　也有学者称之为"非谓形容词"、"特征词"等。

17　参看章士钊《中等国文典》（1907）、陈承泽《国文法草创》（1922）和黎锦熙《新著国语文法》(1924)。

18　参看朱德熙：《语法讲义》10.5，商务印书馆，1982年。

19　参看吕冀平：《复杂谓语》，新知识出版社，1958年。

20　参看李临定、范芳莲：试论表"每"的数量结构对应式，载《中国语文》1960年第11期。

21　关于"非受事宾语"，参看任鹰：《现代汉语非受事宾语句研究》，社会科学出版社，2000年。

22　近些年来，出现了一些变异情况，"名词+动词"也可能是"状-中"偏正结构，如"我们电话联系"、"他们会电邮通知你"里的"电话"、"电邮"就不是定语，是状语，意思是"用电话联系"、"用电邮通知你"。这种语法变异是省略介词"用"所造成的，但不影响我们对定语、状语所下的定义。

23　极少数单音节形容词如 "热、冷、干（gān）、累、闷、疼、痛" 等，似也可以带结果补语，但所带结果补语仅仅限于 "死"，如 "热死、冷死、干死、累死、闷死、疼死、痛死" 等。其实，将 "热死、冷死、干死、累死、闷死、疼死、痛死" 处理为合成词也未尝不可，甚至可以说这样处理可能更好。

24　带可能补语的述补结构，还有两小类特殊的结构：（一）"～得" 和 "～不得"。将 "得" 或 "不得" 放在动词之后作补语，表示可能或不可能。"看得、去得、吃得" 的意思相当于 "可以看、可以去、可以吃"，"看不得、去不得、吃不得" 的意思相当于 "不可以看、不可以去、不可以吃"。（二）"～得了" 和 "～不了"。将 "得了（liǎo）" 或 "不了（liǎo）" 放在动词之后作补语，表示可能或不可能。"办得了、走得了、决定得了" 的意思相当于 "能办、能走、能决定"，"办不了、走不了、决定不了" 相当于 "不能办、不能走、不能决定"。这种格式和一般带可能补语的述补结构表示的意义不一样。比较：

做得完（能做完）　　　　　做得了（能做）
做不完（不能做完）　　　　做不了（不能做）

上面两种带可能补语的述补结构几乎已经成为一种凝固格式。

25　注意，状态补语如果由单个形容词充任，由此形成的述补结构，如 "唱得好"、"洗得干净"，会跟带可能补语的肯定式述补结构在字面上同形，其实二者有区别，试以 "洗得干净" 为例：

	洗得干净[补语为状态补语]	**洗得干净**[补语为可能补语]
否定式	洗得不干净	洗不干净
补语可变成复杂的	洗得很干净/洗得干净极了	–
重音位置不同	洗得 '干净	'洗得干净

26　注意，"X死了" 造成的某些述补结构也会有歧义，如 "热死了"、"冷死了"、"气死了"、"冻死了" 等，既可以看作带结果补语的述补结构，又可以看作带程度补语的述补结构。但是，二者内部的层次构造并不相同，请看（以 "热死了" 为例）：

热　死　了[带结果补语的述补结构]　　　　　**热　死　了**[带程度补语的述补结构]
　　1　　2　　　　　　　　　　　　　　　　1　　2

27　这有各种版本，其中之一是："喂，那就晚上六点见，在天平广场旗杆下。注意啊，你到了我还没到，你等着！我到了你还没到，你等着！"（女孩子打电话约男友相会）前一个 "你等着！" 是 "你耐心等候着" 的意思；后一个 "你等着！" 是 "你等着我对你的处罚" 的意思。

28　最早全面论述易位句的是陆俭明的《汉语口语句法里的易位现象》，载《中国语文》1980年第1期。

29　关于周遍性主语句，参看陆俭明：周遍性主语句及其他，载《中国语文》1986年第3期。

30　参看范晓：句模、句型和句类，见《语法研究和探索》（7），商务印书馆，1995年；《汉语句子的多角度研究》，商务印书馆，2009年。又参看陆俭明：句类、句型、句模、句式、表达格式与构式——兼说 "构式-语块" 分析法，载《汉语学习》2016年第1期。

31　1995年中国劳动出版社出版的、由陈高春主编的《实用汉语语法大词典》（增订本）在

"术语篇"里未见有"呼应句"这一术语。2004年商务印书馆出版的、由北京大学中文系现代汉语教研室编的《现代汉语》（重排本）第五章第五节"句子"开始增添"呼应句"这一句类，后来2012年的增订本，"呼应句"继续保留。

32 参看范晓：句模、句型和句类，载《语法研究和探索》（7），商务印书馆，1995年；《汉语句子的多角度研究》，商务印书馆，2009年。又参看陆俭明：句类、句型、句模、句式、表达格式与构式——兼说"构式-语块"分析法，载《汉语学习》2016年第1期。

33 严格说，SOV句（如"我报纸看了"）和OSV句（如"报纸我看了"），应称为"主谓谓语句"。

34 参看范晓：句模、句型和句类，载《语法研究和探索》（7），商务印书馆，1995年；《汉语句子的多角度研究》，商务印书馆，2009年。又参看陆俭明：句类、句型、句模、句式、表达格式与构式——兼说"构式-语块"分析法，载《汉语学习》2016年第1期。

35 注意：只在句末用否定副词"不"来表示反复问的问句，句尾不能带疑问语气词"呢"，如例（20）、例（21）不能说成：

　（20'）*你去不呢？　　　　（21'）*那地方远不呢？

只在句末用否定副词"没（有）"来表示反复问的问句，句尾可以带疑问语气词"呢"，如例（22）、例（23）可以说成：

　（22'）你看今天的电视新闻没有呢？　　　（23'）你去他家没有呢？

36 "我的帽子呢？"、"明天下雨吗？"句中没有实指的疑问形式，可句末带上了疑问语气词"呢"，这该归入"是非问句"还是该归入"非是非问句"呢？关于这个问题，请见"问题38"。

37 "他准备去哪儿旅行吗？"、"你想吃点儿什么吗？"句中有实指的疑问形式，可句末带上了疑问语气词"吗"，这该归入"非是非问句"还是该归入"是非问句"呢？关于这个问题，请见"问题39"、"问题40"。

38 参看吕叔湘主编《现代汉语八百词》（商务印书馆1980年、1999年版）"呢"条。胡裕树主编《现代汉语》第四章第十一节"语气和口气"（上海教育出版社1962年、1979年、1981年版）。

39 参看陆俭明：由"非疑问形式+呢"造成的疑问句，载《中国语文》1982年第6期。

40 关于"回声问句"，参看邵敬敏：《现代汉语疑问句研究》，华东师范大学出版社，1996年。

41 这里对"语法范畴"的狭义理解，基本引自叶蜚声、徐通锵著《语言学纲要》（第三版），北京大学出版社，1997年。

42 参看马庆株：自主动词和非自主动词，载《中国语言学报》（三），商务印书馆，1988年。

43 参看马庆株：顺序义对体词语法功能的影响，载《中国语言学报》1991年第4期。

44 参看陆俭明：现代汉语中数量词的作用，见《语法研究和探索》（四），北京大学出版社，1988年。

45 参看朱德熙《语法讲义》2.2"重叠"，商务印书馆，1982年。

46 参看刘叔新：试论趋向范畴，见《语法研究和探索》（三），北京大学出版社，1985年。

47 参看刘叔新：谈汉语语法范畴的研究，见马庆株编《语法研究入门》，商务印书馆，1999年。

48　参看胡明扬：语义语法范畴，见马庆株编《语法研究入门》，商务印书馆，1999年。

49　参看岑运强：《语言学基础理论》，北京师范大学出版社，1994年。

50　参看沈家煊：语言的"主观性"和"主观化"，载《外语教学与研究》2001年第4期。

51　详细参看朱德熙：《语法讲义》1.1，商务印书馆，1982年。

52　参看朱德熙：《语法讲义》1.1.2，商务印书馆，1982年。

53　参看杨锡彭：《汉语语素论》第三节，南京大学出版社，2003年。

第六节　不限于语法方面的问题

　　汉语教学中需要明了的具体问题何止上面所谈的语法方面的问题？其实，汉语教师在汉语教学中所面临的、所碰到的问题，除了语法方面的问题外，在语音、词汇、文字等方面也会遇到这样那样的问题。

一、语音方面的问题

1. 汉语拼音方案中的Y、W，如yī（衣、医）、yú（鱼、余）和yuàn（怨）、yě（也、野）里的y，wù（物、务）和wán（完、玩）、wài（外）里的w，为什么不能看作声母？

　　《汉语拼音方案》里的Y、W是否能看作声母，学界也有不同看法。一般认为Y、W只起隔音的作用，不能当声母看待；但也有学者认为Y、W未尝不可看作声母，理由是yī（衣、医）、yú（鱼、余）、yuàn（怨）、yě（也、野）和wù（物、务）、wán（完、玩）、wài（外）等音节开头还是有少许摩擦，并非真的"零声母"，因此Y、W可以看作"声母符号"。我们采纳一般人的意见，不同意后一种意见。后一种意见在理论上难以自圆其说。严格地说，所有"零声母音节"开头确实都有少许摩擦，以"［i］、［u］、［y］"开头的音节，固然往往带有相应的半元音"［j］、［w］、［ɥ］"，而以"［a］、［o］、［ɤ］"开头的音节，像ào（澳、奥）、ang（昂、盎）、ǒu（呕）、è（饿、恶）等，也往往带有喉塞音［ʔ］，那为什么不也加一个"声母符号"呢？应该承认，在《汉语拼音方案》里，Y、W不是音节的一个实际组成部分，而仅仅是起隔音作用，因此不能视为声母，也不宜称作"声母符号"。

2. 有一位罗马尼亚留学生问了这样一个问题："好想你"三个字都是上声调，怎么变调？我们听中国学生说话，有的同学将头一个上声音节念成半上，中间的上声音节念成阳平，整个结构念成"半上–阳平–上声"；有的同学则头一个上声音节念成阳平，中间的上声音节念成半上，整个音节念成"阳平–半上–上声"。到底"好想你"该怎么变调？有没有规律？

三个上声字在一起，其变调情况跟内部的语法结构有关。据上海师范大学吴为善教授研究，如果是 1+2 结构，最前面的上声字变为半上，中间的上声字变为阳平，如："好-雨伞、很-勇敢、有-影响"；如果是 2+1 结构，最前面的上声字变为阳平，中间的上声字变为半上，如："小米-酒、展览-馆、也许-有"。[1]"好想你"结构，在句法上，既可以分析为：

（A）好　想　你

　　　<u>1</u>　<u>2</u>　　　　　　1-2："状-中"偏正结构

　　　　　<u>3</u>　<u>4</u>　　　　3-4：述宾结构

也可以分析为：

（B）好　想　你

　　　<u>1</u>　2　　　　　　　1-2：述宾结构

　　　<u>3</u>　<u>4</u>　　　　　3-4："状-中"偏正结构

因此，"好想你"可以有两种变调情况。

后来中国社会科学院柯航博士进一步举了一个不受句法、语义影响的例子，那就是"599"与"559"（5 和 9 都为上声调）。由于人类认知上存在着习惯将相同的东西组合在一起的趋向，"599"在节拍上必然是"5-99"，"559"在节拍上必然是"55-9"，从而进一步证实了吴为善教授的结论。[2]

二、词汇方面的问题

3. "下海"、"下基层"里的"海"、"基层"是表示位移终点的宾语；可是"下楼"、"下岗"里的"楼"、"岗"是表示位移起点的宾语；"下船"有歧义，因为"船"既可以理解为表示位移终点的宾语，也可以理解为表示位移起点的宾语。那么动词"下"为什么可以带相反方向的处所宾语？有理据吗？

有理据，就是本章第四节"分析歧义结构"里第 8 个歧义句"县里来了位胸外科大夫"所说的理据，即人们认知上所存在的一种"凹凸关系的意象图式"及其"凹凸转换原则"。这一原则可以投射到语言的不同层面上。投射到词汇层面，会出现某些词的词义可作相对的理解，如方位词"前"表时间时，既可以指过去的时间（如"前无古人"），也可以指未来的时间（如"不能只想到今天，还得向前看"）；投射到句法层面，就会出现某些句法结构的对立性歧义现象，如"县里来了位胸外科大夫"这一歧义句中，"县里"既可以理解为位移动词"来"的起点（句子意为"从县里新来了位胸外科大夫"），也可以理解为位移动词"来"的终点（句子意为"新来的胸外科大夫从别处到县里来任职"）。³动词"下"就类似方位词"前"那样的情况，所以"下"所带的处所宾语既可以理解为事物位移的起点（如"下楼"、"下岗"），也可以理解为事物位移的终点（如"下海"、"下基层"）。

三、文字方面的问题

4. 有一位加拿大学生问了这样一个问题："搞"、"蒿"和"敲"，还有少林寺所在地嵩山的"嵩"，这些字里边都有个"高"，为什么它们的读音跟"高"的读音有那么大的差别？

　　首先，"搞"、"蒿"、"敲"、"嵩"四个字应一分为二——"搞"、"蒿"、"敲"是一种情况，它们是形声字，"高"是它们的声符；"嵩"是另一种情况，它不是形声字，"高"不是"嵩"的声符，"嵩"是个会意字，就是"山高"的意思。⁴

　　既然"搞"、"蒿"和"敲"都是形声字，其中的"高"是声符。那为什么"搞"、"蒿"、"敲"的读音跟声符"高"的读音不同呢？形声字，在汉语教学中一般都说得很简单，只是说"形声字是指包含有意符（形旁）和声符（声旁）的汉字"；"形声"是一种一半表音、一半表意的造字方式。实际上，形声字的情况极为复杂，简单地说，形声字的意符并不准确表义，形声字的声符并不准确表音。就形声字的表音来说，在现代汉字中，形声字约占90%，可是声旁的有效表音率不超过形声字的40%。一般声符只是表示形声字的近似音。"搞"以"高"为声符，然而只是声、韵相同，声调不同。"蒿"以"高"为声符，然而只是韵母和声调相同，声母不同。这种现象在形声字中极为常见。"敲"，造字时以"高"为声符，只是表明"敲"的发音部位在当时与"高"相同，都是软腭塞音，实际在发音方法上有所不同。"高"、"蒿"是舌根音，具体来说，"高"是不吐气软腭清塞音[k]，"蒿"是软腭塞擦音[x]，"敲"原也是舌根音，具体来说，是吐气软腭清塞音[kʰ]。[5]唐宋之后，到了明清，"敲"的声母发生腭化音变，由吐气软腭清塞音[kʰ]腭化为舌面吐气音[tɕʰ]。如今在南方许多方言中，"敲"的声母仍为吐气软腭清塞音[kʰ]。

　　诸如此类的问题多了，很值得我们留意，很值得我们细心记录下来，更值得我们去思考与研究。上面我们对各个问题的解说，其思路大家可以参考。其实也没什么特别的，就是要从多角度、多层面、多方位去思考与分析，并尽可能想得周全一些。

　　上面对各个问题的解说，不一定适宜直接拿去给学生讲。至于如何向学生讲解，汉语教师还得根据学生的具体情况加以思考，设计教案。

注释

1 参看吴为善：论汉语后置单音节的粘附性，载《汉语学习》1989年第1期。

2 参看柯航：现代汉语单双音节搭配研究，中国社会科学院研究生院博士学位论文，2007年。

3 参看古川裕：现代汉语句法以及词法的认知语言学研究——以"凹凸转换原则"为例，载《汉语研究与应用》（第二辑），中国社会科学出版社，2004年。

4 《现代汉语词典》对"嵩"的注释是："山大而高。"又，"嵩"，山名，指五岳之一的中岳嵩山。"嵩山"是"嵩高山"的简称。古无"嵩"字，以"崇"为"嵩"，"嵩高山"古名为"崇高山"。汉碑始见"嵩"字。后来，崇为泛称，泛指高山；嵩则专指中岳嵩山。（据清·郑珍《说文新附考》）

5 在《守温三十六字母》里，"高"和"敲"同属"牙音"字（软舌塞音），但"高"属于"见"（不吐气软舌塞清音）母字，"敲"是"溪"（吐气软舌塞清音）母字。

后 记

　　2015年2月春节过后，时任外语教学与研究出版社（外研社）汉语分社社长的满兴远先生与资深编辑李彩霞女士来舍下作客，问及我们2014年外访学术活动情况。我们告诉他们，2014年8月我们曾应邀访问日本樱美林大学，并受邀在他们举办的"汉语教师研修演讲会"上每人作了个报告。马真报告的题目是"教无定法，重要的是自己肚子里要有东西"，报告的中心内容是："大家关心教学法，应该说是个好事儿；教学法也需要重视。但是，比教学法更重要的两样东西可不能忽略，一是高度的教育责任心，心里要有学生，眼睛里要有学生；二是要有扎实的汉语言文字学的知识和不断探索的研究意识和能力。有了这两样东西，就能针对不同的对象，根据不同的教学内容琢磨出有针对性的好的教学法；也只有这样，才能较好地吸取、运用别人提出的教学法。"陆俭明的报告题目是"中国语教师应有的意识与基本功"，中心内容是："作为一名汉语教师要有世界的眼光，要有国际视野，要正确认识汉语教学，特别是要认识自己'为什么要教汉语'，还得让学生认识'为什么要学汉语'；汉语教师一定要有较好的知识结构、能力结构和思想心理素质，要有较好的基本功。"我们告诉满兴远社长他们，我们的报告都不是空谈理论，都是结合自身的教学经验和所了解的汉语教学的情况，以大量丰富的实例来加以论述的。当时我们还给他们举了一些具体的实例。他们听了以后当即说，从你们刚才简要的介绍中，我们觉得将你们二人的报告内容整合在一起，并加以适当扩充，就能成为对汉语教师极有参考价值的一本书，希望你们能考虑撰写。当时我们没有马上答应，因为不久要应邀去美国进行学术访问，需要作准备，所以只是说："我们考虑考虑，以后再说吧。"

　　是年5月份，我们应邀出席在美国加州大学戴维斯校区举行的"第一届语言学理论与汉语教学国际学术论坛"，同时应邀顺访了几所高校，前后历时将近两个月，有比较多的空闲时间。我们俩就按满兴远社长的想法切磋琢磨。先拟了个写作大纲，接着就着手按照大纲边写、边打印、边修改，6月下旬回到北京前夕，草就了一个约十万字的初稿，当然是很粗很粗的。回国后，我们立即将写作大纲和全书的"引言"发送给了满社长。他很快就回复了，说看了我们的大纲和"引言"，对我们这本书"非常有信心"，同时也提出了一些修改意见和建议。我们就根据满社长的意见与建议进行修改，同时我们自己也在不断地阅读前人与时贤的文献资料，不断地思考，不断地加深认识，对书稿进行反复修改。前后易稿九次，终于在8月底完成了第10次修改（初稿）。

这本小书旨在让汉语教师明了怎样才能称得上一个合格、称职的汉语教师，自己应该具备什么样的理念，什么样的素质，什么样的基本功。我们在写作中坚守两条：一是不空谈理论，尽可能做到理论与事实相结合；二是在表述上，尽可能做到深入浅出，通俗易懂。此外，考虑到在汉语教学中，汉语教师常常会遇到这样那样的问题，特意撰写了第六章"汉语语法教学中常常会面临的问题"；由于我们二人主要从事语法方面的教学与研究工作，所以只谈了语法方面的问题，语音、文字、词汇方面没有敢谈，但愿从事这方面教学、研究的汉语教师来加以补充，希望在日后的修订版中能补上。本书大小章节字数的多少，从实际出发，不求匀称。为帮助汉语教师扩大视野，我们特意加了好多注释，在注释中对正文中的说法作了必要的补充说明，提供了必要的参考文献，以助于大家广泛阅读和进一步了解汉语教学及其研究的方方面面。

我们俩主要从事汉语本体研究与教学工作，也关注并积极参与汉语应用研究，对于汉语教学也有所接触，如陆俭明曾先后应邀去美国斯坦福大学东亚系任教三个月，去美国俄亥俄州立大学东亚系任教三个月，还应邀去日本姬路独协大学外国语学部任教一年，无论在哪一所学校，除了给研究生讲课外，还给本科生教汉语；在国内，曾20多年专门给我们中文系外国留学生本科班每年讲授一学期"现代汉语语法研究"课（每周3学时）。而马真自上个世纪80年代起，除了给中文系汉语专业高年级学生开设"现代汉语虚词研究"课外，还一直给我们中文系外国留学生本科班专门开设"现代汉语虚词"课；而在日本访问期间也曾教过一些"中国语语法"课，还应邀与日本的中国语教师合作编写过中国语教材。此外，陆俭明自2002年出任世界汉语教学学会会长后（连续两届），对汉语教学有较多的关注、了解与思考。但是，我们对汉语教学也只能说"稍有接触"，毕竟缺乏经验与实感。有鉴于此，我们一方面认真查找、翻阅前人与时贤的论著，努力吸取，并都采用每一节尾注的方式作出交代与说明；另一方面，考虑到我们过去指导过的博士生如今大多在汉语教学岗位上任教，而且都已成为中坚力量，有的还成了校、院或系的领导，他们对汉语教学的了解比我们多得多，对汉语教学的认识也比我们深刻得多，所以，在我们完成初稿后，又将书稿电子版发送给崔希亮、张璐、杨玉玲、应晨锦、周芳、施家炜、田靓、刘云、张娟等九位，此外还发送给了在中央民族大学从事汉语教学的娄开阳博士，请他们从总体内容到理论观点，到具体实例，到文字表达，提意见，提建议，更欢迎他们动笔进行具体增删、补充、修改。另外，在写作过程中，我们也还就某些内容向业内有关学者专家请教，他们是：万业馨、施正宇（文字教学方面），齐沪扬、孙德金（语法教学方面），曹文、王韫佳（语音教学方面），朱彦、万艺玲（词汇教学方面）。书稿修改到18稿，我们又发送给了先前在美国哈佛大学现在在波士顿大学任教、一直从事汉语教学的黄伟嘉先生，请他提意见。大家虽然都很忙，但都慷慨赐教，提出了许多宝贵的修改意见与建议。对于大家所提意见我们都认真对待，认真吸取；我们自己也从内容到文字反复推敲修改。本书最后定稿为第22次修改稿。在此对各位同道和朋友的帮助谨一并致以诚挚的谢意。这里，我们还要特别感谢外研社汉语分社满兴远社长，是他的倡议促成了我们的书稿，而且他对汉语教学有广阔的视野和独特的思路，对书稿提出了不少富有建设性的意见与建议。我们也要感谢外研社的编辑李彩霞女士和向凤菲女士，她们不辞辛劳细心审校本书，提出了许多宝贵意见，以使本书尽量少出现一些差错。

对外国学生进行的汉语教学，从性质上说，属于外语教学。本书主要是写给汉语教师看的，不过对其他从事外语教学的老师来说也会有一定的参考价值，因为汉语教学从本质上说是属于外语教学范畴的，汉语教学与其他外语教学有较多的共同性。本书主要是写给教师看的，所以有些问题、有些例子对学生来说，会觉得有点儿深；不过对学习汉语的外国学生来说，也会有用的，从中可以了解为什么要学汉语、如何学好汉语的一些道理。我们希望本书对汉语教师、对其他外语教师、对学习汉语的学生都能有所裨益。同时，在这里我们真诚地希望广大读者对本书提出宝贵的意见与建议，以助于我们日后对本书进一步修改，使之更为完善。

2016年1月